中国教育，这样自然平衡

“教师勇气更新”U境进化

吴国珍 著

大夏书系·教师专业发展

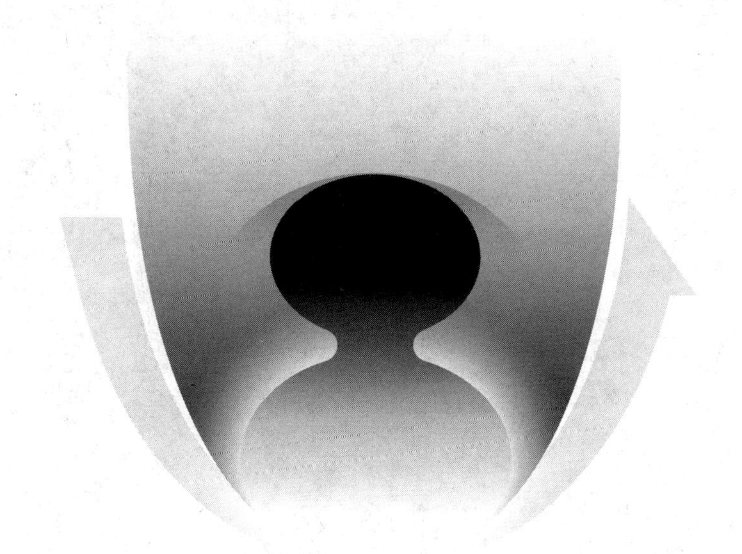

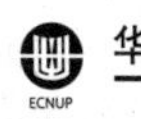

华东师范大学出版社
全国百佳图书出版单位

北京师范大学教育学部 2018 年度学科建设综合专项资金资助

（Funded by 2018 Comprehensive Discipline Construction Fund of Faculty of Education，Beijing Normal University）

目 录

CONTENTS

总序　助缘

德国哲学家伽达默尔（Hans-Georg Gadamer）曾这样表达他一直坚持的真正哲学主张："问题不是我们做什么，也不是我们应当做什么，而是什么东西超越我们的愿望和行动与我们一起发生。"[1] 序 002-003

"超越性发生"可遇不可求，虔诚助缘才偶尔惊鸿。幸运的是，教师勇气更新丛书的诞生过程，确实相伴过教师内在觉醒的"超越性发生"，它缘起于美国学者帕克·帕尔默（Parker J. Palmer）的《教学勇气——漫步教师心灵》在我国教师心中产生的强烈共鸣。2005 年中译本问世以来，"把许许多多一线教师引进了一个探索心灵旅程的奇妙的世界"[2] 序，在各地教师读书会、教师研修活动和大学职前职后教师培养中，研读越来越多且日渐深入人心。

仅就笔者（即译者）而言，因深信年轻学生聆听教师和《教学勇气》对话的意义，2006 年始在北京组织跨校教师叙事探究活动，叙事探究和勇气更新形神相生，迎来了教师们的内在成长，而成长本身又激励该活动持续了八年，继而结缘志同道合者，以"教师勇气更新公益活动"的形式走向公众，吸引多省市的城乡教师参与进来。

把区域性活动带入公众视野的是王丽琴博士。2013 年 5 月，她邀请笔者和长三角地区的老师体验了几次勇气更新叙事分享后，因深信教师们一定会欢迎，便在 8 月借助张文质老师生命化团队的感召力，独自邀请志愿者团队在上海浦东拉开了首届"教师勇气更新公益活动"的序幕。

活动走向公众，从各地参与教师的回馈中，我更迫切地感受到，突围教育过度功利竞争的捆绑，是城乡教师的共同渴望。2014年4月，北京市第八十中学活动结束后，为沉潜论证心灵突围奠基制度突围的可操作路径，笔者持续九年组织的活动停了两年，但教师勇气更新读书叙事活动却在更大范围发生。

孙彩文，2011年始接触教师勇气更新叙事探究活动，2014年8—11月负责河北省8000名小语教师的远程培训，推介同年4月在北京举行的勇气更新活动，引导阅读《教学勇气》，点击人数46188，笔者讲座《教师叙事：再论心灵突围奠基制度突围》，点击人数39079。26期简报交流，教师的叙事分享689篇，高峰期一期简报阅读数3～5万，26期简报阅读499249人次，评论251415人次，且乡村教师居多。这些始料未及的反响，促使河北省继续教育中心邀请笔者策划组织2015年5月在石家庄启动的全省全员中小幼教师勇气更新读书叙事远程培训。

2016年7月，西安的“教师勇气更新公益活动”，举办前因人事变动，出现突然中断的戏剧性起落跌宕，参与前两届活动的赵清风老师迎难而上，促使活动成功举办，继而影响本区域体制内的教师培养开始关注教师心灵，自然凝聚热爱生命教育的力量，营造开放叙事探究和心灵成长形神相生的氛围。

2017年7月借助李淑芳老师领导的青岛支教岛平台，“教师勇气更新公益活动”首次走向基层县——山东曹县，开放的教师勇气更新场域氛围，深受县域、乡镇参与教师的欢迎。西安、北京、上海团队参与曹县活动后，勇气种子们自觉成了发展身边共同体的骨干，教师们读书叙事，三五成群地相互聆听、支持，内在灵魂自然展现，体验难以言说的美妙。

支教岛持续13年援助乡村教师成长，过万名的名学者、名校长、名师成为志愿者，支教点除了本省，还辐射贵州、甘肃等十余个省市的农村地区，而这皆起因于李淑芳老师把自家住房腾出让乡村教师入城学习的凡人善举。这股让人体验到更强烈的“超越性发生”的公益力量，和勇气更新结缘同行，皆因城乡教师迫切需要心灵滋养。李淑芳说：“目前老师的成长不在技术层面，而在心灵！因为社会不公而使很多看不到希望的人放弃了努力，从而产生了很多心死而躯壳活着的‘人’！我和支教岛的志愿者一直在通过行动唤醒这些‘人’，让他们认识自己，认识自己有能力改变，让他们的心活过来。”

勇气更新唤醒教师回归心灵，摆脱职业倦怠，穿越恐惧回归爱，用生命支撑教育不可摧毁的意义，体验教育滋养生命的幸福，才有“超越性发生”的惊鸿一现。用赵清风老师的肺腑之言来说便是：“凡参加的老师，不会不触动，凡对教育有一点爱和思考的人，一定会迸发出前所未有的巨大能量。……寻寻觅觅，生命被一缕微光照亮的刹那，芳华自显！”

2017 年 11 月北京市第十八中学的“教师勇气更新研讨会——方庄教育集群超越之旅”，汇聚蓬勃生长的正在改进教育现实的力量，对“超越性发生”共鸣强烈。

2018 年 10 月 20 日在方庄教育集群内部举办的教师叙事探究活动，12 月在上海沪江互加感受“万师互教众师成长”，又触发笔者于 2019 年 1 月 12 日发出“勇气更新，城乡共生——教师自主创造线上精神家园邀约”，2 月 4 日发布“迎接新生儿——教师线上精神家园 2019 年阶段重点”，依靠大地生长的勇气种子老师自主创造“教师线上精神家园”，依托勇气种子老师结合体验对话《教学勇气》的唤醒和汇聚力量，结缘北京方庄教育集群和江西弋阳在城市和县城进行优化教育生态系统变革的力量，受到沪江互加计划援助乡村青年教师和美丽乡村网络公益课程逆袭破冰、支教岛长期志愿服务乡村教育推动基层区域改变的鼓舞和支持，配合 2019 年 8 月弋阳举办教师勇气更新公益活动，线上线下优势互补，助缘城乡教师群休成长，由下而上探索“完善教育体制机制呵护教师心灵”，助缘 2020 年国家健全教育体制机制改革。

正是教师勇气更新自身非凡的意义，让长期没有任何名目经费支持非但没成障碍，反而有力地反证“超越性发生”具有无可估量的生机。这并非挑战“钱不是万能的，没有钱万万不能”的潜规则，而是说明了“超越性发生”就像彩虹，条件具备则大象惊鸿，条件不具备其本质亦如《心经》禅语：不增不减，不生不灭，决不会因某种活动中断而消失，而是持续内生发酵，为热爱生命的所有心灵所欢迎，三五成群、不同层次形式规模的共同体，线上线下，灵活渗透体制内外。帕尔默有关共同体发展的第三、四阶段——共同体走向公众，推动不同层面的奖惩制度发生不同程度的合理改变，精神上获得内在奖赏，在现实中已露端倪。

《教学勇气》构建了教师自我唤醒的轮廓，走进了世界，深入了人心，又在世界中影响了人们，在更大范围唤醒人心。深究原理，一方面，《教学勇气》的神韵深扎东西方思想母体，自然唤醒沉睡在我国优秀教师集体意识中的儒释道精髓，助缘教师在认识和发现自我中成长。另一方面，凡真正有定力超越刻板竞争系统的压制、游刃有余创造教育生命意义的卓越教师，都擅长活用我国传统大智慧，深得传统静文化的滋养。不管遇见《教学勇气》或早或晚，他们都一见如故，共鸣绵长，体验到身心静净涵养的内力，在平常真实的教育中践行大道，简真善慧，日久弥香。因而，“超越性发生”毫不神秘，惊鸿一瞥又常驻心中。

“勇气更新”吸收我国传统静文化，在历次活动方案中的理解是：超越小我，回归心灵。静观明暗、悲喜、宠辱、成败，清醒觉知，净化内心，定静生慧，自然散发喜悦轻安，润泽生命嫩芽。勇气更新丛书问世的核心价值是助益教师心灵回归安适自在，日常意识向心灵深处敞开，敏于联结生命，天人合一畅通教育智慧，让教育过程呈现生命原本的生机。

因此丛书问世是顺势而为，站在《教学勇气》的巨肩上，借助13年来教师叙事探究勇气更新公益探索中随缘相遇的力量，理解卓越教师认识自我、穿越恐惧的成长体验，让勇气更新的理念活起来：定静直面冲突，拥抱穿越恐惧，复归自身认同和完整，自信平和畅通意识和无意识，智慧觉知潜在转机，让教育场域充盈爱、良善、喜悦。总之，助缘更多教师体验无为无不为，度己度人，享受教育的生命回响。

丛书助缘“超越性发生”，指向改进教育现实。丛书的作者，是在内心觉醒提升教育行动力的体验基础上写作，又在写作过程中不断凝心聚力，提升教育行动力。每一点成长，都意味着直面现实中无可回避的拦路虎：教育被过度的功利竞争集体捆绑，贪嗔痴三毒的裹胁在放大恐惧阴影，抑制优秀心灵的教育创造，消磨教师的教育初心，导致教育过程习于抑制生命、压榨分数，人神共愤却无可奈何，心灵唤醒后可能感到更压抑而更失落。

历史证明，越是制度性乱象，头脑识见、借鉴舶来品之类的改革越可能无作为甚至乱作为。无为而无不为，唯有靠汇聚卓越教师的灵性智慧创造力，在活动中营造唤醒教师内力的场域氛围，顺势促进教育场域的进化，从中清晰制度遵循大“道”良序调整的方向和纹理，心灵突围奠基制度突围。当制度极度压制心灵，实质是人为助虐僵化制度的恶果，突破制度困境只能首先靠解放人心。

教师勇气更新丛书定位于“助缘”[3] 90，意在道法自然，汇聚优秀教师对教育系统的拯救力量，摆脱僵化的系统抑制生命的恶性循环现实，探寻失衡制度复归常态的新平衡支点。

助缘所依托的是卓越教师的体验和对话《教学勇气》，自然显现“无”之妙慧，“有”之深微，教育于舒缓中道法自然，静观自得，负阴抱阳万物平衡，以“天下之至柔，驰骋天下之至坚”[4] 7。

助缘“超越性发生”，意味着虔诚聆听心灵深处和自然深处的和唱，敬畏“宇宙优雅和弦”与“心灵自在和弦”之间的共生[3] 57。但“无”无相容易成为盲点，《教学勇气》恰恰强于言传无形。助缘教育系统鲜明呈现这一实相：“一个冷酷无情、只向发自内心的受惠慈悲恩典的美德低头的世界。”[5] 10

制度平衡更需道法自然，顺应宇宙和弦与心灵和弦之间的共鸣，才有力量消融制度牢笼，联结正在生成的最佳制度环境，影响人们的选择集合使其发生良序转变。任何改革设想落地，开放接纳专家的批评完善之，获得决策层的支持尝试之，固然重要，而从历史发展的长河看，更重要的是教师内在觉醒支撑的教育场域的进化力量，这才是持续可靠的平衡支点。

教师勇气更新丛书合力助缘“超越性发生”，体现在不同层面。适合表达个体心灵成长，也适合表达引导团队心灵成长，从三个聚焦点体现叙事探究与心灵成长形神相生：

聚焦一，围绕《教学勇气》的核心概念“自身认同和完整”分享体验。体验往往相伴内心支离，战胜恐惧穿越恐惧，回归自身认同和完整，精神转化带来职场的峰回路转。这是唤醒教师把真我生命活力带入教育教学的、最具生发力的生长点。

聚焦二，分享真正的学习共同体被“主体”——伟大事物魅力深深吸引的体验。适合卓越教师表达如何营造安全无恐惧的教育氛围，教师的自我、学生的自我和学科意义如何深层联结，体验感动自己照亮他人，敏于联结学生正在生成的最佳未来，享受教育幸福。

聚焦三，呈现不同层级的教师共同体叙事探究与心灵成长形神相生的氛围对心灵的滋养。呈现团体引导建立信任圈的魅力，探微U境场域进化纹理，呈现不同层面不同范围有效改进现实的创新行动力。

依据夏莫（C.Otto. Schamer）的《U型理论——感知正在生成的未来》，越贴近“源头”，越入微呈现U境某个、几个转折点的细节，就越能触动人心，唤醒心灵；越能体验到共情聆听，就越能开放内在空间，敏于生命联结；越能够体验生成聆听，就越有勇气穿越恐惧，体验灵性觉醒，释放教育创造力。越是整个U境呈现，越深入问题解决过程，就越有力量鼓励教师超越小我、发现真我、提升创造教育幸福的能力。

感恩援助教师勇气更新公益活动义讲嘉宾和线上散发精神家园养心氛围的勇气种子教师们的杰出贡献，感谢大夏书系慧眼接纳教师勇气更新丛书，感谢策划编辑项恩炜先生的支持和卓识，让笔者的拙著《中国教育，这样自然平衡——“教师勇气更新”U境进化》有机缘鲜活呈现教师勇气更新场域进化的力量。

丛书不设主编，以敬畏之心轻灵出发，质量精益求精，成熟一本出一本，只为满足读者内在觉醒、自主成长的需要，不为任何外在事物所负累。相信会吸引认同其内在价值的后备力量，包括曾经相遇和未曾相遇的志同道合者。

这意味着丛书向活用传统大智慧积淀深厚的卓越教师和研究者开放，吸引卓越教师、学校领导、研究者和《教学勇气》深层对话，形成凝心聚力唤醒更多教师的磁场。期望丛书助缘生命教育的“超越性发生”，以开放性迎来不可预估的生长性，联结我国教育正在生成的最佳未来。

吴国珍

2019 年 2 月

导言　教育U境进化平衡

我国基础教育大系统失衡的长期痼疾，是刚性评价标准制约生命发展的丰富性和不可预估性。诚信文化不足导致高考选才主要靠刚性标准，望子成龙文化又加剧分分必争，长期难以跳出“一统就死，一放就乱”的怪圈。发达国家的高校把学业成绩仅仅作为人才选拔的依据之一，大学自主招生伯乐识才，重视综合评价，关注人才的多元性、独特性，相对淡化竞争高分，其后靠一定程度诚信文化的支撑。国家新一轮高考改革提出“分类考试、综合评价、多元录取”，大方向正确，吸收了国际成功经验，但我国正经历追赶型现代化过度功利驱动，导致主观评判缺乏公信力。新一轮改革要想成功，迫切需要突破失信文化瓶颈的力策。

本书力图对升学考试制度改革和诚信文化再生进行整体探索，直面内心恐惧阴影和外部失信文化之间的恶性循环。试图通过转换竞争重心，协调公平与效益的新格局，扭转分分必争的失衡系统，使其回归正常，以期内心不再分离，寻求“心灵—场域—制度”之间的良性互动，使文化良性嬗变，使诚信文化再生。

这显然会面对难以逾越的困难。文化嬗变是缓慢的内生过程，无法快速催生或大换血，而制度改革是重建有一定合理性的强制性规则，以改变人们的选择，且大多是针对人的趋利避害倾向顺势引导。文化嬗变和制度改革之间隔着极其复杂的不确定因素，其中最具有渗透力的是文化，最直接影响文化的又是人散乱而强大的意识能量。只有依托内在唤醒心灵，疏导散乱强大可好可坏的意识趋善转化，才可从实质上使文化产生良性嬗变。

流行研究通常围绕所切割的核心概念进行精致的逻辑建构，但在如此复杂的问题域面前只是碎片，只能触及外围边角却无法深入深层本质。有幸相遇夏莫的《U型理论——感知正在生成的未来》[6]，可以借鉴U境场域的理论视框，贯通“心灵—场域—制度”。文中所论证的“减速齿轮”改革与诚信文化再生之间的良性互动，是协调教育公平与效率新格局的隐性平衡支点。而对教育场域进化原理及场域进化发展阶段的理解，则是基于13年来教师勇气更新叙事探究公益探索的启迪，深潜U底“源头”，从我国传统“有生于无”的大智慧中汲取本体营养，从现象学原理寻求方法突破。

教育体制机制改革能否促进文化良性嬗变，取决于教育生态能否促成在更本质、更持久的基础上重建教育。升学考试制度的现实困境反映了现代性尖锐冲突中的教育危机，应对这一危机的制度改革必须深入自我内核。

一、现代性冲突中的改革需要深入自我内核

英国社会学家吉登斯（A. Giddens）认为，现代社会生活独特动力品质的三大因素之一是专家知识的抽离化机制。“抽离化机制”是指“一种把社会关系从特定的场所的控制中解脱出来，并通过宽广的时空距离而对之加以重新组合的机制”[7]2，即“社会关系从地方性的场景中‘挖出来’”，并使社会关系在无限的时空地带中“再联结”。[7]19 它是由象征系统和专家系统合起来的抽象系统所组成的，能使互动脱离场所的特殊性，是由日益积累的专门知识体系构成重要的抽离化后果。[7]22 他同时认为，这是现代社会制度的本质特征之一。

“抽离化机制”本身引发现代性新的风险和危机。诸如：现代性的极度推动力和全球化，让远距离的社会事件和社会关系与地方性场景交织在一起，驱使社会生活脱离固有的规则或实践的控制，让现代社会活动本质上具有反事实的品质。[7]17; 23; 31 个体与事关生命历程及道德事件情景的直接接触变得稀少而肤浅，专家知识与难以言传的神圣性之间少有相关或全然无关；[7]9; 33 现代性对个体自主性的无法抗拒的剥夺、现代的社会生活使个体的行动乏力、现代制度创造了机遇与高风险后果混杂的环境等。[7]226; 204

新一轮“分类考试、综合评价、多元录取”的高考改革，是长期讨论的、试图融合古今中外典型的相关专家知识抽离化的理性成果。在实施中会折射现代性的强大推动力和尖锐矛盾，不可避免要面对我国基础教育长期以

来的一种集体困境。

现代社会在快速推行普及教育的过程中，知识社会赋予教育系统人才选拔的强大功利性竞争特征。教育系统还没有来得及开发出适合所有人的潜质多元发展的权威筛选体系，知识社会的教育分层人才竞争及其后的高利益驱动，就已经把芸芸众生拖入到狭窄的分分必争的漩涡中。争夺高分，争夺具有胜出潜质的学生，成了地区和学校有组织有计划的“系统工程”：分层淘汰、绩效管理、励志勤勉、心理调适等相互配套[8]，驱赶着高额择校、高考移民、名师家教火爆、课外辅导走俏，驱使着学生在纸笔测验预设的学术性知识与能力跑道上竭尽全力，却严重压缩适合个人独特性和社会对人才多元需求的发展空间。当行政驱动升学业绩与利益和政绩挂钩，血本打造名校争夺优生优师，教育就更被集体绑架，唯分奖惩，揠苗助长，不再敬畏生命。

如何修复或扭转？吉登斯认为，为修复现代性断裂的本质，“现代性的反思性已延伸到了自我的核心部位”[7]35，促成制度变革与个人素质改变之间的交互关联。抽离化的抽象知识系统深入自我核心，不断更新抽象系统，使得现代性的制度秩序与自我的形塑紧密关联，从而建立一条首尾连贯的人生轨迹的“自足个体”，[7]174 他认为这是内在参照的社会系统发展的基础和始点。[7]169-170

现实中的考试制度不得不退守刚性标准，捆绑教育本末倒置，归根结底是无奈于制度一再忽视人的自我内核。帕尔默认为：“制度机构就是我们！制度机构投射在我们伦理生活上的阴影，不过是我们自己内心阴影的外在显现，有个体的也有集体的。如果制度机构是僵化的，那是因为我们害怕转变；如果制度机构是竞争性的，那是因为我们把赢看得比什么都重要；如果制度机构对人的需要全然不顾，那是因为我们内心也不在意人的需要。”[5]193 我国高考制度在兼顾公平与效率的两难中，少有顾及到自我内核。面对诚信缺失导致的分数过度竞争，效率被认为是一种理想，公平是为现实大多数中下阶层子女保留升迁机会，如不退守刚性标准，就可能出现钱权交易，垄断优质教育资源，因而高考改革不能太理想，只能适应现实。这就把公平与人的自我内核相割裂，只考虑小我利益争夺层面的公平。

实质上，教育公平主要体现为人权公平，人权的核心价值是自由平等，而对人的生命而言，最重要的自由是做最好的自己。当升学考试制度改革深入到自我内核，高考公平就并非只是指不同社会阶层、不同利益主体、不同区域高招机会的公平，更深层的是给生命公平的尊严感，给人性公平的尊重。这样，公平和效率就不是非此即彼，而是必须在更高层次拥抱两者的对立张力，寻找新的平衡支点重建制度，才可能带来不同社会阶层、不同利益主体、不同区域公平的新格局。

制度要想给人性公平的尊重，必须清晰自我内核与制度控制之间关系的本质。帕尔默认为，“知识是从内心世界和外部世界的复杂交互作用中产生的”[5] 194。内外交会中，内和外的力量都有正有负。内和外的正能量共振，就自然联结圆融和谐；内和外的负能量共振，就陷入内在分离并恶性循环。心灵清醒或迷失不足为怪，重要的是有定力穿越恐惧，复归内在和谐，不再迷失分离，这才是万物之母潜藏的大智慧。[5] 56-68 并指出，促成历史上积极社会改良的领袖人物，都是直面识别、认领内心的恐惧阴影，识别、呼唤、引导自己情感的能量，依靠人心的力量，吸引大众推动变革。只有认识到不合理制度是人创造的，人对制度或机构弊病的黑暗负有责任，才可能唤醒人性中的美好天性，畅通促使个人和制度机构都更具人性化的内在源泉。[5] 193-194

畅通内在源泉才能为制度相对公平地呵护人性提供可能性。夏莫认为，内在源泉是社会改革的最重要社会维度，却极容易成为社会改革的盲点，而U型理论恰恰整合理性和灵性，聚焦显现当下场域的力量，拓展发挥内在源泉的空间。

二、U型理论——作为创造机制的活性社会场域

夏莫的著作《U型理论——感知正在生成的未来》，从U型社会场域（social field）变迁阐明一种创造机制。学习型组织理论之父彼得·圣吉（Peter M. Senge）在该书的序言中提到：“人类最伟大的发明是创造的过程，是提出新现实的过程。领悟这个创造过程在所有领域都是达到真正精通的根本。……夏莫认为，解决我们这个时代的多重危机，探索人类未来发展道路的关键在于，如何集体触及精通的源头。”[6] 1（序一）

夏莫用U型理论描述社会场域的创造机制。他认同把“社会场域”视为场内的人互相联系、谈话、思考和行动时所创造的联系总体和类型。[6]4 更强调可见的社会活动的质量取决于我们知觉盲点中的不可见场域的质量[6]51，链接可见和不可见两个领域的中间部分是注意力的场结构（field structure of attention）。“集体观察我们注意力的场结构，即在展开行动时集体觉察我们实时的内在状况，可能是21世纪及未来社会场域发生转变时最重要的支点，因为它代表了我们共同意识中唯一能完全控制的部分。”[6]10 优秀领导者应该致力于维护和增强社会场域的质量。[6]9 而作为创造机制的活性社会场域，有必要阐明个人和集体注意力场结构发源地上的不可见盲点。[6]223 社会场域的变迁指注意力场结构超越过去的模式、感受到个体生命真我的力量、敏于触及这个“盲点”，即触及创造力“源头”。这一社会场域变迁，会带来个人、集体能量和觉察的提升、感悟当下、更明确方向感，带来职业和生活的显著成就。[6]4

夏莫用直观的U型过程阐述这一创造机制。他认为社会场域的变化决定着团队无形的氛围质量——团队是全身心投入，充盈信任、开放、无所不能的能量，还是充满恐惧和不信任，每句话都有着维护某人或攻击他人的暗示，起决定作用的是注意力场结构。[6]3 注意力场结构越是潜入深层，场域越纯净，就越处于积极的一极。下页引用的U型图之一[6]41，直观表达了U型社会场域中个人或集体的注意力场结构的变化，“小我”与“大我”产生真实联结的过程。

（一）U型左下行：社会场域注意力场结构趋向“源头”变迁

如何能触及“源头”？秘密是社会场域的注意力场结构趋向U底“源头”变化。U型左侧和中间，描述了个体或集体展开行动时，注意力结构必须跨越暂悬、转向、放下三个转折点，这三个转折点相应的注意力结构是客观聆听、共情聆听、生成聆听，相应的内在状态是开放思维、开放心灵、开放意志。随着个体或集体注意力结构和内在状态的转变，社会场域微妙地转向充盈意义和本质，涌现深度心流。

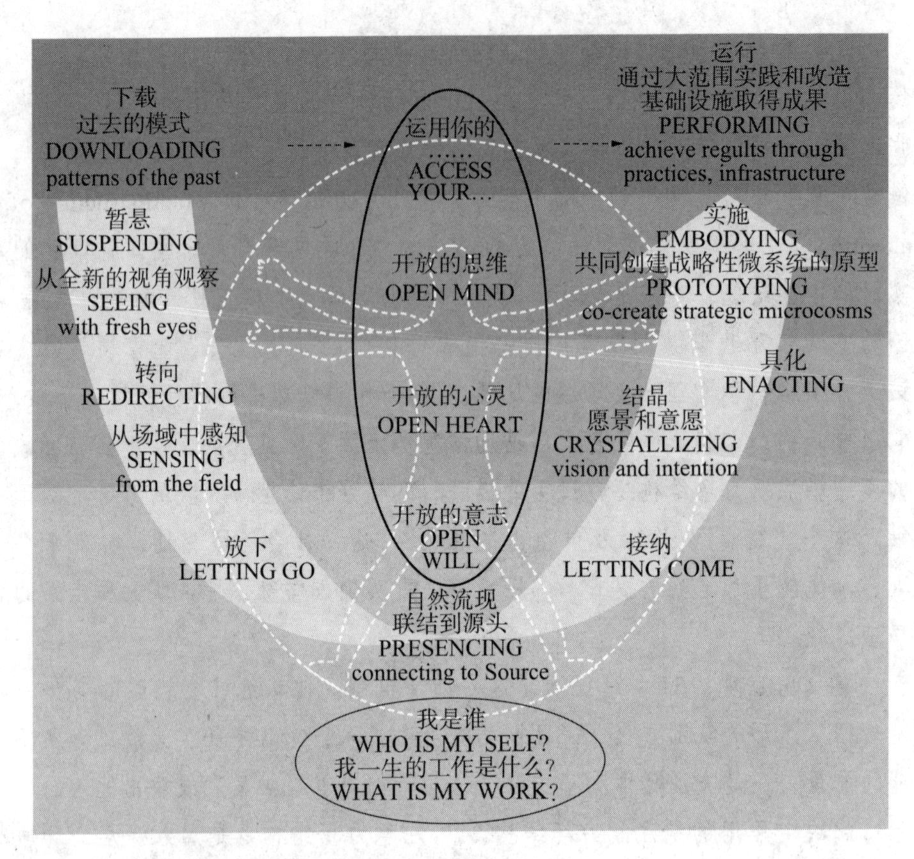

图 1　U 型理论图之一

暂悬：开放思维，暂悬习性反应，客观聆听，全新观察。常规性反思转为真诚的问询和兴趣。其敌人是评判之声。

转向：开放心灵，同理聆听，转向从场域感知自我、他人、整体，欣赏和同理心在人与人之间散发，自然感受到温暖。同理对话柔和而缓慢。意识到 U 底“源头”（易成盲点）是引导深潜的老师。其敌人是嘲讽之声。

放下：开放意愿，生成聆听，放下小我，接纳大我，与真实存在、灵感、直觉、想象力的初始源头产生联结，觉知正在生成的最高未来。生成对话沉入深邃的同在，深度心流涌现。其敌人是恐惧之声。[6] 34-45；302-303；326

夏莫指出，左侧的注意力结构转向及相应的内在状态，关键是趋向“源头”，亲证体验，感悟当下。而所有这一切发生的前提，也是进入 U 境场域的前提，是停止“下载”式的习惯模式。要触及“源头”，非得停止下载模式，暂悬习性，觉知沉潜，敏于联结“源头”。[6] 3; 16-17; 152“下载是故步自封循环中的所有行为的种子和母体。……关注和好奇是自然流现循环中的所有行为的种子和母体。”[6] 269 “人类的头脑倾向于很快忘记那些与熟悉的框架不相匹配的事实。”超越下载模式的第一步是将评判暂悬。[6] 126 但流行文化都是鼓励表达观点，提出建议，作出评判。

（二）U型右上行："源头"滋养行动探索

U型右上行过程一直持续受U底“源头”滋养的状态，开始在行动中预见、尝试并实现新的创造，包括结晶、塑造原型、运行三个转折点。

结晶：是指从联结开始行动，澄清即将生成的未来的整体想象、愿景和意图，其敌人是盲目行动主义。

塑造原型：这是通过行动探索未来的第一步，是指在行动之前先提出概念，塑造微系统，快速获得反馈学习效果并进行调整，其敌人是分析麻痹，无尽反思却无行动。

运行：场域关注的焦点由塑造微系统转移到塑造和演化大的机构生态学，使得该原型通过大的生态系统而不是单个机构的生态系统得以不断演进，其敌人是不与源头和行动联结的空谈。

伴随着U型右上行，从当下联结“源头”发展到结晶、建立原型、运行，最初出现的在U型底部的新的集体场域，即与我们周围的源头相联结的状态，得到更加充分的展现。[6] 208-209; 326 右侧上行是一种整合头脑、心灵和双手的行动探索。行动不是遵循预设最优，而是U底开启的直觉、洞察、灵感在源源散发启迪，贴近行动情境联结最佳未来。[6] 330 显然，能否整合大脑、心灵和双手，发挥创造力，敏于联结正在生成的最佳未来，取决于当下内在状态是否贴近U底，放下和接纳，从而能持续接收到“源头”的滋养。

（三）U底核心“源头”

显然，U型社会场域最重要的是U型底部：联结到创造“源头”，体悟当下，认识自我，“是一种联结正在生成的未来自我的运动”。“认识自我”贯穿了所有伟大智慧传统，是我们这个时代“进入U境”所必备的修炼。[6] 156其不可替代的重要价值是“帮助人们接近激发灵感、直觉、想象力的源头。”[6] 11序二但它就像任何真正的艺术创作前的“空白画布”，是社会过程中一个隐藏的维度，重要却易成盲点，无形而不易被理解。在应对新兴复杂性而进行的深层变革中，包括应对生态环境、政治腐败、贫困、教育、卫生保健和商界等主流领域失败的危机，应对体制性失败随处可见的危机，突破高绩效组织发展瓶颈，这又是当今社会最没有物尽其用的杠杆。[6] 1-2; 10; 13 如何在个人和集体中利用当下场域的力量来联结真实的自我，是未来若干年最有意义的研究课题。[6] 180

总之，相信当下场域的力量，联结“源头”，有益于开启个人或团体的洞察、直觉、想象力，而这至关重要的教育意义，恰恰是失衡的教育生态在阻挡生命使之无法触及。U型理论尊重“认识自我”的所有伟大智慧传统，突出激活U型当下场域力量的关键前提——引导注意力场结构趋向“源头”，自我警觉，停止“下载”习性，更深微传达U底联结上“源头”的意识状态：个人放下过去，向当下打开自己，“放下”和“接纳”，联结小我和大我。场域纯净，时间放缓，空间开启，体验质感，宁静空明，注意力、身体和思想合一，融入一个更大的存在。[6] 182; 266 夏莫认为，它不同于宗教信仰，因为它“关注体验而非信念”[6] 85。联结“源头”是一种亲证体验。

U型理论阐述的U境场域创造机制，为本书探索升学考试制度改革深入自我内核，开放吸收传统大智慧，超越“造化三性”扶正人心，提供了厚重高远的理论视域。

三、U境教育场域进化超越“造化三性”

U境教育场域进化是笔者所阐述的“减速齿轮”改革和诚信文化再生之间良性互动的桥梁，决定着“减速齿轮”改革顶层设计的知行合一动能。U境教育场域进化的本质，是尽最大可能发挥U型当下教育场域的创造机制，向U底“源头”开放，关注“源头”滋养的超越性发生原型。笔者基于13年的亲证体验，把这一原型锤炼为教师共同体叙事探究与心灵成长形神相生，相信开放真诚的氛围能促成注意力场结构趋向“源头”变迁，激活城乡教师成长的造血机制。

相遇教师勇气更新公益探索汇聚的优秀力量，有助于理解这一原型在U境右上行中渗透、塑造微系统。勇气更新叙事探究神形相生的氛围，不仅被所相遇的学校领导、教师欢迎、接纳，在各个层面改变交流文化，“超越性发生”更在区域、线上城乡共生优化教育系统生态的探索中引起共鸣。

笔者重建升学考试制度的“减速齿轮”设计，就是尝试将这一原型用于塑造和演化大的机构生态系统，试图在完善教育体制机制质的飞跃层面促成U境教育场域进化，进而依托U境教育场域的进化力量再生诚信文化，以辅助“分类考试、综合评价、多元录取”国策实质落地，为教育大系统复归自然平衡重构社会图景。

同时，深潜U境“源头”，本体上吸收传统大智慧，方法上吸收现象学原理，探微U境教育场域进化发展阶段，为“原型”扎实厚重的理论根基，奠定升学考试制度“减速齿轮”改革的理论和实践基础，为“减速齿轮”改革融入更大的生态系统提供理论导航。

开启U境教育场域的进化过程，最具非凡意义的是U境教育场域的“源头”滋养“超越性发生”，日久弥香，全方位影响到城乡教师群体成长和教育系统生态的改善。而这一“超越性发生”原型，只有在U境当下场域中方可显现。U境教育场域进化，就是开放教师叙事探究与心灵成长形神相生的场域氛围，滋养教师把内在真实力量带入教育教学，有勇气直面、拥抱恐惧阴影，宁静洞悉可好可坏的意识能量，顺势转化，穿越恐惧，促成注意力场结构的实时内在状况趋向“源头”的变迁，“源头”滋养知行合一的原创力。

注意力场结构越是潜入深层，日常意识越是容易自然穿越内心恐惧，向“源头”敞开，个人和团队就越处于积极的一极。个人日常意识越向自己和他人的心灵深处敞开，场域氛围就越纯净安全，越容易联结“源头”。对认识自我的智慧传统越有体验，越不由自主地敬畏、感恩，极度挑战中就越有潜力拨云见日，与直觉、洞察力、创造力相遇。

开启U境教育场域的进化，突破诚信文化不足的瓶颈，要洞悉U境教育场域的进化纹理。夏莫指出，行动要能够敏于觉知复杂现实中突然开启的一条裂缝，停缓下来与其同频，顺势而为，才能联结正在生成的最佳未来。[6] 109 现实中，升学考试制度重建和诚信文化再生之间存在太多方向不一的影响因素，影响极大的是人散乱而强大的意识，制度改革要想与意识“裂缝”同频，就要尽可能疏导小我意识中可好可坏的能量顺势转化。

印度教经典之一《薄伽梵歌》中阐述的“造化三性”，对洞悉人性中可好可坏的能量、一览众山影响深远。“造化三性”作为形塑内在心理世界与外在物质世界的基本力量，指悦性（喜）、变性（忧）与惰性（暗），是每个人意识和潜意识中都平等拥有的。

悦性（喜）地位最高，包括良善、纯真、光明、和谐、平衡等性质，洁亮、强壮且不受伤害，但刻意渴求开悟的执念也会自我束缚，向不可言传的力量敞开易于结缘悦性；

变性（忧）位于造化三性的中间层，代表可好可坏的能量，在人身上表现为骚动的热情、激情，内在的动机或野心，外在的贪嗔痴，是像野马般强烈而散漫的意识；

惰性（暗）位于造化底层，包括惰性（惯性）、懒惰（昏睡）、黑暗、无明（愚昧）、粗糙等性质。

这三性都是有待超越的物质之性。对于人生，纯真带来快乐，热情带来激动，无明导致失败。通常变性阵容强大，容易迷失、脱缰、散乱无序，也蕴藏着转向光明的潜力。总体上，“造化三性”在不同社会环境中会消长变化。当纯真（光明）战胜热情与无明，光明就占上风；当无明（黑暗）战胜纯真与热情，黑暗就占上风。[9]

显然，如果社会变革或教育制度改革要深入到自我内核，意味着变革要贴近变性中强大散乱的意识能量，要与其同频，顺势引导可好可坏的能量转向纯真悦性，光明战胜黑暗，并且不执着于“造化三性”的任何层面，不断自我超越，向超越性发生开放。当改革不能触及自我内核，回避变性层面散乱而强大的意识能量，改革就人浮于事，无所作为；当改革力图触及自我内核，却未能与变性层面散乱而强大的意识同频甚至压抑之，原本可好可坏的能量可能被推向负面，改革就导致乱作为。

被卷入高考竞争的诸多能量都是可好可坏的“变性”力量，如望子成龙驱动，人情社会传统，应试高手和高分学校吃香，应试业绩挂钩政绩或盈利等等，这些都在过度地强化趋利避害的肤浅本性，牵动浮躁之心，助长争赢心魔，同时，整个过程也在吸入励志勤奋、聪明才智、成就动机等能量，使所有期望受教育、赢得尊严的力量都被迫卷入肤浅的竞争中。

升学考试制度改革如何贴近这些可好可坏的能量，引导被围堵在“下载”层面争赢的心智沉潜U境场域呢？接纳“造化三性”中的强大变性能量，优雅与其共舞，内心不再恐惧、分离，有勇气摆脱“下载”竞争，暂悬习性反应，是极其重要的转折点。要使这一关键的转折发生，需要U底“源头”有足够的吸引力。因而，显现U底“源头”潜藏的力量，是开启U境教育场域进化的关键。夏莫为此清晰警示一种悬崖，不能选择U型创造机制，很可能陷入反U毁灭空间。[6] 255-256。同样，升学考试制度如果不能选择U型创造机制，没有力量深入自我内核，引导正在脱缰失控的变性能量转向光明，教育过程无法沉潜缓慢、深微、纯净、宁静的场域，那么改革不仅跳不出“一统就死，一放就乱”的怪圈，内心恐惧阴影和外部乱象丛生的相互强化还可能让教育系统陷入反U毁灭空间。

本研究试图触摸U境教育场域自然唤醒心灵的进化禅机。基于教师叙事探究与心灵成长形神相生的氛围助益显现U底“源头”吸引力的体验，为所设想的“减速齿轮”改革顶层设计规避风险，探寻教育自然平衡的真谛。

四、U境进化教育平衡，贯通“心灵—场域—制度”

教育最容易影响到贴近“源头”的生命上游阶段，教育过程宁静畅通“源头”的滋养，决定所培养人才的创新素养，对人类在任何领域拥有真正的创造力至关重要。U境教育场域的进化决定着教育大系统的自然平衡。升学考试制度改革要在实质上缓解过度竞争的恐惧，就不可避免要直面更深层的恐惧：在诚信文化不足的背景下，人才选拔如不退守刚性标准，就可能导致钱权关系垄断优质教育资源。面对这无孔不入、影响集体无意识的深层恐惧，至少应该坚信，即使多数改革都难以预测结果，但不进则退，停滞或倒退，任由教育用单一的刚性标准分离心灵，必定使恶果蔓延，唯有借助场域进化影响共同意识，提升集体定力，以超越深层恐惧。

夏莫的U型理论强调当下场域的力量，显现各领域集体触及创造“源头”、集体提升共同意识的路径，突出场域的进化对于集体意识转化的深远影响，为贯通“心灵—场域—制度”自然平衡教育系统提供了理论视域。基于整合理性和灵性的U型理论视域，教育系统的自然平衡被纳入U境场域进化的存在进程，通过行动探索未来，生发心灵成长和制度环境改善之间、教育发展与文化嬗变之间的良性互动。

首先，笔者13年来组织教师勇气更新公益探索，营造教师共同体叙事探究与心灵成长形神相生的氛围，切实体验到了U型理论所突出的、注意力场结构实时内在状态趋向“源头”变迁。教育场域开始缓慢而可喜地进化，教师内在灵魂自然展现，活动冲击性开放勇气更新场域氛围，涌现大地中生长的教育进步力量，向“超越性发生”开放，对应U境左下行。

其次，U型理论整合理性和灵性，相对突破概念碎片的局限，助益研究贴近复杂问题域真相，论证升学考试制度“减速齿轮”改革设想，探寻集体松绑平衡点，对应U境右上行，U底“源头”滋养制度创新改善的大环境。

再次，对U境教育场域进化原理的探讨，有赖于深潜U底“源头”，从我国传统“有生于无”的大智慧中汲取本体营养，从相关现象学原理寻求方法突破，其深不可测、高远厚重，极度挑战笔者的能力。

最后，“减速齿轮”改革“一箭三雕”的设想，期望带来新制度环境与诚信文化再生之间的良性互动，在U境教育场域进化视域中加深理解，并基于“造化三性”的此消彼长，探索场域进化发展阶段，重构教育大系统自然平衡图景，联结正在生成的最佳未来。

全书论证的重点，是力图依靠U境教育场域进化枢纽及厚重的理论根基，把升学考试制度重建、城乡教师群体心灵成长、诚信文化再生三者之间整体联通，澄清彼此良性互动的自然联系。全书的架构可浓缩体现在图2中。

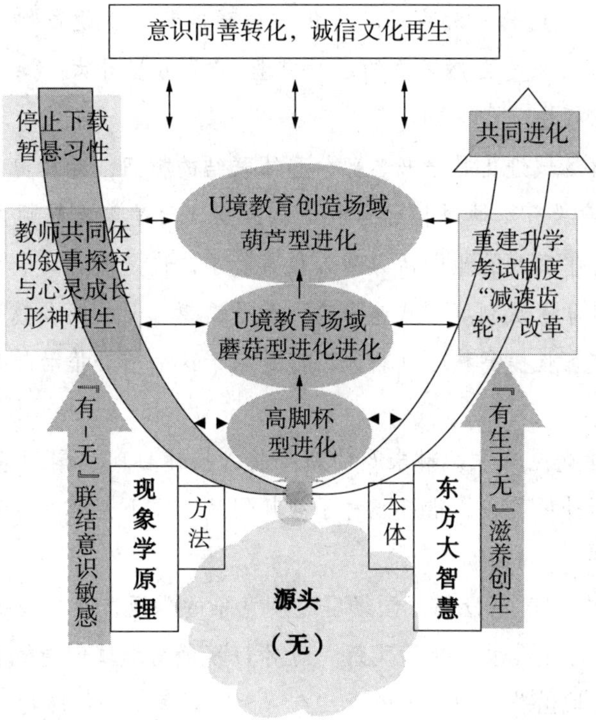

图 2　教育 U 境进化平衡："心灵—场域—制度" 良性互动

对应图的左下行，停止下载暂悬习性穿越恐惧，教师共同体叙事探究与心灵成长形神相生，聚焦开放勇气更新"场域氛围"，捕捉城乡教师群体成长的新生长点，注意力场结构趋向"源头"变迁，引导一种共同意识，让"为天地立心"可触摸、可体验，由第一、二、三章构成第一板块。

对应图的右上行，针对教育系统失衡的集体困境"为生民请命"，提出升学考试制度"减速齿轮"改革的"一箭三雕"设想，论证新制度环境疏导趋利避害能量良序转化的趋势，拷问"一箭三雕"会不会适得其反，阐述教育的自然平衡需要体制机制改革奠定宁定舒缓的教育生态，由第四、五、六章构成第二板块。

深潜 U 底"源头"，"为往圣继绝学"，本体论上汲取"有生于无"的传统大智慧，方法论上汲取现象学相关原理，深究教育场域进化创造机制的理论根基，探微 U 境教育场域进化高脚杯型、蘑菇型、葫芦型三个发展阶段，基于“教师心灵成长—教育场域进化—教育体制机制改革”之间的良性互动，澄明教育大系统自然平衡的运行原理，“为万世开太平”，由第七、八、九章构成第三板块。

U境教育场域进化是全书各部分整体联结的枢纽，开放勇气更新“场域氛围”是U境教育场域进化的活性细胞，其核心是尊重教师内心的真实力量，唤醒教师把真我的生命活力带入教育教学，这是教育场域可持续进化的造血机制。升学考试制度“减速齿轮”改革设想、开放城乡教师群体成长空间、暂悬研究习性提高核心创新力，都是基于这个核心推动教育自然平衡的重点。

第十章捕捉现实中始料未及的新生长，描述目前我国U境教育场域进化发展状态所处的阶段，借勇气种子教师们线上线下汇聚的力量，支持全书的理论建构。

“减速齿轮”改革设想试图缓解过度竞争的恐惧，重构公平与效益的新格局，促成场域进化发生质的飞跃。而对U境教育场域创造机制起决定作用的，是教育场域滋养人的意识敏于“有－无”联结，心能转物，“有生于无”，内在向“超越性发生”开放。

第一章

教师叙事探究与心灵成长形神相生

教师叙事探究与心灵成长形神相生，通俗地理解，心灵是神韵，可意会却难以言传，故事是形相，看得见、摸得着。当教师们的分享体验从心底流出，分享者和聆听者的意识向他人也向自己的心灵深处敞开，叙事探究和心灵成长就有机缘形神相生。

帕尔默指出“我们自己的心灵舒适自在，跟人交往自然就会更加亲密无间”[5] 5，在内外交会中便会更容易理解彼此之间的关系。内心安适自在且彼此相处舒适，非空间上的亲密，情感上的依恋，更非满足控制欲或迎合权贵，而是指内心安静地觉知人、物、天、地，体验无界分连通的归家感。对人世难以避免的狭隘自私或善恶难分等支离力量，都像镂空的筛子一化而过，确保内心平和自信不分离，自然散发喜悦轻安，关系自然改善。在开放氛围中，真诚分享体验到的内外交会故事，叙事探究与心灵成长就在形神相生。

教育如何唤醒个体潜能从实质上改善现实教育，曾经是20世纪70年代以来国际涌动的各种教育思潮关注的重心，但是难以跳出“只破不立”的怪圈。有学者指出，各种西方思潮解构质疑话语霸权，已经指向传统课程、经典乃至科学，然而，以批判理论为代表的“学院左派”面对的困难是，在现实的教育实践中少有非常有效的切入点，没有产生社会溢出效应。而醉心于学术理论的精心建构或对日常生活现实的激进解构，也不过是被“学院右派”讥讽抨击为大学学术自我矮化或媚俗文化。为突围这种解构不建构的瓶颈，更倡导微观权力的解构性与宏观政策的结构性分析相结合，基于宏观与微观、解构与建构、理论与实践的综合视野，尤为强调建构性的民主实践。[10]41, 44, 199, 203

《教学勇气》十周年纪念版指出，该书20世纪末问世以来，在美国高等教育和基础教育领域日益兴起唤醒教授、大学生、中小学教师灵性的运动，还影响到医学界、政界、商界、宗教界。[5] 180-181 2005年中译本出版，“犹如电击般地触动了千万读者的心弦与情怀”[11]，此后，“探索教师心灵智慧的叙事研究，在我国教育领域开辟了一块新鲜而开阔的天地”[2] 2，产生社会溢出效应很重要的原因，是作者内外交会中的心灵归家呼唤引人共鸣，妙笔言传的无形氛围对改进现实具有强渗透性，其睿智的洞察背后是中西方深厚的思想母体。

本书力图将“教师叙事探究与心灵成长形神相生”的氛围作为灵魂渗透始终，并在前三章集中阐述。第一章汲取先哲的探索传达、洞悉心灵的体验，尽量淡化头脑识见，同时从大量聆听的教师体验中选择片段与之呼应，让先哲的洞见活起来。第二、三章聚焦开放教师勇气更新“场域氛围”，捕捉活动中显现的、推动教育场域进化的造血机制，并贯通到开放城乡教师群体成长的新空间，捕捉真诚叙事氛围中注意力场结构内在状态趋向“源头”变迁。

显然，本研究试图超越流行研究范式的局限，即超越宏大理论抽空问题和抽象经验主义空洞的精巧程序，超越理性的学术概念难以涵盖复杂问题域的局限，尝试“轻松而有条不紊地在不同抽象层次间穿梭”[12] 79，让直面真实复杂问题的探索尽量贴近实相，微观连通宏观，理性携手灵性。

第一节　认识自我，生命神韵

在多年的教师勇气更新公益探索中，活动方案界定的“勇气更新”，融入我国传统静文化精髓，突出内心安适自在自然改善关系质量的核心价值。勇气更新指回归心灵妙境，警觉超越小我，静观明暗、悲喜、宠辱、成败，清醒觉知，净化内心，自然散发喜悦轻安，教育中自在清明，气定神闲，联结智慧创造力源头。这里，借鉴相关认识自我的洞见品味。

一、认识自我，重获自身认同和完整

印度当代圣哲克里希那穆提（J. Krishnamurti）强调的头等大事是，出发之前，寻找真相之前，行动之前，与他人形成任何关系（即社会）之前，我们有必要先了解自己。随着我们对自己的思想、反应和情感的错综复杂越来越警觉，觉察力也越来越强，对自己、对关系中的他人的觉察力也越来越强，整个社会结构，就会在更本质、更持久的基础上进行重建。[13] 14

在更本质、更持久的基础上重建整个社会结构，是人文社科研究成果产生社会溢出效应的根本法门，也是帕尔默思想产生社会溢出效应的秘密。《教学勇气》把“教导自己认识自我”带入教育教学的视域，自身认同和完整（identity and integrity）贯穿全书，探讨尽其所能谦恭的教学之道，在生活集结的各种力量的交汇中洞察心灵。

我说的***自身认同***是指一种发展的联系，在这种联系中，自我生命中所有力量汇聚，进而形成神秘的自我：我的基因组成，赋予我生命的父母的性格，我成长的文化环境，支持过我的人，伤害过我的人；我对别人和对我自己做过的有益的或无益的事情，爱的体验和痛苦的感受——还有很多很多。

在这个复杂的领域中，自身认同是使我成其为我的内力和外力运动着的交汇，这一切的一切不断聚合在我们成其为人的永恒的奥妙中。

我所说的**自身完整**，就是说，无论怎样我都是一个整体，这种整体特点能够在朝着一定方向形成和再形成我的生活模式时的内在联系中发现。自身完整要求我识别那些所能整合到我的自我个性中的东西，分辨其中哪些适合我，哪些不适合我——我选择的赋予生命活力的方式与汇聚在我内部的各种力量有关：对这些力量我是欢迎它们还是害怕它们，是认同它们还是反对它们，追随它们还是拒绝它们？通过选择自身完整，我会变得更加完满，但是完满并不意味着变得完美无瑕。通过承认我原本是的那个整体，意味着变得更加真实了。

自身认同和完整不是用来雕饰栩栩如生的英雄人物的花岗石，而是一个处于复杂的、不断需求的、终生自我发现的过程中的敏感领域。**自身认同**在于构成我生活的多种不同力量的汇聚，**自身完整**与这些力量的联合方式有关，使自身完整协调，生机勃勃，而不是七零八落，死气沉沉。[5] 5-6

自身认同的核心是力量汇聚不分离。在生命经历的种种发展联系中，内心承受支离在所难免，定静超越冲突，直面恐惧穿越恐惧，勇于拒绝顺从，一再汇聚内心力量使其不再分离，在任何逆境中都能守望真我的自信平和。自身完整的核心是选择生命完整性。扎根于内在力量汇聚的基础上，朝一定方向一再形成自己的生活方式时，识别选择适合自己个性的联结方式，从而拥有真我的生命活力。

认识自我的本质是挣脱小我羁绊沉潜U底联结大我，把真我生命活力带入职场和生活。这是一种复杂微妙的敏感领域，处于容易迷失、不断需求、终生自我发现的过程，需要识别认领恐惧阴影，对自己创造的阴影负责，才能不断重获自身认同完整和谐、联结美好天性而生机勃勃，才能不断开放心量，敏于觉知实相，有定力把挑战转化为成长契机。帕尔默引用了比克纳（Buechner，F.）的话描述这种更宽容、更人性化的天职图景：“是你深层愉悦与外部世界深层渴望之间相遇交融的圣地。”[5] 23

著名精神分析家荣格（Carl Gustav Jung）在析梦约八万临床治疗经验的

基础上，深入人的潜意识领域，明确指出一种人的心灵须得小心服从的中心拉力：在人的整个一生中，他所应该做的，只是在这种固有人格（指人生来就具有的完整精神）基础上，去最大限度地发展它的多样性、连贯性和和谐性，小心谨慎着不让它破裂为彼此分散、各行其是的相互冲突的系统。[14]5 这一理性概括体现了荣格非凡的灵性洞察力，也在客观上赋予“自身认同和完整”经验科学的基础。其核心根基是精神性的“自性”，认为人的“自性”是包括无意识在内的整个心理主体，它是人的本质，是真实的存在，其深处连接着普遍的存在。

结合荣格的思想理解，自身（self）包括了理性的意识、非理性的无意识，还有充当意识和无意识之间门卫的作为观念情结的自我（ego），自身认同突出整个心理主体畅通意识和无意识通道，在内在和外在的正负力量中，有定力调整到和内外正能量同频，收听到“伟大的人”的声音，各种力量汇聚使之和谐一致，内在认同“自性”，不盲目认同潜意识的“意象”身份，警觉被其支配。“自性”作为推动人的心理发展力量的象征，作为调节善与恶、光明与黑暗两极张力的中心，是指引复归人的内在和谐本质的真实存在。[14] 27; 59; 62; 197-198

可见，“自身认同和完整”作为核心概念贯穿《教学勇气》，其本质内涵是：认同自我真正的本质身份和自我生命的完整性，内心力量汇聚和谐，无论外部如何支离，都自信能平和穿越恐惧，不再分离。一切选择都为适合让真我生命完整，联结美好天性而生机勃勃。

二、认识自我，智慧传统

帕尔默的“自身认同和完整”和东西方深厚的“认识自我”传统密切联系，警示人们不要迷失在错误的身份认同中，要找回容易错失的自我的真正本质。

认识自我的伟大智慧传统博大精深。我国传统大智慧推崇“天人合一”，内外交会中的自身认同和完整，在《道德经》的视域下是广袤的宇宙优雅和弦与清净本心自在和弦之间的共生，是心灵深处和自然深处的和唱。拥有自身认同和完整，就打开了结缘“无”之妙慧、“有”之深微的天窗，宁定中道法自然，静观自得，负阴抱阳万物平衡。[3] 46-65

前述《薄伽梵歌》中的“造化三性”，指出了常态中占比最大的是“变性/忧”，其中有小我的趋利避害、喜怒哀乐、七情六欲、成就动机、激情、野心、贪嗔痴三毒，驱力强大又散乱无方向。小我出生就缠于其中，哪能不遭遇恐惧？变性中的小我容易迷失，团团转还可能落入“无明/暗”，连趋利避害的本能都会丧失。这就类似柏拉图“洞穴之喻”中的囚徒，把墙壁上的影子当真相，忘记了心灵要转向光明，要回归深层本性。苏格拉底强调认识自我，把教育比喻为迎接新生儿，也是呼唤回归心灵，认出人的深层本性，不要迷失，切记面向“悦性/纯真”超越。我国教育传统强调立德树人，明心见性，在此语境下，也可以理解为不迷失在“变性/忧”中，自觉进化到“悦性/纯真”，内心自然充盈良善。立德树人需要灵性沃土自然涵养。

德国的思想家托尔（Eckhart Tolle）指出，人类最伟大的成就不是艺术、科学或科技成果，而是能洞见到小我局限，人类自身心智的正常状态已被一个基本的瑕疵破坏而功能失调甚至疯狂。而老子的《道德经》倡导的“天人合一”和“无为”思想，深含内在转化的精髓，被认为是有史以来最为深远的灵性书籍。[15] 6-13 基督“原罪”的本义应解读为，罪在错失了人类存在的要义，错失了生命本身所蕴含的永恒存在的更深层完美，罪在因这一错失致使人类世袭下来了一种处于功能失调状况的集体心智。因而，基督教要“救赎”，印度教或佛教力行“开悟”或“苦了”，佛陀的本义即“觉醒者”。这些灵性教诲中的共同洞见，是相信人类意识会有超越集体无意识失调现状的彻底转化机会，都强调领悟和内在的转化。

汤一介引介雅斯贝尔斯（karl T. Jaspers）的观点，人类一直靠公元前500年左右“轴心期”一批伟大思想家所产生、思考和创造的一切而生存，并指出，现代性断裂导致人类身心失调扭曲等社会病，也同样需要苏醒轴心期潜力，为人类提供精神动力，体验“天人合一”“人我和一”“自我身心内外和谐”的道德天地境界。[16] 事实上，近代西方哲学转向人的心灵，以求证知识确定性的依据，渗透微观和宏观的自我心灵备受关注。

有研究指出，一种新“我学”（selfology）在兴起。20世纪末以来，经历18、19和20三个世纪缺失“我学”的苦涩而兴起的新“我学”，也是从远古的“我学”借鉴智慧的。“我学”是关于我的学问或道，也是帮助人类直面小我迷失挑战的生命哲学。自远古以来，各种宗教便用各自法门控制唯我扩张，但是客观化的神也抑制了小我的发展空间。19世纪科技理性达至巅峰，神性销匿，导致20世纪人类不断承受行动后果的惩罚，世界大战、环境污染、恐怖主义、科技误用、心灵疏离、精神荒漠等危象丛生，也才有现代精英反思芸芸众生“我学”缺失的痛苦。人们意识到，制度对人心的超强控制力，是从人心的负面能量中汲取动能，其中包括小我贪婪过度扩张和小我的恐惧，皆小我执念泛滥所致。因此，放下自我唤醒内在之光是新“我学”的重点。克里希那穆提批判界分，以绝圣弃智式的简朴关切人之本初，开不依附任何宗教信仰之先河。“我学”的正解是领导者的内心修为，个人良知的自我维系是缓解社会矛盾的关键。这是21世纪新“我学”兴起的社会背景。当代新“我学”是从生命哲学的角度，直接研究“我”，反对人心控制，重视放下自我的转化教育，体验“开悟”，实证智慧，身心更新，开启创造性和直觉洞察力，强调经验而非文字。相对淡化客观化的神，具有超越宗教类别探讨心灵内在规律的特点。[17]

理性和灵性原本珠联璧合，为何现实中唯理性主义喧宾夺主？重要原因是对于理性的误解——芸芸众生的肉身瑕疵中最难缠的是情绪情感，个人得靠冷静理性克制情绪，社会得靠精英理性确定优秀的制度来制衡调控。这种长期以来被普遍认同的“真理”，却潜伏着对人自身本质的最大误解。这一误解的实质，是否定了理性本身的局限，漠视了人的真正本质是整合理性和情绪在更深的层面体验到存在喜悦[15] 88; 166; 171，灵性智慧是能超越小我局限整合理性和情感的更大智性。[18] 9-10

夏莫站在U型理论视域，用许多领域达致精通的创造型人才的实证素材，论证认识自我的重要价值是“帮助人们接近激发灵感、直觉、想象力的源头”。在应对新兴复杂性而进行的深层变革中，包括应对生态环境、政治腐败、贫困、教育、卫生保健和商界等主流领域失败的危机，应对体制性失败随处可见的危机，突破高绩效组织发展瓶颈，U底“源头”又是当今社会

最没有物尽其用的杠杆。[6] 1-2; 10; 13

这些观点鲜明地告诉世人，任何人在任何领域做任何事情，当心灵内部是和谐、连贯、多样丰富以及自身认同和完整状态的，那么，他应对挑战的定力更强，洞察真相的直觉智慧更敏锐，越容易享受由内而外贯注的创造能量，所做的事的质量和创新含量会更高，自己的生命质量会更好，而不仅是勤奋负责地完成任务。

三、放下自我，精神转化

小我如何穿越恐惧联结大我，需依靠空静“放下”肉身瑕疵。前述U型理论，“放下”指放下小我接纳大我，与真实存在、灵感、直觉、想象力的初始源头产生联结，觉知正在生成的最高未来，其敌人是恐惧之声。放下和接纳，是最贴近U底“源头”的转折点。本书第七章将深潜“U境源头”，从东方大智慧中汲取本体营养。

这里借鉴荣格的经验科学基础，阐述“放下”中的精神转化禅机。荣格从相遇的约八万名患者和许多发挥出蓬勃创造力的人的身上，洞察到生命需要复归内在和谐、连贯、多样丰富，无意识领域隐藏着让心灵容易分离的负面力量，也蛰伏着可以滋养心灵的正面力量。无论是在任何起点上精神转化而享有生命质量的普通人，还是各行各业的卓越创造者，都是善于复归内在和谐连贯，容易从无意识中汲取到正面力量，不容易被无意识中的负能量拖下水。

让内心和谐畅通的秘密在于放下自我。荣格认为，自我是意识的门卫。自我由能够自觉到的知觉、记忆、思维和情感等组成。如果某种观念、情感、记忆或知觉不被自我承认，就永远进入不了意识。只有当小我放弃所有的意图和欲望，以及努力争取较深刻的存在时，真我才能开始活动，愿意开放聆听无意识的信息，敏于、善于接纳“伟大的人”的暗示。因此，放下自我的重要价值是敞开意识和无意识之间的门户，让无意识领域和有意识领域通畅起来，这样有利于内在所有的力量汇聚，心灵和谐连贯，觉知敏感有洞察力。由此，荣格认为，对儿童最有影响的东西并不是来自父母或教育者的

意识状态，而是来自他们的无意识背景。[14] 27；62；79；168-172；283-291

荣格思想深受佛学影响。他的思想有经验科学的基础，又与佛学正念吻合，基于平等心的觉知，而正念是在点化复归自身认同和完整的禅机："有了平等心，我们更能享受生命。当愉快时，我们当下具有全然不散乱的觉知去尽情享受它。但当愉快的经验消失，我们不会苦恼；我们依然微笑，明白它终究会改变。同样的，不愉快时，我们也不会沮丧；我们会去了解实情，并且也许能找出解决之道。假如我们力有未逮，还是可以保持祥和，因为我们充分知道这种现象是无常的，一定会消失。这样，心情放松，我们可拥有更愉快和丰富的生命。"[19] 32-41；164

和发挥创造力一样，谦恭也需要信任一个人的自我，需要有定力包容巨大张力，有承担巨大风险的勇气。放下，臣服，没有自我，让过去的事情成为过去，让将来的事情自然浮现，这本身隐藏着自然界的和谐。紧紧抓住过去就限制了自由，想控制未来也会如此。[20]

教师叙事探究与心灵成长形神相生，其神韵借上述认识自我的灵性洞察传达。这些灵性洞察世世代代滋养人类的精神生活，古往今来始终渗透在教育中坚群体中，一直鼓舞优秀的教师个体和团体不断超越负面裹挟，顶着压力无悔守望教育的神圣，为教师引导学生的善性慧根提供智慧源泉。

教师叙事探究与心灵成长形神相生的氛围，从勇气更新公益活动开放的教师叙事探究场域中可更加直接地感受体验，并可从中触摸教育场域的进化原理。

第二节　开放教师勇气更新场域氛围

开放教师叙事探究与心灵成长形神相生的“场域氛围”，发挥其推进场域进化“活性细胞”的作用，尝试激活“教师成长—场域进化—制度改革”三者良性循环的造血机制，是本书渗透始终的灵魂。

感恩勇气更新公益探索中相遇的场域氛围，让笔者可尝试用文字捕捉这一“活性细胞”。2016 年 7 月，在西安活动中分享升学考试制度“减速齿轮”改革设想后，笔者更加意识到 U 境重建必须有意识地培育推动场域进化的活性细胞，“场域氛围”才可能渗透贯通“心灵—场域—制度”。2017 年年初提交的咨询报告（本书第四、第五章），用“一箭三雕”概括“减速齿轮”改革设想的摘要，给这支箭提供动力的是城乡教师心灵成长这把弓，“场域氛围”进化关乎这把弓的动力机制，而教师勇气更新活动为笔者提供了理解无形的“场域氛围”可遇不可求的体验。

“场域氛围”可意会却难言传，首届教师勇气更新公益活动 2013 年在上海举办，2014 年在北京举办，2016 年在西安举办，然而不管当下氛围如何令人震撼，回溯捕捉也是不可能的。2017 年 11 月 4 日—5 日“教师勇气更新研讨会——方庄教育集群超越之旅”在北京市第十八中学举办，借助嘉宾真言呈现勇气更新“场域氛围”的品质。2017 年 7 月 14 日—16 日第四届“前行者——教师勇气更新公益活动”首次进入基层曹县举办，为贴近“场域氛围”实相，笔者的纪实反思用了大量微信截图和照片佐证，详情可见“教师勇气更新之家”中推送的纪实反思系列。[21]

在“教师勇气更新公益活动”多年的发展中，除了 2007 年启动阶段借力北京市一重点课题（AIA07135）两万元经费外，长期零项目，零经费，零组织，零稳定成员，零领导委托任务，零名人支持，可以说无任何背景，唯有顺应人心向背，应教师成长需求而发生。有机缘为其鼎力者都对后续的发展态势感到意外。如此安于清零却如此“超越我们的愿望和行动与我们一起发生”，都是得益于《教学勇气》对教师的内在唤醒，教师分享的真言滋养生命共同体，汇聚力量。

安于清零，相遇“超越性发生”机缘，用夏莫的《U型理论》来理解则是，“超越性发生”靠U底“源头”滋养。清零让活动的发生动机极度单纯，才有机缘贴近“源头”。

勇气更新叙事探究营造的场域氛围，助益教师暂悬“下载”习性，挣脱束缚，促成注意力场结构中的实时内在状态趋向源头变迁。联结正在生成的最佳未来，相遇“超越性发生”。

虽然零稳定人员，开放的勇气更新场域却有力地凝聚了为其鼎力的虔诚助缘者，他们从繁重的本职工作中抽身，在难得的短暂假期中全情投入活动，仅仅为活动可以持续助益教师成长而欣慰，仅仅感到自己也需要在活动中获得勇气更新。以首次到基层曹县的活动为例：

在曹县活动中，尽管呼吸道不舒服，李牧川博士仍然超负荷工作，不顾整天旅程颠簸，7月13日晚上就引导幽默破冰，15日上午主持活动主板块，晚上又主持为曹县教师临时增加的沙龙，16日上午讲座，下午活动总结，深夜还在为各位嘉宾送旅费，接下来还要在暑期承担起黄梅天下禅的志工领军重任。赵清风老师，活动中见缝插针和西安团队切磋如何在大会上呈现出叙事探究的深层魅力，为伙伴们按捺不住的参与热忱欣慰，“不再逃离的勇气”，灵魂深处千百次涌动的心声在讲座中一吐为快。连续透支四天后，16日晚上，活动尘埃落定，才接受曹县教育领导的热情款待。唯有王丽琴博士，为了对得起几十位听她讲座后报名的听众，16日晚上还在主持精彩沙龙。她已经为本次活动持续投入一个多月。2013年8月就是她主动带着志愿者团队承担一个小机构的会务，才促使首届教学勇气更新公益活动在上海举办。

是纯净心灵的鼎力助缘者不断在活动中相遇纯净心灵的创造，在自然汇聚心灵的创造中助缘“超越性发生”。创造开放的勇气更新场域氛围，依靠真情投入的助缘者；助缘者又从勇气更新场域中获得滋养，把回归心灵的美好随缘传递；助缘者因伟大事物魅力相聚，和参与教师共享精神盛宴。

活动中给人带来惊喜和震撼的是一线义讲嘉宾，他们带来超越小我恐惧、头脑识见局限和创造璀璨教育的体验，让曹县师训科倪卫东主任多次感叹：“邀请的嘉宾太棒了！”李淑芳老师15日上午赶趟听李虹霞老师和陈耀老师的讲座，说这正是她一直在寻找的老师。

陈耀老师的科学探究课程引领学生探究乡土万物的精微奇妙。他一直沉浸于自然科学教育，开坏几辆车，倒贴十几万，行程百万公里，爬遍方圆百里的每座山，带孩子们狂热接触田野自然，传播梦想，发挥想象力，激活对自然界不解之谜的探究本能，让科学教育回到好奇心这个探究原点，[22] 他开创的一千零一夜家庭实验室2017年发展到全国联盟，用创造性实践说明，科学教育在农村同样可以丰富多元、开放综合，没有城乡差别，并非如一般见解那样，教育一鼓励开放多元、灵活综合，必定对教育条件受限制的农村带来不公平。

义讲嘉宾带来震撼性体验，讲者与听众面对面、大会直观呈现小组叙事、全员参与小组叙事探究，都在为老师们提供内化和表达机会，触动参与者体验向心灵深处敞开，让基层县教师们感到活动**“高大上又接地气，准备干起来！”**

相信许多活动中相遇和未曾相遇的卓越老师，他们和《教学勇气》的作者帕尔默一样，天生为某个领域而生，在众人迷失中能够拨云见日，显现教育领域原本的璀璨实相。他们，勇气更新团队，数不胜数的教育探索力量，都在虔诚助缘我国城乡教师群体成长。

第三节　触摸教育场域进化纹理

教师叙事探究与心灵成长形神相生吸引教师内生成长的缘由是什么？勇气更新"场域氛围"何以触动精神转化？这需要触摸勇气更新场域的进化纹理。

一、教师的爱靠什么滋养？

带来"源头"生发的震撼性体验的，是活动中汇聚的卓越教师。例如，相遇李虹霞老师，笔者才直观感受到，爱的教育可以让生命如此蓬勃！2014年至今，李老师欣然应笔者邀请已经进行了十次义讲，每一次都给笔者带来震撼，每一次都带来令人欣喜的新生长。曹县活动前意外出现的王旺老师初次遇见李虹霞老师，引出了有关"教师爱学生的源泉"的对话，下面顺着对话线索触摸勇气更新场域的进化纹理。

参与曹县活动的王旺老师，在勇气更新活动中听了李虹霞老师"只为儿童生命的蓬勃"的发言，而后又在"新经典"论坛听李虹霞老师讲课程统整，他感到李老师更多是从和孩子的生命联结角度分享，认同这种叙事思维个人陈述的价值，关注如何形成一种叙事思维习惯。他问询李老师爱学生的源泉是什么，并结合参与不同活动的体验自我追问教师的生命原动力。

从李老师的课堂中可以看到，最好的教室不是最贵的，而是教师和学生都感到幸福的，感到"回家"的教室，教师回到自己的心灵之家，学生感到温暖、自在。做了很多年老师体验不到归家感是非常遗憾的。李老师的讲座很少从课程、专家、技巧的角度展开，更多的是从孩子的角度诉说生命联结的故事，更像一种个人陈述，和听众有深刻的联结，听众可以感受到这个老师生命的真实存在，而不是听着心里很焦虑，自己不知道如何做。

教师成长的关键点往往在于生命的原动力，而激发教师的生命原动力往往比传授教学技术更加重要。……但我真的不是因为喜爱孩子才投身教育，而是因为自己的社会学研究兴趣，从而对“人”的各种属性、品质、关系、互动性与能动性，充满了好奇和充分了解的渴望。我想，正是因为如此，孩子们和我是在用人原本的样子平等互动，我们的交往是剖析人的价值的最好证明。爱太沉重，往往成为一种要还的债，我不希望给孩子们这种负担，这样的教学也很容易透支。我很好奇，除了学生以外，还有什么是李老师的源泉？

——王旺，2017 年 7 月 27 日第四届“前行者教师勇气更新”微信群

笔者曾经在《心灵的觉醒：理解教师叙事探究》中引用托利的思想理解“爱的当下超越”：“爱不是一扇大门，它是通过这扇大门进入世界的东西。如果你完全陷入了你的形式身份之中，爱就不会存在。你的任务不是去寻找爱，而是去寻找一扇能通往爱的大门。”[18] 113-114 在这个语境中可理解为，要与滋养爱的不竭源泉相遇，就要推开这扇门，一旦入门，生命就会散发爱、喜悦、轻安，无为无不为，人我互惠共生。但在入门前，受惠于爱，恐惧为爱付出和负累，也是自我超越中自然要经历的张力。

教师如何叩开通往“爱”的大门呢？托利认为，与你自己体内的能量场相联系，高度地保持临在状态，不要与你的思维认同，超越思维局限性；向本然臣服，与当下为友（包括和恐惧友好、放松地相处）。这些都是你可以利用的大门，只要其中的一扇大门打开了，爱，就会作为一种“感受和理解”的合一物态在你之内产生，并且由内而发传呼于外。[18] 138-143

要推开的这扇门就是回归心灵，拥有自身认同和完整，发现生命不可摧毁的本质，选择天生我属，从而更加拥有自身认同和完整，及整体连通，这是滋养爱的“源头”。

我把这些理解和李虹霞老师分享，期待她所体验的“爱的源泉”。2017 年 8 月 15 日凌晨，李老师传来的心声让我心潮澎湃，我立即转给王旺，王旺凌晨回复：“李老师：您的心声让我热泪盈眶！感恩此生能与您相遇。”

二、寻着热爱　找到自在

寻着热爱　找到自在

——李虹霞答“教师生命的原动力”问询

吴老师的几次催问，让我不得不面对“爱的源泉”这一问题。我开始认真思考，为什么和教育一见钟情？为什么持续热恋，近30年还痴狂依旧？一个念头瞬间闪现：这好像问一个妈妈，你为什么爱孩子一直到老。这似乎有些风马牛不相及，但此刻，我的感受就是如此强烈。母爱是天性，师爱，难道就不能也是对生命成长的一份迷恋吗？难道就不能有“赖”在学生生命里的执着吗？

母爱不仅仅是因为创造了生命而伟大，更因为她对生命的滋养培育和无怨无悔的付出，只要被需要，就是幸福的。同理，一个人，不断被需要，自身的价值也就一次次被体现，成就感、满足感和幸福感就越强。自身认同是源于被别人需要、被别人认可，历经一个个鲜活的生命不断生长的过程，看清自己力量虽小却在最需要的关键时刻有所贡献，这就足够了。

在职业学校的那几年，那些爱打架的孩子，在被打得头破血流时，能跑去求助我这个班主任，难道他们不清楚我比他们在气力上更弱小吗？但他们却不假思索地向我奔来，而我居然就敢把他们挡在身后，去对抗一群砸烂门窗准备破门而入的地痞。这份力量来自哪里？只因那一刻我的耳旁只有一句话：老师，快救我们！

到小学任教后，我的不惜力气让校长很满意。我一直记得让我特别欣慰的一句话：“有个人，我总是忘记表扬她，但一有困难我总会想起她，她就是虹霞。”

曾经有人告诫我，家长是个极端功利的群体，他们太在意自己的付出是否在孩子身上得到回报，一旦失衡，便成为家校矛盾的潜在危险。我相信有道理。但是在幸福教室，似乎不是如此。因为这里的环境很难滋生自私和狭隘。有个家长不遗余力地记录下了自己的感受和赞美——

半年的时间里，孩子带回家来的《韵文识字》《成语千句》《字经识字》，编著都是“李虹霞”。我好生感慨，李老师光教学就忙得团团转，哪有时间编辑书？后来孩子对我说：“李老师晚上12点之前没睡过觉。”我感叹不已，找到了答案。有一次和李老师交流，不自觉地流露出了家长对她的疼爱，并且劝告她不要太劳累，李老师微笑着对我说了两个字——痴狂。因为深爱着孩子、痴迷着事业、对梦想执着，所以不计时间、不计报酬，疯狂地工作着。

在研讨会上，李老师带领孩子们深情诵读，真情演绎，《劝学》《诗经》《短歌行》《春江花月夜》《少年中国说》……，一首首唐诗，一篇篇散文，先贤的思想与胸怀在孩子们的心中展现开来，孩子们的心灵插上了翅膀，飞越千山万水，与圣贤对话，与自然亲吻。孩子们的荣耀与幸福写在脸上，李老师的满足与微笑也写在脸上。

……

翻出早在2008年的一篇自我总结，探寻十年前的状态——

熟悉我的同事都知道，我很“穷”，课本、教参、试卷经常丢失。可是，一旦有老师出课，排节目，找资料，很多人都会想到我，只要是我参与过的活动，我一定会把文字资料、影音资料留下来，打开我的电脑，翻开我的抽屉，全是一路走来的发言稿、朗诵稿、出课资料、配乐资料库、演出录像等。其实我很“富有”。

我爱“忘事”，手机、钥匙走哪儿丢哪儿，该上交的计划总结有时也得有人催。可是，一旦问起哪个学生哪个生字还出错，我一定会一一历数，只要是学生写错过的字，我都会记在本子上、打在电脑上、制成幻灯片，还要把每人的错字一览表打印出来贴在每个学生的书上，不停地督促他们，直到错误消失。其实，我记忆力不差。

我很“怕麻烦”，让我去做美容、学化妆、系丝巾、弄发型，我可不干。可是，一旦学生有需要，我总是字斟句酌，精心策划，就连找音乐我都一个个试，就为达到最佳效果。学生的发言从语音到声调，还有表情、动作，我从不让他们轻易过关。期中期末的试卷，我除了交上学校要的试卷分析外，还要把每个学生每道题的丢分情况及原因分析、改进措施一一列出，让学生家长一目了然，努力方向非常明确。

有人说我“傻”，公私不分，下班时间办公。在完成教学任务之外，我为学生补充了非常多的资料，自己的MP3、MP4、U盘、笔记本电脑全都用于教学。不是我不在乎钱，而是有些东西比钱更重要。相信我储藏在学生脑海里的一笔笔财富会让他们受益终生。花费大量的时间、精力帮学生出班级文集，我无怨无悔。我的序言是这样写的：

亲爱的孩子们，整理完你们的作品，我已经很累了。可是如同一位母亲面对刚刚出生的婴儿，我已忘记了种种辛劳，剩下的只有欣喜和满足，我感谢你们又一次让我和幸福拥抱！亲爱的孩子们，读你们的作品，是一种享受。看到你们善良的心，我感动；读到你们精彩的语言，我欣喜；感觉到你们丰富的想象，我惊奇；领略到你们独到的构思，我羡慕又自豪……期待着我的孩子们写出更多的好作品，让我幸福地看着你们——静静地绽放！永远爱你们的李老师。

十年后，熟知我的徒弟说：“路漫漫，您总是一路征程一路故事，而且绝不重样！”我依然是糊涂依旧，痴傻翻新。但我却用我的分享，和更多的生命联结，去唤醒、去点燃，生命由此更加绽放。

说真心话，我早已没有了之前的所谓职业“责任”和“担当”，也没有了对事业的“执着追求”。我只是在享受一种生命的自在状态，在一间被称作幸福教室的庙宇里修行，那里，有最纯真、最鲜活的生命，他们在用成长滋养我，值得我无限地敬畏和陪伴。这样的信仰已经在我的心田扎根，任尔东西南北风，无所畏惧。

李老师的幸福教室中，“超越性发生”近了，托利的思想活了，推开门进入的是生命联结生命，爱滋养爱，生机盎然，鲜活清晰。李老师痴迷学生成长的创造喜悦，从而迎来教育的美好绽放，体验着“教育就是召唤”。那灵魂召唤的语言、感受和理解合一，充盈着收获的喜悦。

心灵召唤迎来学生生命潜能的绽放，学生核心素养大大提高，为开放不可预估的空间，善用智力情感宝库，热情引导学生的成长。语文主科顶着应试压力自由放飞学生却成绩超常好的秘密是：“学生的发言从语音到声调，还有表情、动作，我从不让他们轻易过关。期中期末的试卷，我除了交上学校要的试卷分析外，还要把每个学生每道题的丢分情况及原因分析、改进措施一一列出，让学生家长一目了然，努力方向非常明确。”

作为一位普通老师，李老师可以让幸福教室的氛围自在无恐惧，“很难滋生自私和狭隘”。那么，怎么让整个教育系统充盈安全无恐惧的氛围，“很难滋生自私和狭隘”呢？好似比登天还难，而当每一位教师都创造出幸福教室，享受孩子的成长时，不就构成了教育大系统的氛围吗？为什么竞争、排名、分数、习性、评判、恐惧、伤害等一再喧宾夺主？帕尔默说得太对了，因为大系统的压制是扎根在人心灵的恐惧中的。

值得警觉的悬崖是：如果不能像李老师这样排除任何干扰，静心沉入，痴迷生命的成长，教育就失去了神圣、惊喜及对伟大事物的迷恋，失衡大系统带给个人的压抑感就会更甚。教师顶着分数压力、刻板管理，琐事缠身，被恐惧文化裹胁，一定难逃身心疲惫。优秀学校领导的密码，就在于善于解构心灵和制度牢笼，呵护学校或区域自在优雅的氛围。如何鼓励每位教师都像李老师这般优雅、宁静，迷恋学生的成长？这值得鼓励每位教师深入感受“场域氛围”。

三、自性之光照亮“场域氛围”

在歌德的神话故事《绿蛇和美丽的百合花》中，国王问绿蛇：“你是怎么来的？”“从金子堆积之处的缝隙里。”又问：“什么比金子更耀眼？”“光。”又问：“什么比光更有生命力？”“谈话。”[6] 106-107愚以为，小我面对的诱惑就像堆积的金子，不迷失于小我就像穿过金子堆积的缝隙，摆脱巨大的诱惑。能对抗巨大诱惑的是“自性之光”，远比金子更耀眼，而比自性之光更有生命力的是谈话，为什么？因为看不见摸不着的自性之光，只有透过真言对话才会散发光芒。

李老师对学生的召唤、带来的震撼性的讲座，是光和言说交辉，感受和理解合一，是在亲身言说，叙事探究和勇气更新形神相生，透入存在之光的小故事，与众不同地绽放，呼唤芸芸众生回归初心，超越恐惧，显现真教育的实相，不再分离，整体连通！《教学勇气》唤醒的沉睡在中华儿女血液中的儒释道精髓，也在真言对话中散发出自性之光。

叙事探究与心灵成长形神相生，就是真言对话散发自性之光。高度地保持临在状态，与整体联结，即连通U底“源头”，激活滋养爱的“源头”。托尔认为，这是一种“单纯的临在——简单、自然、不做作，无论谁和他们接触都会感受到他们转化的力量”[15] 85 在勇气更新公益探索中，和许多教师个体与团体相遇，勇气更新和叙事探究形神相生，共享整体联通感，让琐碎的日常教育教学有了深层意义，生命质量从此焕然一新。

帕尔默的睿见:“分离”是我们习惯的生存状态。但是我们的内心不断地有对联系的渴望，一种强烈的渴望，对我们的心灵和远方的星辰、我们自身和世界的他者亲密无间地生活这一状态的渴望……这种认识中，我们超越了恐惧走向了整体。[5] 52-53

志同道合者在一起创造满意的现实，卓越教师由内而外自然散发爱，理解和感受合一，发出真言，这对于开放勇气更新“场域氛围”，意义无可替代。教师的叙事思维，从真诚的自我追问开始，在直面内心恐惧中开放真我。最高的真实是让心灵归家，超越头脑识见的局限，让力量重生。从头脑到心灵的漫漫旅程，“所有的思维都会彼此相遇，交织出不可思议的能量之网，形成美丽的、难以言喻的、复杂得难于置信的、永远变幻不定的形态”[23]。

爱是最高最难的行为，穿越恐惧才能回归爱，内心宁静才能超越对立的张力回归爱。勇气更新的“场域氛围”充盈着这些富于张力的精神转化体验。“超越性发生”瞬间可遇不可求，永远始料未及，无法说定，也随时不再发生，而一旦经历，就再也不愿错失。

叙事探究与心灵成长形神相生的“场域氛围”，难以言传。哲人用“感受和理解合一”“光和言说交辉”“整体连通”“天人合一”“沉潜源头”等言说意会，重在体验“为天地立心”，觉宇宙和弦，显天地情怀，立仁者气象。“场域氛围”是教育场域进化的活细胞，滋养教师内心，使其安适自在，让教师的日常意识向自己和他人的心灵深处敞开，自然接收爱、良善、喜悦、智慧的馈赠，敏于觉知自我增能，在能量流通中彼此赋能，穿越恐惧，迎接生命无限可能的生长。

教师叙事探究与心灵成长形神相生的“场域氛围”，按前述“U型理论”理解，决定着社会场域活性创造机制的质量，意味着觉察、维护、增强注意力场结构趋向U底“源头”变迁，唤醒每个教师当下的内在状态，使其自然地向自己和他人的心灵深处敞开，感受到真我的力量，敏于触及生命创造力的“源头”，个人、集体能量和觉察敏感性得到提升，带来职业和生活的显著成就。

开放心灵的“场域氛围”是推进教育场域进化的“活性细胞”，教师群体的成长依靠推开这扇众妙之门，开放迎向“超越性发生”。这是“教师成长—场域进化—制度改革”三者良性循环的造血机制。感恩促成这个“活性细胞”显现魅力的所有力量，鼓励笔者尝试捕捉叙事探究与心灵成长形神相生“场域氛围”，并将此作为渗透全书的灵魂。

第二章

叙事探究开放养心氛围

“发展跟每次进步一样，是深深地从内心出来的，既不能强迫，也不能催促。一切都是时至才能产生。让每个印象与一种情感的萌芽在自身里、在暗中、在不能言说、不知不觉、个人理解所不能达到的地方完成。以深深的谦虚与忍耐去期待一个新的豁然贯通的时刻。”[24]

第一章触摸勇气更新“场域氛围”，是在学习体悟圣哲们的相关心灵洞见中，在十几年组织教师叙事探究大量聆听教师的真言中，在直面恐惧、穿越恐惧的分享中，捕捉所感受到的真相。接下来，我们将在教师的叙事分享中，捕捉灵性洞见透亮心灵的活力，叙事氛围呼唤心灵归家的吸引力和“聪明导向分离，智慧包容万物”[15] 88 的体验，谦恭地迎来把真我带入教育教学的豁然贯通。

第一节　叙事氛围滋养教师回归心灵[①]

一位年轻教师问询：班上学生纷纷表示受不了新调来的一位老教师，我作为年轻的班主任，怎么去和这位教师沟通呢？

直觉回应：不用说你这么年轻，即使是校长或资深教师直接与之沟通效果也未必好。如果这位教师有机缘身处开放坦诚的叙事氛围中，有机会聆听到种种师生默契相处的智慧和快乐，或许会有所触动，自行转变。

一位校长问询：引进的一位骨干教师原本很优秀，引进后因至亲长期生病，护理和治疗受拖累，工作无法进入状态，直到失去亲人却难以启齿，只表示今后会好好为学校工作，很担心她最终会顶不住，又不知如何帮她走出来。

也直觉回应：从这位教师身上，感到我们真的需要教育芸芸众生如何举重若轻地面对生老病死。试着邀请她进入叙事探究活动，一种真诚、安全、无恐惧的分享氛围可能会帮她自我突围，尤其是当有人分享曾经经历过的类似痛苦，曾经读过什么书让内心敞亮，重获力量时。

上面两个回应，并非把教师叙事探究作为灵丹妙方如法炮制，而是相信一切实质的转变都意味着复归真我，回归心灵，拥有自身认同和完整：一种自信与平和的生命内核。重获自身认同和完整的转变需要开放内在空间，需要安全、无恐惧氛围的滋养。

① 此文在吴国珍《叙事探究，滋养教师回归心灵》一文的基础上修改而成，原文发表于《中国教师》2016年第8期。

一、叙事开放养心氛围

开放内在空间是相当了不起的内在革命。陷入极端负面情绪的心灵，正在经历被支离、分裂、扭曲，力量难以汇聚。不能接受使师生关系紧张的原因在自己，就不会有所改变，难以启齿正在经历的不幸，意味着感受到外部的恐惧不安全，还没有机缘在新环境中把真实的自我力量展现出来，还没有感到自己的能力是被信任的，在这种情况下，恐惧只被同情而不被尊重。

当没有勇气接纳不幸，没有力量拥抱痛苦穿越恐惧，在封闭地承受支离的心灵面前，除了尊重与等待，可选择的援助之一，是让当事人有机缘亲临一种彼此分享“教导自己认识自我”的体验，意识到要重获力量，必须复归自身认同和完整。而自身认同和完整的真谛，是尊重直面生命经历的一切，有定力让所有力量汇聚不分离。抽身静观自己的思想、情绪和身体，悦纳悲喜宠辱，不以物喜，不以己悲，是重新汇聚力量获得勇气更新的密钥。

一种开放真诚的叙事探究氛围，用鲜活的体验领悟心灵成长原理，就在自然建立安全、无恐惧的信任关系，彼此散发和接收心灵被尊重的温暖，也就自然助益当事人穿越恐惧，回归心灵，重获自我更新的勇气。因此，教师叙事探究中呵护尊重聆听的氛围，唤醒回归心灵，其意义绝对是第一位的，远远超出它的一些附加价值，如叙事的分享或写作满足了外部标准（发表或获奖）、归纳锤炼叙事素材获得专题性研究成果等。这些附加价值不需要刻意追求，而是获得心灵成长的生命的水到渠成。而附加价值的质量取决于叙事探究第一位的根本价值——助益教师复归自身认同和完整。自身认同让内心力量汇聚不分离，才有定力如其所是进行选择，获得自身完整，成为最好的自己。

呵护真诚、安全、无恐惧的氛围，困难在于氛围无形，聚散微妙。多数人除了习惯迷失自我，狂躁之心泛滥，非尊重的话语也足以让开放的氛围瞬间消失，此外还必须澄清某些似是而非的混淆。比如，分享了自己的困惑后，不会很想听听合理的建议吗？不满足于展示性叙事，不热心提建议而中断聆听，会有损叙事探究的“集智”价值吗？会妨碍凝聚正能量吗？

教师叙事探究确实承担着“集智”的重要价值，“集智”对于教师的专业成长意义重大。展示性叙事分享对于“集智”确实有重要贡献，但是对于参与者的实质成长却存在一定的阻碍。展示者和观众之间是有距离的，静听者倾向于对外归因，觉得自己没有遇到生命中的重要贵人，学生和家长又不配合，平时已经竭尽全力，哪有时间读书和尝试改变，等等。因此，许多教师培训知行分离，听者往往当场深受震撼，行动起来却可能一筹莫展。

探究性叙事的微妙在于，反复自我追问，反复自我警示不要迷失真我，成功喜悦是心灵成长的自然回报。真诚分享常人都经历的困顿，接纳多元，静对冲突，穿越被支离的恐惧，不断被分离又不断复归自身认同和完整，内生实质转化，敏于觉知洞察，相遇柳暗花明，放下接纳，为赢而输，尊重不同阶段每位教师复归心灵的节奏和层次，不断进入良性循环，更自然涌出感恩之心。这种分享引人共鸣，触动自身转变。

在教师勇气更新长期的公益探索中，如何让参与活动的每一位教师都有机会发出真言，体验小组叙事中的养心氛围，自始至终是活动关注的重点。顺着叙事探究与心灵成长形神相生的纹理，从教师分享的故事中提炼贴近教师体验的话题，供参与教师们活动前预选，再依据教师选择的话题以八人左右为一小组进行三小时的分享。这些话题聚焦认识自我、魅力课堂、特需学生引导三大主题。例如：

聚焦一：认识自我

1. 曾经深深感动自己的教育体验。
2. 随童心、童趣回归初心，创造丰富的教育生活。
3. 在压力中内心回归定静才游刃有余。
4. 学生们随教师的心安自在而蓬勃专注。
5. 聆听自己的内心让我容易与学生共情。
6. 心灵洞见引人共鸣，享受和好书对话。
7. 我们抱团取暖，话语从心底流出的氛围养人养心。
8. 在共同痴迷于学习探索中自然生长信任关系。
9. 尝到了正念练习净化心灵的甜头。
10. 尝试过为学生体验觉知力设计活动情境。

11. 耐心陪伴、静候花开中体验谦恭教学之道。

聚焦二：魅力课堂

12. 开放的课堂展现了学生的内在魅力。

13. 智慧引导学生一见钟情，自主学习。

14. 注入了教师激情或个性魅力的课堂。

15. 教学创新或巧妙设问的灵感分享。

16. “合作学习”或“教学相长”的意外收获。

17. 引导学生提问，挖掘学生疑问的潜在意义。

18. 课堂上体验师生共同被伟大事物的魅力吸引。

19. 借力拓展阅读，助力课堂生成。

20. 激励性评价促进学与教。

聚焦三：特需学生引导

21. 对爱动的学生的巧妙引导。

22. 读懂学生攻击、暴力行为后的恐惧，对症下药。

23. 设计班级活动，开放宽松自然的异性交往氛围。

24. 良好氛围感染青春期的“过度逆反”回归常态。

25. 聆听特需学生，迎来了喜人转变。

26. 学生们养成了优势视角，新的生长点呼之欲出。

27. 系列连环深入的活动激发学生们各尽其才，“问题学生”也在进步。

28. 一人一故事的家长会触动“问题家长”开始转变。

活动组织中预先提供教师进行选择的叙事话题，在聆听教师分享中不断提炼贴近教师生活实相的话题，持续从教师中收集话题、更新话题，这需要细致耐心的组织策划。是否愿意为此投入，取决于是否愿意真心聆听教师，贴近教育的实相摸索改进教育的内在纹理；取决于是否充分意识到只有这样才能开放教师叙事探究与心灵成长形神相生的氛围，唤醒教师把真我生命活力带入教育教学。客观上，不管参与的教师是几十还是几百，只要活动举办学校有足够的教室，就可以满足每个小组都拥有宁静空间自在分享。有灵性导师进小组与教师们对话更好，如若没有导师，教师们自身开放养心氛围，同样也会让分享惊喜不断。客观聆听、共情聆听、生成聆听的教育体验，是头脑到心灵、小我到大我的漫漫旅程，唯有呵护教师们内心深处坦诚的分享，才能开启教育滋养伟大心灵的旅程。因而，话题适度与正在生成的未来联结，可唤醒教师新的生长点。

二、分享聆听，打开内在空间

教师叙事探究的养心氛围联结着开放的内在空间。《教学勇气》中“对话的基本规则”阐述了原理和操作指引。帕尔默说，人的心灵就像野生动物，非常强大，容易复苏，又有点害羞，需要安静地等一等。还提到一种三五人的澄心信任圈，在这个圈中，无论是谁遭遇了冲击，情绪反应强烈，彼此就会安静围坐，聆听这位焦点人物分享正在经历的事情。

让焦点人物开放分享正遭遇的纠结困顿，前提是围坐者安静地尊重聆听，诚实问询，集中精力，忘掉自己，自然生成滋养心灵复归自在的氛围。不打断，不评判，不热心提建议，一切只是为了陪伴分享者更深入到他（或她）的内心，悄然化纷导滞，让焦点人物重获自信平和的生命内核，相遇自己的心灵导师，复归最佳的自己应对挑战。

帕尔默同时指出，聆听者在陪伴他人进入内心中时，也神奇地进入自己的内心深处，不自觉地向自己和他人的心灵深处敞开，并沉淀为开放内在空间的常态意识，带入和学生、同仁、朋友及家人的相处中。“我们就打开了内心的空间去接受一个人。”“当我们接近那些帮助焦点人物更深入到他（她）的真实内心中的问题，我们发现我们自己也被引入自己的真实内心之中。”“善于接纳的开放态度，会带进他和配偶、孩子、朋友和学生的关系中。”帕尔默说，让他感到很了不起的是，焦点人物分享到最后和自己自言自语起来，在积极面对自己的困境，他认为这是焦点人物已经在和自己的心灵导师对话。[5] 144-149

显然，这是信任每个人自身认同和完整的根基，相信每个人都有自己的心灵导师，都可以回归心灵妙境，获得自己心灵导师的指引。任何人的热心建议，有启发但无法照搬。而当情绪反应十分激烈时，被尊重聆听，助益回归自身认同和完整；被热心建议，却可能使心灵缩回，封闭起来。

托尔尖锐地指出，人类最伟大的发明不是航空航天，而是发现了小我余痛，并将之比喻为“心灵寄生虫”，这往往是激烈的负面情绪受到压抑所致。“心灵寄生虫”会不断抓取痛苦喂养自己，吞噬萎缩正面的心灵能量，障蔽与整体的联系，隔断内在与万物的连通，阻挡心智与创造性源头的联结，让生命和生活一团糟。[15] 3-5 当承受激烈的负面情绪时，信任圈的聆听者不打断、不热心提建议，只是尊重地聆听，其实是在安静陪同情绪激烈的焦点人物回归心灵。这是信任，无论经历何种激烈情绪，只有自己本人回归到自身认同和完整的状态，才更有力量和智慧应对自己面对的困难，与自己心灵导师的指引相联结，远比任何外来的建议合理、有力量。而信任圈内的静静聆听和真诚陪伴，对回归心灵是一种自然、安全、有效的外部支持网络。

帕尔默说，最神奇的是，三五个人经常这样相互聆听，会打开每一位的内在空间，让他们修炼成一种善于接纳的开放态度。只聆听，只问询开放而诚实的问题，如“发生了什么？”表示很愿意再聆听，愿意陪伴他进入他的真实内心中的问题，而不是暗示他该去做什么。这就是在修炼日常意识的开放接纳，日常意识是向自己的心灵深处敞开，也是向他人的心灵深处敞开，容易共情聆听，人生的关系质量就完全不一样了。

但是，流行的教师培养模式中鲜有倡导这种支持教师心灵成长的信任圈。科技井架和刻板管理合谋，让刚性标准捆绑更便捷、更精致，强化外部监控枷锁，决定着教师培训的竞争性基色。教师研修文化受控于评判性的培训习性、经费、奖惩的驱动，机构弊病扼制个体的谋生脆弱，逼迫个体一再温顺服从，疏离教师成长的内在需要，让大多数教师无缘接触养心的叙事氛围。除了流行的赛课、研讨课题、论文等，即使倡导体验分享，也只关注少数骨干教师，对于普通的大多数，展示性叙事案例往往成为要上交的任务。如此拒绝或漠视每一位普通教师之间的相互聆听、分享，挤掉了教师们获得养心氛围滋养的机缘，就是在阻挡教师们用本真的方式自主成长。

能否给每位普通教师提供相互聆听、分享的机缘，其实是能否满足大多数教师内在成长需求的分水岭。一方面，现实中，体制内密集的教师培训是任务驱赶性的，被重外在结果、轻实质过程的习性绑架，无暇关注教师内在成长的需要。另一方面，随着《教学勇气》和叙事研究等质性研究范式在国内十多年的传播，许多探索性教师培训和勇气更新一样，体验到了聆听自我和相互聆听对于成长无可替代的意义，有利于教师内在唤醒的新形式也在不可阻挡地渗透传播。卓越教师的分享鲜活地呈现了日常意识向心灵深处敞开的魅力，教师内在成长的存在感，在教师成长共同体的线上线下互动中不断生长，也鼓励笔者不断捕捉城乡教师群体成长的新生长点（见第三章）。

三、日常意识向心灵深处敞开

尊重聆听中开放内在空间，是建立信任关系的法宝。企业界资深团队引导师任伟先生，引导企业团队建立信任圈关系体验U境。他一相遇《教学勇气》，立即研读帕尔默的相关原著，把引导企业领导信任圈的氛围用于引导教师工作坊，提到首次和教师互动的体验：第一天帮助参与者产生生命联结，让他们晚上回家聆听家人，把体验带到次日上午分享，没想到第二天上午的分享太感人了，很多人都在说，以前怎么就没有发现自己的孩子、另一半原来那么好！其中透出这样的启示：其实人很容易忘记聆听，倾向于评判他人，而尊重聆听开放内在空间，体验柔软温暖默契，关系质量自然改善。

教师们在真诚开放的小组叙事探究氛围中，自然相互感染，意识状态向心灵深处敞开，重获自身认同和完整。多年参与北京跨校叙事研究，被称赞“太有智慧”的唐中云老师，在小组叙事中以如下的分享对开放内在空间有自然的感染力。

大概持续了一个星期，那段时间我觉得特别抑郁……因为觉得真的没有意义，天天这么奔波，忙完学校忙家里，这是我要的生活吗？我费尽力气跑到北京来，就是为了过这样忙忙碌碌的生活吗？……我找不到方向。那一个礼拜我就只读书，课都没怎么备，命都快没了，还备什么课，讲什么题？先要命吧。也读了一些心理学图书，觉得心理医生解决不了我的问题。我的医生在哪呢？于是我就把感兴趣的书都拿来读，平时就摆在手边，半夜心闷反正睡不着，就读书。

读得最多的就是《了凡四训》。一遍一遍地读，最后记住了八个字——命自天定，命运是上天注定了的，但要“福由自求”。这个福，要自己求，就算你命中有这个福，不去求，也没福。更重要的是，你求的福越多，自己造的福越多，你的福才越多。……于是我反思在十几年的教学中我有没有种我的福田？我可以心安理得地说，我一直在种我的福田。我种了，就够了。现在我再努力去种就是了。这本身就是我的回报。……我发现，我最想得到的并不是别人的奖赏，而是我自己的肯定。我只去种我的福田。别人有没有回报，那是别人的修为，他没有表现出来不等于他就没有念叨你的好。

自信，是一个人保留和世界沟通的底气、底色。勇气更新叙事，给我的最大人生滋养就是去突破自己，做最优秀的自己，认同自己。我就是最优秀的我，不管学生考多少分，不管他的家长对我怎么样，也不管我的话在学生身上起不起作用，更不管他以后记不记得我。**对自己要有一种非常强烈的认可**，我就是这个优秀的我。碰上我就是他的幸运，碰上他也是我的幸运。

我为什么感谢叙事研究，因为它让我觉得我很棒，我讲的故事有人爱听，我从故事中抽离出来的道理大家觉得很有哲理。而且我把从古人那里获得的东西运用到教育中，获得了学生的由衷认可。这种认可不在于某一个证书，某个头衔，那种认可是形式上的。如果我们内心对自我不认可，那个头衔再光鲜，该往下掉还是要往下掉。

我们应该有一束永恒的光，照亮自己，同时才能照亮别人。教师没有自信与认同，受你影响的学生也不会有自信和认同。……如果我们的教育扼杀了学生自我成长的信心，让每一个孩子都对自己的能力产生怀疑，那还不如没有教育。

——选自唐中云老师2014年4月12日下午在北京市第八十中学“飞翔者——教师勇气更新活动”中主持小组叙事探究的分享

向自己心灵深处敞开也是在向他人心灵深处敞开，让自己敏于觉知洞察，是好教师必备的核心素养。李虹霞老师分享的体验也说明，日常意识向心灵深处敞开，敏于觉知生命联结，带来自我警醒和改变。

以前在职业学校做老师，觉得自己天性乐于、敏于和生命联结，却感到大多数学生心态不好，我有勇气保护被社会群氓追打的学生，学生会对我坦言对某老师的仇恨，算计着怎么报复该老师，听着心里难受。我觉得要把冰冻三尺的心态转化过来太晚了。所以一定要到小学去。

到小学后，我遇上了一个让自己猛然醒悟的学生。一个不起眼的学生不见了，多次问起却几个月也联系不上，终于有了这个孩子的消息，家长说是身体受伤失忆了，连走路都要重新学习，除了父母还能记起科任老师李虹霞。我马上请求校长，把这个孩子安放在自己带的班上，任其自由，不要求听课和写作业，想干什么干什么。考试时所有人都认为这个孩子不用参加考试，我说可以让她试试，结果成绩优秀。

这让我反思，教师们透支自己，忙于常规的备课、上课、催作业、判作业，对于学生的发展到底起了什么作用？我开始尝试给学生创造一间让其感到安全自在的幸福教室，无限重视第一次学习的一见钟情，摸索起步课程、慢板课程、快板课程、散板课程体系，顺着学生的成长节奏和独特需求陪伴学生自主学习，学生的成长则出乎意料地带来惊喜。

——摘自 2014 年 12 月李虹霞在重庆江北区所作“重建教室重整课程”的讲座

在李老师的幸福教室，学生内心安适自在无恐惧，各得其所自由学习，广博阅读，琴棋书画，韵律美读，戏剧才艺，都按照自己的优势和节奏发展，也影响了家长，他们耐心陪伴、等待孩子。她创造的幸福教室，师生都是被“伟大事物魅力”深深吸引的求知者。发生这一切改变的关键，是教师畅通“源头”，滋养让学生一见钟情的创新灵感，而意识状态向自己和他人的心灵深处敞开，才能得到“源头”滋养，自然打开众妙之门。

笔者遇见过不少优秀教师，他们性格、风格各异，但有一个明显的共同特征——聆听功底特别强。如李虹霞老师一般都在弯腰聆听学生，能很快把学生引入宁静、专注的状态，按照各自的节奏沉迷于学习。失忆学生记得非班主任的李老师，是因为幼小的心灵最纯净、敏感，自然被李老师由内而外散发的喜悦、轻安吸引。

开放内在空间，才可能超越过度刻板竞争的教育环境，变得游刃有余。

当教师被“好心忠告”，不能掌控学生就可能失控，严格要求反复训练才会有好成绩，就会让反教育规律的过度训练习以为常。只有极度爱护学生生命的优秀教师，才会不管阻力多大也永远坚定守望。如李老师，为了学生生命的蓬勃发展，一再自醒——柔软点，再柔软点，真正实践了老子的“以天下之至柔，驰骋天下之至坚”，使“放下”的大智慧活了。破解对策信手拈来，往往靠的是先站在对立方的立场，共情理解，与其同频，引发对教育内在意义价值的认同。这种低位柔软智慧，只惠临自信平和的心灵，眷顾开放的内在空间。

确实如托利所描述的那样，“放下”是为了不消耗自己，让自己卷入和黑暗的作战中，宁定地着力于把光带进黑暗之中。放下，意味着对任何障碍或无意识的冒犯，不急于反应或评判，作出反应的前提是对自己的反应保持觉知，觉知整个过程是在放下小我，联结大我，如其所是呈现真我。放下的有怨恨或悲痛、有对本然事实的情绪抗拒，以及自我保护、过度防卫、喂养的关系等小我局限。“放下”打开了内在空间，接受事情之间的相互转化，让所有的关系都是爱的关系，容许生命经由自己活出，在意识超越中创造更好的世界。[18]126，170-173，183-184，211

当“开放内在空间”的氛围自觉渗透到身边三五人的信任圈，就是在自主创造机缘，随时获得养心氛围的滋养，支持把真我活力带入教育教学、提升民主生活质量中。这样，叙事探究和心灵成长形神相生，就成了普惠大多数老师的简朴途径。如苏州吴樱花老师的青葵园团队，开放心扉的交流氛围已经持续十年，不断体验帕尔默描述的澄心信任圈。但他们面临的困惑是，交流氛围很养心，每位成员都成长得很好，得到学生、领导、家长的认可，但和通常的交流话语差别明显，害怕扩大成员会失去信任关系，陌生人在场很可能导致交流时不敢向心灵深处敞开。而小组叙事探究的聚焦话题给了她启发，运用于组织家长叙事效果很好。

可见，教师三五人的澄心信任圈、勇气更新叙事探究活动、各类成员线上线下的读书叙事活动，其实存在诸多开放程度不同的促进开放内在空间的交流方式。教育领导也在提倡教师“安心从教，舒心从教，热心从教，静心从教”，四者缺一不可，[25]而依托虔诚营造教师叙事探究与心灵成长形神相生的场域氛围，更新教师交流文化，就可以使之落地，呵护教师“爱”的不竭源泉。

显然，叙事探究只是引导教师相遇他自己的心灵导师的有形中介。开放内在空间需要尊重聆听，共情理解，不打断，不急于提建议，不轻易评判或预后，真诚表示愿意陪同他进入内心，陪伴他相遇他自己的心灵导师，让他自己主动找到最合适的应对方式。一时口无遮拦不足为怪，无需自责，只需马上意识到，停下来，聆听实相。如此，就是在开放内在空间，让生命拥有自身认同和完整，自然散发喜悦轻安，自然感染身边的生命散发喜悦轻安。从婴孩到老年，这类体验让生命妙不可言，反之苦海无边。而且，整个心灵成长过程，与内心温柔对话、享受独处和虔诚分享、聆听同等重要。“我们需要找到各种可能的方式来倾听来自心灵内部的声音，并认真地接受内心的指引，不只是为了我们的工作，更是为了我们自己的健康。……我自己就有这样的经历。只要我们稍微注意和尊重一下自己内心的声音，它就会以一种更温柔的方式回应，使我们参与到赋予生命活力的灵魂的对话中。”[5] 25

第二节　叙事探究更新教师交流文化

教师叙事探究与心灵成长形神相生的氛围，使教师群体的日常意识向自己和他人不可言传的心灵深处敞开，这是值得渗透到学校体制内更新教师交流文化的灵魂。只有教师交流文化的品质自然唤醒教师，使其对自己的成长负责，教师才有智慧唤醒学生，使学生对他们自己的成长负责。这也正是优质学校乃至整个教育系统发展的动力机制。

每个孩子都期望遇见教育家型校长领导的优质学校，遇见优秀教师。让卓越教师感染更多教师，让教师叙事探究与心灵成长形神相生的氛围充盈学校，唤醒不同阶段教师的自主成长，这是众望所归。明智的学校领导自然欢迎教师交流文化，开放养心氛围。

一、探究性叙事敏于联结教育场域的“源头”

探究性叙事，分享带班、教学或引导个别学生的微妙转化，坦荡直面纠结，优雅舒展情愫，时至而至豁然贯通。自在的分享氛围滋养心灵，生命舒展而活泼灵动，自在放松而智慧萌发，全神贯注而心智自由，自我更新而打开心量，接纳自身欠缺而更强大。当猛醒“怎么坐在自己的黄金箱上乞讨？”[18] 4 下一次分享又会带来更多惊喜，毫不奇怪，因为生命的奇妙就在于心里流出的真言是独一无二的。

假如置身叙事场域或多或少会有重复感、平常感，因为重要的是保持清醒觉知：分享的内容是不是从内心而来？叙事分享如果带给人重复乏味感，主要是因为滞留在“下载”层面。夏莫指出，现实中很容易滞留在“下载”层面的激烈竞争，专家中的绝大多数是专业领域的“下载”冠军。因为专家也是人，也容易在学术习性中迷失。正因为此，“认识自我”是终身难题，是所有伟大智慧传统关注的重点。

要挣脱盲目的“下载”竞争，暂悬习性反应，应警觉追问是否在小我联结大我趋向U底“源头”变迁，觉知实时内在状况。这种自我追问，有利于暂悬习性反应，客观聆听、共情聆听、生成聆听，开启一个深微、纯净、舒缓的场域空间，促使注意力场结构集体趋向U底“源头”变迁，个体和集体有更多机缘触及直觉、洞察、创造力的“源头”，提升知行合一的教育行动力，意义非凡。

此外，还要不可避免地直面一种似是而非的指责，即强调个体回归心灵，是否会妨碍团队合作精神？U型理论对此有深刻而独特的理解，深层的团队合作精神基于每个个体回归心灵。如前所述，可见的社会活动的质量取决于我们知觉盲点中的不可见场域的质量，联结可见和不可见两个领域中间部分的是注意力场结构。“集体观察我们的注意力场结构，即在展开行动时集体觉察我们实时的内在状况，可能是21世纪及未来社会场域发生转变时**最重要的支点**，因为它代表了我们共同意识中唯一能完全控制的部分。”作为创造机制的活性社会场域，最重要却又容易成为盲点的社会维度是U底“源头”，这是个人和集体注意力场结构的动力源。[6] 4-10; 51; 223

探究性叙事的魅力就在于，教师分享与自己灵魂的对话，真实流露心灵的一再支离、一再重生和煎熬挣扎后的宁静自信，日常意识向心灵深处敞开，遇见自己的心灵导师，不期而遇智慧灵感，人我相融物我同频，产生“知行合一”的教育行动力，教育教学渐入佳境，这些体验一定是独一无二、具有原创性的，容易引人共鸣。体验到唤醒真我活力的教师，自然容易唤醒学生的真我活力。这是探究性叙事之所以超越展示性叙事的奥妙所在。

本世纪以来叙事研究在我国影响渐行，目前对一线教师发表原创著作和文章的影响日增，而发达的自媒体和各类活动都在辐射大量的富于教育智慧启迪的教师体验。名师工作室和班主任工作室线上线下叙事分享逐渐多了起来。探究性叙事，呈现挣脱“下载”习性，舒缓沉潜，放下、接纳，触及U底“源头”，智慧联结上正在生成的最佳未来。让真实体验分享有灵魂，相互感染可触动灵魂转变的力量。

叙事探究开放的养心氛围并不受制于分享是否私密、分享者的体验是否丰富可作楷模，是线上还是线下，而是取决于分享者和聆听者的实时内在状态。夏莫在U型沉潜过程中把注意力源头分为三个转化点：打开思维——真诚的问询和兴趣；打开心灵——欣赏和同理心（声音柔和了，对话慢了，人与人之间放射强烈的暖意）；打开意愿——关注正在生成的未来和真实的本我，对话沉入深邃的同在和涌现性中。[6] 302-303 一般而言，越有勇气直面深层恐惧，越深潜贴近"源头"分享叙事探究与心灵成长形神相生的体验，场域唤醒自主成长的感染力越强，越有力量把光明带入黑暗，驱散黑暗。

这就是灵性智慧改进现实产生社会溢出效应的秘密。生命在放下小我局限中完整强大，在与内心真实对话中澄明，在发出真言中勇于自我转化，在宁静深微舒缓的氛围中敏锐觉知，因而，有定力直面恐惧，容易闪现创新灵感，应对挑战破解困局，拥有知行合一的行动力而改进现实。因此，教师成长和学生成长一样，都需要安适自在的养心氛围。教育生态要呵护教师优雅地活在当下，定静聆听学生心灵拔节，觉知潜力绽放，阻挡强势的刻板平庸评价和"一刀切"式的扼杀，呵护学生灵动自主地进入最佳的学习发展状态。这对于教师帮助学生在生命初期阶段净化心灵，涵养正念，对维护中华民族风清气正的生态大环境和从根本上培养卓越创新人才，具有不可估量的意义。

二、叙事氛围尊重教师内心，更新交流文化

"教导自己认识自我"的叙事氛围，自然感染好教师的生命基色，显现开放心灵的魅力。老师们会说，"我们真不要什么头衔，只要别人能看到我们正在做什么，孩子们健康成长"；"校领导听老师们的叙事后感触，真没想到老师们已经从那么多角度想办法帮孩子了"，自然触动领导模式的转变——不再一味地委托执行任务，开始转向尊重教师内心的真实力量；默默无闻的大多数会感到，同仁带的学生表现那么好，原来过程中也同样遭遇过恐惧磨难，所不同的是他们有勇气放下，不把时间消耗在与黑暗作战上，而是专注于把光明带入，智慧地驱散黑暗。这意味着心智的一种自我警觉：不消耗于黑暗中，放下评判、争辩、恐惧、私欲、控制欲、妒忌，抽身旁观小

我角逐，只呈现真我的力量，静能生慧，度己度他。

2006—2013 年间，在北京举行的引发教师心灵智慧的跨校叙事探究活动中，参与学校的领导对尊重教师内在真实力量的叙事氛围很敏感，自然在潜移默化中影响着学校教师交流文化的更新。

北京市第八十中学校长田树林，最早读了《教学勇气》翻译手稿的前三章，2005 年《教学勇气》中译本刚问世，他就送给全校教师人手一本，在 2006 年、2008 年两次接纳举办笔者组织的跨校教师叙事探究活动。2014 年 4 月，十几个省市教师参与的“飞翔者——教师勇气更新活动”，依靠田校长及北京市第八十中学领导班子的鼎力支持得以成功举办，其中学校一批专家、教师引导小组叙事精彩纷呈，新教师团队大会呈现的宁静、专注的常态互动学习引人神往，这些都显示出，北京市第八十中学社会公认的跨越式发展，关键在于教师交流文化滋养每一位教师把真我活力带入教育教学。

起步阶段鼎力支持教师叙事探究的首都师范大学附属中学副校长梁宇学，敏锐指出教师叙事探究相互感染教师地智慧陪伴学生，引导学生认识自我做最好的自己，对立德树人意义重大。多年来，不管是带领教师团队探索国际上和常青藤大学接轨的高中教育研究，还是担任首都师大附中分校校长后，他都把教师勇气更新叙事探究视为唤醒教师把真我生命活力带入教育教学的体验方式，渗透更新学校交流文化。

2007 年，北京市海淀区中关村第一小学的刘畅校长深深被《教学勇气》打动，在海淀区教师读书现场会上组织学校教师小组分享阅读《教学勇气》的体验，笔者作为译者深有感触，原来真如帕尔默所言，只有体验了教学酸甜苦辣的教师才能够读懂《教学勇气》！同年 12 月，引发教师心灵智慧的跨校叙事探究活动在中关村一小举办，半年后有机缘聆听刘畅校长及学校领导班子的叙事分享，原来半年前 40 多位教师在叙事小组发出的真言及发现的问题都被学校领导一一记在心里，认真调整改进，解决真问题。多年来，每一次的北京跨校叙事和上海、北京的勇气更新活动，中关村一小的老师都在贡献智慧。校内故事漂流、全校教师参与的年度叙事论坛、在全区分享的大会小组叙事，都深深吸引着教师们，让笔者多次深受震撼。下文摘取丁凤良副校长 2011 年结题报告中的真言片段，表明他对叙事探究与心灵成长形神相生氛围意义的认同。

勇于对自我内心进行追问，体验到内心力量的增长，认真审视自己的教育生活，才能写出有生命力的教育故事，而当这种真诚的内心对话成为一种习惯、一种意识，就会促使教师过上一种自主提升内力、获得专业成长的生活方式，就会感受到内在的职业幸福感。而这种对教师内心力量的唤醒，需要一个开放、包容、和谐的氛围，只有当教师感到心里安全时才会主动敞开心扉。在一次次宽松、自由、包容、开放、平等的氛围中，教师们从不知道说什么，到有的说；从不敢说，到抢着说；从随意地说，到充满智慧地、创造性地说，不断挑战着自我、重新认识自我、塑造新的自我。教师们在被他人感动的同时也被自己感动。

这些感悟一直在影响行动探索。当丁校长被任命另一所学校的校长后找到我说，还是要通过教师叙事内在唤醒的方式把教师们带起来。

北京理工大学附属中学副校长邵虹和高淑英认定，心灵内在觉醒正是教师成长的核心，优秀教师之所以优秀，是因为擅长心灵沟通。无论多忙，他们每次都组织教师团队参与跨校叙事，分享共情化解各种棘手难题的体验，他们举荐的王艳华主任分享的智慧为各校参与者高度关注。2009 年，跨校叙事活动在理工附中举办，他们开始和老师们共读《当下的力量》《新世界：灵性的觉醒》，此后叙事探究话题有了勇气直面中小学生心理危机。

2012 年，北京市中关村第三小学组织核心小组阅读《教学勇气》，围绕“恐惧”这个核心词和体验对话，2013 年 3 月学校承办北京跨校教师叙事探究活动，8 月刘可钦校长得知上海举办首届教师勇气更新公益活动，就让张文峰老师无论如何带足十人团队参与，又带团队参与支持 2014 年在北京举办的教师勇气更新活动。活动带来最大惊喜的是教师交流文化的更新，中关村三小组织全校教师分享聆听的年度论坛已有六届，每次论坛结束后相遇校外来共享的新老朋友，他们都会不约而同地感叹：这个论坛太棒了！教师们的发展势头不得了！……教师们内在真实力量的绽放，影响教师们无限贴近学生，场域氛围滋养心灵。

对于普通学校来说，更需要勇气更新叙事探究的氛围。排名靠后的中学在多年参与活动后共鸣强烈：处于竞争劣势的学校，会出现学生离校一段后纠集社会不良人员找老师秋后算账的，初一刚过往往就会落下一些乱班，但幸亏学校有一批内在觉醒的教师抱团取暖，靠内心宁静强大，靠这批老师才能把乱班带回常态。

三、养心氛围助益千家万户扶正心灵

教师们普遍感到棘手的是“问题学生”后的“问题家长”，要转变家长、减少家长对孩子的负面影响太难了。面对这个难题更需要发挥教育无形氛围的力量，不少好学校和优秀教师在收获着家长读书叙事带来的可喜改变。

养心氛围能否渗透到千家万户？北京方庄教育集群优化区域教育生态的系列改革，江西弋阳良好校风改变民风，县城优化教育生态进行系列改革，都在致力于开放养心氛围渗透影响千家万户。北京师范大学教育学部的张燕教授持续 14 年举办“四环游戏小组”，帮助最底层流动人员的子女。幼儿阶段教养不分离的现实决定了必须唤醒家长，这些处于社会底层大多靠打工谋生的家长，在相互开放心扉、聆听分享的氛围中慢慢唤醒潜能，惊喜绽放。研究见证了一批批底层家长不断成长的人性光辉，“我算领悟到了教育的真谛！”张燕老师两眼放光、情不自禁地说。

促成生命联结无形的“源头”，提升生命质量，发生在许多优秀教师影响家长共读好书的旅程中，发生在无数优秀心灵始料未及的创造中，发生在诸多敏于疏导生命联结上“源头”的专业社工扎根民众土壤的蓬勃生长中。这是专业研究发挥原创力疏导教育大系统复归平衡的最深厚土壤。叙事探究与心灵成长形神相生，可造福芸芸心灵打开无形的内在空间。开放养心氛围、信任和虔诚聆听心灵，有利于人文社科研究扎根土壤，挣脱文字遮蔽，贴近生命实相，重新联结上“源头”，拥抱灵魂深处的存在渴望。

客观上，开放养心氛围对疏导芸芸众生回归心灵的渗透是全方位的，但并不是说一切都顺风顺水，现实中小我的争强斗力无孔不入。这毫不奇怪，无论城乡，都是处在小我趋利的习性中，分享的真言，必定伴随经由恐惧成长的体验。

第三节　经由恐惧成长，回归心灵

处于任何发展阶段的教师，都不可避免地经历着不同的恐惧、不同强度的挑战。帕尔默尖锐地指出，只有自己体验过经由恐惧成长，才读得懂学生内心的恐惧，才懂得如何陪伴学生经由恐惧成长。假如教师和学生都恐惧，恐惧会呈几何级增长，教育就陷入瘫痪。[5] 31 而内心正承受恐惧的学生，接收到教师由内而外自然散发的喜悦轻安，则容易回归心灵。剖析恐惧文化，淡定地体验经由恐惧成长，才能穿越习性牢笼中蔓延的恐惧文化。

一、经由恐惧学习成长

帕尔默指出，恐惧文化禁锢了教学的求真试验，让开放的氛围化为乌有，切断联系。“恐惧是一种使我们和同事、学生、学科以及我们自己相分离的东西。恐惧关闭了一切‘求真试验’，也禁锢了我们教学的能力。恰恰就是那些‘求真试验’，能让我们编织一张更广泛的关系网。”[5] 30

教师需要聆听内部心灵导师的指引，直面恐惧，穿越恐惧，包容悖论张力，利用悖论的能量教学，拥抱万物之母潜藏的整体。

勇气更新公益探索中遇见了不少卓越教师，他们之所以能冲破阻力向世人呈现教育原本的美好，是因为面对恐惧也能保持内心完整、宁定，为学生呵护安全、无恐惧的氛围。如L教师拥抱悖论张力中成长的真实体验：

两年前到新的环境，很多人担心我这样一个不安分守己、不循规蹈矩的人会不适应。原来的领导包容我，我做了很多老师们不敢做的事，不批作业，允许学生不做常规练习册，带着学生不参加学校的考试，上课时间还带着学生出去游学，很多“胡作非为”。当然这些都是靠虽然“胡作非为”，每次也都考得很好争来的特权。

现在身处追求分数达到极致的“牛校”，曾很担心无法再“胡作非为”，也因此而空虚。身边有因家长告状丢了工作、患上阴郁症的同事，会上听着主任半小时说了十几个不许，越听越害怕、越来越心寒，不知道还可以做什么？还允许做什么？为此我又去读了《教学勇气》，还特地去参加了一个培训班，据说可以唤起你内心的勇气，还记得当时有个环节是让你喊出内心的需要，我当时拼命喊的就是：“我需要力量！支撑我战胜那种恐惧！我不想要那种压抑的生活！”

……

我守住了教育的初心，从学生小学一年级入学到现在一年多的时间，他们不断地在演绎一个又一个成长惊喜。这种幸福感和愉悦感也给我带来了无价的回报。

……

现在我也同样不批改作业，不按常规练习要求，依学生的成长节奏，不仅影响到学生，也影响到家长，他们不盯着分数了。这次期末考试，尽管学生成绩很好，我却没有发卷子，也就是说，每个孩子都不知道自己考了多少分，好多家长也没有问我成绩。可以看出，我们班学生家长的观念也改变了。他们不再只关注孩子的成绩，而是更加关注孩子的成长，从孩子的成长中也获得了成长。

——摘自 2017 年 3 月 21 日 L 老师的讲座内容

不少为教学而生、精神独立的教师，一般早年拥有相对自由的生长空间，在本真教育中散发出魅力，进而被挖到大城市的名校，他们大多要经历一种恐惧：自己摸索到的已经迎来学生成长惊喜的教育经验，按照大城市学校系统流行的习性规范，无法再继续“求真试验”。想守望吗？名校高手包括多数校长，谁敢不遵从时下对竞争优势积累立竿见影的应试训练规则？在似乎无可抗拒的压力面前，选择坚守太不容易！而坚持的唯一理由是：学生的生命蓬勃发展比什么都重要，千万不能放弃“求真实验”！人的最高真实隐藏在最深的感受中，人的心灵要强健就要活得真实，觉知到自己灵魂真相中深藏的恐惧，把心声喊出来，就经历了心灵经由恐惧获得成长的新解放，内心复归宁静完整，就有勇气淡化过度训练碎片知识的习性规范，轻灵地尝试认定有意义的教育“求真实验”。

L老师的上述体验也带来如下拷问：为什么把为学生营造安适自在的氛围，让学生拥有自信平和的生命内核，看得比什么都重要？学生顺着各自成长节律成长喜人，“胡作非为”每次也能考得很好，为什么要有勇气淡化个体难以抵抗的习性规范才能继续绽放？制度和文化原本该鼓励大多数教师向卓越教师呈现的本真教育靠拢，为什么实际上却胁迫他们顺从习性规范？这导致大多数教师还没有机会学习如何放飞自由，就卷入刻板的应试竞争中，顺从习性规范圈养生命，在恐惧成绩失利、学生失控中挣扎，丧失“求真试验”的机会和能力。

卓越教师必须战胜巨大恐惧，才能使本真教育的魅力得以呈现。相比之下，普通教师更会被卷入奖惩驱动的竞赛评比、应试规范、课题项目、检查验收、发表获奖、文山会海中。教育和教师被集体绑架，校园失去宁静，教师被挤走真我，不知自身生命的某个角落有未知的种子，生命源头被切断，谈何人生的突破、深刻、自由？又如何有定力呵护学生生命的源头不被切断？教师平庸教育必定平庸，教育平庸必定更无实力排除外行干扰，越会被动地被社会功利浮躁放大的恐惧裹胁。

因此，教育体制机制改革迫切需要从卓越教师那里汲取力量，逆转平庸刻板的习性规范，建立帮助普通教师突围恐惧文化的长效机制。而持续呵护养心的氛围，归根结底要依靠唤醒更多教师经由恐惧成长。

“我们对学生的恐惧视而不见还有更深层的原因，……我们只有认清了自己的恐惧才能够洞察学生的恐惧。”[5] 41-42“恐惧也可以是健康的，记住这一点很重要。如果我们懂得怎样去破解恐惧，恐惧就能帮助我们生存，甚至帮助我们学习和成长。”[5] 33

身处恐惧文化中的教师，对于帕尔默的这些洞察共鸣强烈。通过叙事分享内心真实的恐惧，养心氛围就在陪同教师们真实地面对恐惧，体验经由恐惧的成长。

2012年11月16日下午，在中关村三小万柳校区图书馆，首次和“大家三小”的教师小组分享阅读《教学勇气》的体验。老师们首次分享捕捉的核心词是“恐惧”！作为译者，从2003年初读《教学勇气》原著，到2010年在拙著《心灵的觉醒：理解教师叙事探究》中落笔“穿越恐惧回归爱”，七年的体验才明晰，松静地和恐惧和平相处才能穿越恐惧！

记得H老师说过：“虽然你对那些孩子特别同情，但他也会做出让你纠结的事情，后来静下心来想，觉得问题不在孩子，而在家长，家长给孩子带来太多的恐惧，他每天都在这些恐惧中挣扎。家访时和他父母谈了很久，做了一些工作，取得了一定的效果，但还不足以改变他。我相信随着他逐渐长大，他的父母也能够理解他的这份恐惧会对他造成影响，他会越来越好。所以我读到恐惧那部分内容时感同身受。一些平常在生活中说不出来的话，在文中都能很好地说明。”

——笔者2012年11月札记

超越头脑识见的局限，聆听和分享教师真实感受到的恐惧，让各自情状下的教师释然共鸣，复归自身认同和完整，这是唤醒更多教师的突破口。

二、活用传统大智慧穿越恐惧

帕尔默剖析恐惧文化，提醒教师淡定经由恐惧成长，陪伴学生穿越恐惧回归心灵，和教师们活用我国传统大智慧一脉相承。下面引用人大附中于树泉老师引导乱班回归常态的体验，说明**不管学生承受的内在分裂有多深，迷失有多远，教师活用天地大道的智慧，可以有力地呼唤分离的心灵归家重生。**

来北京之前我在河北省某重点中学教书，刚调过去时，学校给了我一个班，接班时一群重要的校领导带着我来到这个班，一走进班里，脚面就被垃圾埋没了，50多个学生才到了20多个。高三，再有七个月就高考了，那30多人却不知去向。进班后，政教主任宣布了对一个男生留校察看的处分，原因是几天前他抡起一把椅子砸向一个女生的脑袋，把女同学的脑袋砸开了花，缝了好多针。原来这个班从升高三以来就走马灯似地换班主任，被学校称为“加强班”，学校20个高三班里的“害群之马”都被分到了这个班。我说：“什么班都教过，但这个班教不了。”校长说：“不要紧，学校不向你要成绩，把这个班管住，其他班就考好了，其他班的成绩都有你的份。学校只给你提两个要求：一是不要减人，二是不要增人。”

面对这个烂摊子，我心里深深担忧和恐惧，好像在面对一片杂草覆盖的沼泽、一片危机四伏的雷区，一脚踏上去就可能深陷进去，事故随时会发生。是走还是留，我当时心里矛盾重重，多次想打退堂鼓，跳出这片是非之地，可最后还是不忍心，硬着头皮坚持了下来。

在班里上课时，我真切地体会到了这个班的“独特”之处。50多个座位只有20多个人，当我的眼睛看一眼语文书，再看学生，学生瞬间就换了座位。他们脚下在传足球，稍微低头看一下书，头上也在飞排球。男生会在教室里大声辱骂女生，满嘴脏话，面不改色，态度蛮横，学生根本不学习，把全部精力都投入班级管理也不够用。我认为，根源在于班里的学生都是属于被清理门户、被打入另册的，他们对学校和老师是有仇恨的，有的人对家长也是仇恨的，所以要“报复”。他们被称为“双差生”，学习、品德都差，人生态度是消极的，心理是灰暗的，生活对他们来说很少有亮色，学习对他们来说等同煎熬，如果视而不见，听之任之，不少同学就会失于挽救，最终给教育留下遗憾，为社会留下隐患，让家长倍偿辛酸。要挽救他们，最要紧的是让他们静下来，才可能清除他们心里的垃圾。

让他们静下来很难。我发现，他们说笑、吵闹，但是爱听故事。于是我就给他们讲“静”，什么叫静？静是什么？静有什么作用？我对静进行了深入的挖掘，举了很多例证，比如郭沫若在日本读书时，语言不通，功课很重，他求成心切，奋力进取，结果精神失调，患上严重的失眠。最严重的时候，整宿睡不着，白天一上课，就睁不开眼睛想睡觉。后来越来越严重，让他痛不欲生。后来，有人给他介绍了王阳明，他又学了冈式静坐法，每天坚持练习，过了一段时间，睡眠开始好转。后来，他说当自己静下来的时候，发现了一个通体透明的世界，这个原来浑浊、嘈杂、喧闹的世界不见了，自己进入到一个非常安详、惬意的状态。原来混乱的不是这个世界，而是自己的心，心静了，万物就都静下来了。正因为静下来，他才能在诗、剧本、考古等方面都有这么高的成就。

故事启发学生逐渐安静下来。每次课前，我先让学生坐端正，然后两眼轻轻闭合，眼观鼻，鼻观心，面部不要绷紧，肌肉不要痉挛，要让自己舒适放松，面带微笑，舌尖轻抵上腭，要有幸福感、愉悦感、放松感，静听引导词的良性暗示，在松静状态中，心灵的杂然、污物逐渐地被过滤掉。稍稍静下来后，他们上课时就能听老师讲课了。一开始，校长、政教主任觉得奇怪，扒着窗子往里看，后来发现来上课的学生越来越多了，班里越来越静了。

最终这个班静下来了，这个班转变了，转变得让人难以置信，创造了这个学校的奇迹。静下心来了学生就会学习，一学习成绩就上来了，这个班高考时的成绩在学校取得了历史性的突破，居然有人考上了本科，这在以前是绝对没有过的。

这段经历让我刻骨铭心，对我的影响很大，它让我对教育教学工作有了一个转变，以后我在教学的时候眼里不只是知识和能力了，而是有了生命，教学有了生命的意识，工作有了生命的色彩。人的心变了，世界就变了，就像王阳明说的“世界即吾心，吾心即世界”。

如果老师有了生命意识，讲台还是那块讲台，黑板还是那块黑板，教室还是那间教室，学生还是那些学生，但是一切都会发生明显的改变。老师眼里就不仅只有考试和分数了，他更注重和学生情感精神心灵层面的沟通，会给学生带来潜移默化的影响。当老师有了生命意识、生命的自觉，平时极为琐碎的工作就有了生命的色彩。

转化接这个乱班让我懂得了一个道理：有时命运真神，明明送上的是一份礼物，但是却把它藏进怪石、脏污泥垢之中，以此来考验教育者的根器心性和眼光，它要考验你，看你能不能认出并接住这份生命的礼物。当你以教育者的善良之心接过它的时候，终有一天你将发现原来那石中有美玉，而那泥中有蚌，蚌中有珍珠。[26]

于老师讲天地大道的故事，引导学生静坐静心，理顺了乱班的千头万绪，学生叛逆、冷漠、仇视的心态回归了平衡。小故事让传统大智慧的魅力尽显，天地大道的故事，适合引导学生极度支离的心灵安静下来，复归平和、自信、良善。

对于老师来说，负能量相互强化、叛逆严重的乱班，是教育“求真试验”的契机。也让人更坚信：教育局限在知识和能力层面的刻板训练，会让“聪明的变笨，笨的变傻”，而教育涵养宁静的心灵，则“开启潜藏的智慧之源，爆发难以遏制的生命力量，生命就会更平安、更喜悦、更有弹性，因而更精彩”。心静乃“情感之渊、灵感之源、智慧之母、创造之神”，心静助益证悟教育真谛：“致力于情感滋养、精神引领、人格陶冶和心灵沟通，若见躁者静、迷者醒、忧者乐、执者悟、颓者奋、弱者强、则乐莫大焉。”[27]

于老师把这种精神用于人大附中高三语文的教学，八年来，靠“静心”这一定海神针，长期承受高三应试压力，六百多名学生高考作文人均分数突破 50 分，是北京市控制在 5% 内的一类卷成绩。独占鳌头的成绩不是靠励志奋斗、苛严管理、争分夺秒的题海训练，极度压抑成长的深层需求、压榨生命，而是靠引导学生“清能早达，静能生慧”，促进其精神转化，舒缓竞争恐惧文化，身心和谐以发挥最佳学习潜力。

这份宁定被带入领衔国家早期创新拔尖人才培养中，认定唯读书才能跳出教材牢笼。强调语文对于打好母语根基、文化根基、历史根基、情感根基、精神根基的重要意义，两年多影响整个语文教研组引导初中生阅读几十部名著，每生两万多字读书笔记，内化发酵涵养生命，沉淀未来“大家”素养。2014 年、2015 年，语文教研组的常规活动发展成六百多人参与的北京市名著阅读现场会，引起教育界强烈共鸣[28]，参与了众多力量推动的中考高考命题引导学生名著阅读的改革。

在极度应试压力下，经由恐惧成长，坚守教育的“求真试验”，陪伴生命自由独立绽放，不仅助益学生高考竞争取胜，更体验穿越恐惧回归爱，联结“源头”智慧，萌发左右逢源，生命变得友善，各种状况得心应手。而能将大多数师生带入自然平衡的教育胜境的，是教育大系统生态的改善。

三、区域优化教育生态超越恐惧

经由教师勇气更新公益探索，笔者与方庄教育集群区域优化教育系统生态的前瞻性探索结缘。生态优化无疑给不同阶段的教师超越恐惧，把真我的生命活力带入教育教学，激活教师群体成长的造血机制，提供了优雅、广阔的平台。

方庄教育集群以北京市第十八中学为龙头校，涵盖方庄地区46所高中、初中、小学、幼儿园、职业学校、民办教育机构，2011年成为北京市最早建立的教育集群。从最初的“抱团取暖”、资源共享，发展到以课程体系革新和教师内在成长为核心的区域生态教育共同体，再走向以打通各学段学生的出口、改变区域教育结构为主要任务的现代化区域教育共同体。集群理事长管杰校长强调，教育集群是本区域就近结缘、自主自发、满足内生性需求、带有深刻结构化改变的自组织。突破学校管理局限，集群46所学校教育机构平等共享物质资源、人力资源；鼓励发挥教师自主潜能，教师跨校上课，学生跨校选课，中小幼教师职称打通，鼓励教师跨学段了解学生；关注课程的横向贯通和纵向衔接，普教和职教课程融通，相对压缩考试科目时间，增加艺术、科技、体育课时，已经形成较成熟的足球、篮球、科技、京剧、美术等拳头特长课程，让平民草根、随迁子女有机缘接受良好的艺体科技熏陶，享有幸福的教育过程和人际关系，喜欢上家门口就有的好学校。这种促竞合而非强化竞争的区域优化共享丛林教育生态，是一种从体制机制上进行系统优化区域教育生态的原创性改革探索。[29]

“教师勇气更新研讨会——方庄教育集群超越之旅”在北京市第十八中学举办，2018年10月20日集群校教师又在体验叙事探究养心氛围，这份善缘始于2006年。多年来，顾晓彬副校长带领青年班教师参与北京跨校教师叙事活动，把分享氛围带入每周校内青年班的交流，时而传来年轻教师成长喜人的好消息。2012年跨校叙事探究活动在北京市第十八中学举办，新来的管杰校长欣赏青年班教师的成长态势，准备把叙事分享方式渗透到全校班主任工作，新一批青年教师也在阅读《教学勇气》，和体验对话，还准备把教师叙事成长方式渗透到方庄教育集群的几十所学校。教科研主任郭秀平组团参与北京和西安的活动，刘晓鸥副校长领团援助2017年7月的曹县活动，全力支持11月方庄教育集群超越之旅的勇气更新研讨大会。

2017年9月24日，中共中央办公厅、国务院办公厅印发《关于深化教育体制机制改革的意见》，指出："深化教育体制机制改革的主要目标是：到2020年，教育基础性制度体系基本建立，形成充满活力、富有效率、更加开放、有利于科学发展的教育体制机制""尊重基层首创精神，充分调动地方和学校改革的积极性主动性创造性，及时将成功经验上升为制度和政策"。"健全全员育人、全过程育人、全方位育人的体制机制"，指引勇气更新大会为完善国家体制机制改革添砖加瓦。

笔者试图贯穿"心灵—场域—制度"的思考，汲取方庄教育集群的教育改革原创活力，与诸多基层原创探索力量相遇，让该次勇气更新大会关注开放教育管理制度改革和升学考试制度改革的共生空间，尽其所能把国家教育体制机制改革指引内化于心外化于行，使一线卓越校长、教师和学者碰撞交流，整体关照幼小中大、家校社区、城镇乡村，线上线下，对优化教育生态、缓解考试制度集体捆绑等时代重任，"图难于其易，为大于其小"[4] 215，至柔融至坚，洞悉联结人我、物我的教育智慧。对大会三大板块主题"认识自我""为生命蓬勃创造和突围""超越性发生"，大会嘉宾和参与者共鸣强烈，方庄区域和弋阳县域有关系统优化教育生态的管理体制原创探索，以及各层面教育改革的首创力量相聚，形成"演讲录"传达出大地推动教育场域进化的强劲生长。

教师叙事探究与心灵成长形神相生的"场域氛围"，感染更多教师打开内在空间，呈现持续的生长形态，是激活教育场域进化的长效造血机制。教师勇气更新大会则是水到渠成，繁星相聚这形神相生的"场域氛围"，影响文化再生，有勇气直面穿越教育大系统失衡的恐惧，为健全教育体制机制添砖加瓦。

四、直面教育系统失衡的恐惧

现实中裹胁教师的恐惧文化之源，是教育大系统失衡失控抑制人性的集体捆绑。差之毫厘，谬以千里的起点误导，是因为升学考试制度面临长期困境，不依据刚性标准，上好大学就可能产生钱权交易，依据刚性标准，学生就被困在题海考试中，磨练机器比人更胜任的聪明记忆刻苦细心，没得到满分就恐惧竞争失利。科技井架强化各种量化评估指标，挤兑任何科学探究所不能及的生命存在意义，形塑着迎合评估的习性规范，驱赶生命圈在井底碌碌运转。教育宗旨屈服于僵化评估及功利驱动，学校被驱赶着过度攀比学业成绩、绩效等，胁迫教育远离生命成长的内在需要，支离教师的心灵。

大系统难以保护教育者正确地进行教育，教育的趋利避害裹胁便强大又散乱，放大竞争失利的恐惧。诸多弊病昭然，争夺具有竞争胜出潜质的学生、优质名师，成了诸多地区和学校有组织有计划的“系统工程”，分层淘汰、绩效管理、励志调适等相互配套。竞争取胜无望的学校和学生被边缘化，道德滑坡，教育质量两极分化。家长担心孩子的前途，要求学校教育局务实争分，不惜代价挤进应试强校，大班额冲击正常教育秩序。尤其在一些盛行应试压榨的学校，师生精神高度受控，学生成了学校赚高分、争利益的工具，教育理念和对实践具有指导价值的专题研究成果都被束之高阁，只认题海战术，损害生命尊严。

所有这些，导致学生疲惫挫败、教师倦怠、家长焦虑，驱赶着高额择校、高考移民、家教补习。因不堪教育焦虑，留学愈加火爆、低龄，教育投入巨额外流，民办补习火爆，教育负担沉重，扩大了教育不公。

系列改革日益坚定但不可避免地面临重重阻力。课改试图冲破单一学术性课程局限，但还没有孕育出鼓励多数学生适性发挥的评估标准，就已被拖入分分必争的漩涡。在分分必争的漩涡中，革新考试命题以引导发挥高级心理能力却成了戴着镣铐也要把舞跳好的苛求。人才选拔退守刚性标准，一直是课改深入推进的最大障碍，期盼新的高考改单试点助力课改深入，试点中却对课改产生负面冲击。因而，疏导学生家长用好制度赋予的选择权，避免选择中的功利捆绑，是 2017 年 11 月浙江省出台《关于进一步深化高考综合改革试点的若干意见》的调整重点。寄希望于职教改革能给多数学生带来希望，二本大学职教转型无竞争就读，职高比例扩大，期望“三十六行，行行出状元”梦想成真，但基础教育两极分化，学生被淘汰的挫败感，社会行业企业协助不力，职教教师挂职难于实质入行，学生实习被当作廉价劳动力，职教仍然令学生感到前途无望，改革同样面临瓶颈。

教师勇气更新公益探索创造条件聆听教师，许多优秀教师确实全身心爱学生，戴着镣铐奋力跳舞，但身心透支，不堪重负，少数内心特别强大的校长或教师才游刃有余，不断创新突围，相互照亮。教师们的真言也在揭示教育大系统的失衡危机，高分追逐、道德滑坡、平庸泛滥，让教师、学生、家长内心支离，人际摩擦升级，多数疲于应付。评优、晋级、绩效大多迎合外部评估及其习性规范，加上被小我绑架的机构要维护既得利益格局，多数教师抗争不公，身心乏力，难免职业倦怠蔓延。

教师倦怠，学生承受的应试刻板压力就更甚。2017 年 3 月 1 日，在 21 世纪教育研究院举行的“从应试教育突围——我国中小学生‘减负’问题研究报告”会上，王晓鹏发布了 21 世纪教育研究院课题组的专题调查《我国中小学生“减负”问题研究报告》，报告中用大量实证数据呈现了我国中小学生学业负担过重的现状，指出学时过长，课业、作业、考试压力不断增大，青少年身心健康不断恶化，青少年自杀原因中学业压力为主要诱因。教育发达地区面临新一轮危机，课外补习绑架教育，揠苗助长反噬教育，导致应试竞争下移至幼升小。民办学校和校外补习班的资本市场和房地产市场强势介入，经济实力成为获取优质教育机会的优先条件。

会上，张端鸿教授指出，《上海中小学生“减负”问题调研报告》显示，利用政策杠杆“减负”有一定成效但反弹更甚。一方面，本世纪头十年是和学业学时作业有关的直接“减负”，2011 年以来推进教育均衡发展，教育集团化促进教育发达城市小学优质教育均衡发展。如上海，公办中小学执行免试就近入学，办好每一所家门口的学校，小学“零起点”“等梯制”，2015 年全面试行学区化、集团化办学，2016 年上海小学学业水平优质均衡程度不断提高。另一方面，以上海为例，名校办民校，公立学校优质资源流向民校，2013 年教育部颁布《小学生减负十条规定》，短短五年，民办和补习制造恐慌从中获利，引起校内课业“减负”，家长无奈自主增负，竞争越激烈且下压至幼升小。“减负规定”让公立学校陷入保基本的误区，导致失去进取心和活力，民办初中趁机在竞争重点高中中占绝对优势，继而课外补习和民办小学联盟“掐尖”，民办小学竞争民办初中又占了绝对优势，合力制造“小学初中上不了民办，大学就要进民办”的恐慌，教育生态更加恶化，应试内容超前学、提前练压向幼儿。2017 年上海率先出重拳治理课外补习，禁止各类竞赛和公办民办小学同步招生，让进奥数班的家长减少，让幼升小的竞争降低，用政策杠杆相对缓解幼升小的竞争压力。

会上，杨东平教授作“改善中小学生过重学业负担的政策建议”的发言，呼吁“减负”必须应试教育突围，需要从源头治理，形成好教育的价值共识，多元主体参与，构建低控制、低评价、低竞争的教育生态，完善教育健康发展的长效机制。指出有必要取消义务教育学校的重点身份，适时提出高中教育均衡发展目标，“示范高中指标下放不低于50%”要严格执行，像精准扶贫那样定点消除大城市的薄弱校。解决政府缺位、政策失灵的突出问题，有效维护义务教育秩序，保障公立教育的公益性；肯定北京市政府为中小学购买社会优质教育资源服务；关注韩国从以往的残酷筛选竞争转变为给所有的学生提供多元潜能发展的机会，初中自由学期，高中多样化，生涯规划指导，终生教育先就业后学习。

显然，低控制、低评价、低竞争的教育生态无疑有利于教师叙事探究与心灵成长形神相生。诸多改革政策失灵，往往是因为现代社会新兴复杂性极度挑战现代治理模式，制度改革只要无法摆脱趋利避害的漩涡，是回避而不是直面疏导人性的本质羁绊，就只能在漩涡中愈发失控。既有的高考制度框架下，各种“减负”的政策杠杆一直试图牵住趋利避害的牛鼻子，短期有一定成效，但往往摁下葫芦起了瓢，牵动新一波的失衡。教育部推出系列政策，集团化办学，就近免费入学，校外培训整顿，力推义务教育均衡发展，这一切举措要见实效，都需要以大系统是否真正有利于开放养心氛围为衡量标准，如帕尔默睿见，心灵缺失，任何改革都无法成功。

教师叙事探究与心灵成长形神相生，开放养心氛围，个体心灵觉醒后的可持续发展，迫切需要制度突围。如何实现制度突围？本书第四、五、六章，将直面当代教育这一时代苦旅，重点论证重建升学考试制度的“减速齿轮”改革顶层设计，探索教育场域进化和教育制度改革之间的良性循环。

养心氛围是场域进化最具渗透力的“活性细胞”，也是重建升学考试制度的“减速齿轮”顺利运转必不可少的润滑剂。在不断追逐的快速竞争环境下，长期以来主要靠优秀校长和教师用心呵护学生，但自主空间被挤压，生命“源头”枯竭。“减速齿轮”改革力图重构出生命优雅绽放的制度空间，但改革要成功，心灵突围是必要奠基，否则新的制度架构再合理也会被锈死。

合理的升学考试制度必定关注大多数学生的适性发展，适性发展必定是多元、开放、灵活、综合取向的。但是，这样会不会让差的更差而加大教育的不公平呢？因此，优化城乡教育生态，让城乡教师群体获得成长机会，是任何改革成功的前提。在进行新制度的设计论证及其本体和方法论证之前，有必要先明晰一个重点，为城乡所有学生提供公平有质量的教育，城乡教师群体成长所需要的养心氛围和专业学习机会，有一定的现实基础吗？

第三章

开放城乡教师群体成长氛围

开放城乡教师群体成长氛围，是天方夜谭的理想还是有某种现实基础？显然这是时代使命。中华民族复兴大业的时代巨轮，精准扶贫到了关键阶段，脱贫致富的可持续发展，归根结底要依靠贫困地区的新生代成人成才。脱贫致富迫切需要让贫困的孩子有志气、有能力、有大善大爱带动乡村可持续发展。现实中，让乡村学校、城中村学校、城市薄弱校的所有教师都获得良好的学习成长机会，整体素养水涨船高的契机在哪里？感恩教师勇气更新多年的随缘相遇和互联网时代，让笔者有机缘在一定程度上进入城乡教师成长的现实联系网络中求索。

第一节　开放城乡教师群体成长氛围靠精神力量

长期以来，在教育不发达的乡村、山村，地广人稀，空间阻隔，教师缺乏相互学习的机会，教育底子单薄，音体美学科结构性缺失，这是客观现实。依据2017年12月23日邬志辉教授发布的《中国农村教育发展报告2017》，按照2016年的统计，我国义务教育阶段在校生1.42亿，农村在校生占全国在校生的三分之二，乡村小规模教学点有8.68万所。截止2016年年底，全国仍然有1099个县（市、区）没有通过“义务教育发展基本均衡县（市、区）”督导评估。通过的也仅仅是基本均衡。

开放城乡教师群体成长氛围，是一厢情愿还是有一定的精神物质基础可以实现？归根结底取决于人的精神力量。先感受一下解放初期，边疆少数民族地区众多山寨一人校为孩子们的教育奋力创造条件、培养老师的精神。

2012年12月18日晚上8—9点，笔者访问了西双版纳傣族自治州勐海县师范学校（现县教师进修学校前身）的创办者陈龙文先生。

陈老是20世纪60年代的教师，昆明人，从昆明第二师范学院毕业后自己要求下乡任教，1962年入职到西双版纳傣族自治州勐宋区的一个山寨小学，一人校。为何不以读书为出路的山寨人会喜欢那个年代的教师？请看陈老的分享：

1962—1984年，我在学校工作，1984—2003年，我在政府工作，从教和从政的时间大致各占一半。担任县里的宣传部长以后，我还是想去学校教学。

1959年初中毕业时，我的升学选择中四个志愿填了三个普高、一个工校，结果被昆明第二师范学院录取。当时我们班绝大部分是出身成分不红的学生。我的家庭成分也是民族资产阶级。

昆明第二师范学校是由1959年的师范专科学校调整而来，学校设有专科班，高中毕业读两年可以去教初中，有普师班，初中毕业读三年可以去教小学。现在回想起来，那三年里，学校管理十分严格，对我影响很大，任教的教师也都是自己终生崇拜的人物。

学校的教师十分优秀，都是来自昆明市的中学的一线优秀教师。比如，生物老师原是昆中的校长，是留美学生；化学老师来自昆一中，是云南省全国人大代表；音乐老师据说是国民党音乐上校指挥官；体育老师是云南省的五项全能冠军；物理老师讲课太好，后来任昆明市教委主任。第一年的专业教育力度非常大，老师讲了他们自己的从教经历，让人震撼，刻骨铭心。到1961年毕业那一年，三所师范学校合并（昆一师、昆二师和省民族师范学校），我又遇上老昆师的优秀教师，师资力量相当强。

这些老师上课，每人都有独到的内容教做人，教做学问。每个老师上课都很吸引学生，你想偏科都偏不了。比如，我们的历史老师上课把有关史实写在报纸上谈古论今，从来不照本宣科，内容远比教科书丰富，又和教科书的精神一致。再如，我天生五音不全，但还是会被音乐老师吸引，以至于多年后到省委党校学习期间，学校举行歌咏大赛让我当评委，全靠当年的音乐老师培养的音乐鉴赏能力。

1962—1967年我在山寨任教时，把能够买到的大学教科书都自学了一遍，读了很多书。1967—1969年，上面要求乡里设初中，乡相当于以前的生产大队、现在的村委会，初中名字叫“三迈乡办附设初中班”。招来的学生，分散住到老百姓家里，房、钱、教材、人都没有，我就按自己带来的初中教材教，树上挂一块黑板，上午上课，下午砍树建校，露天烧饭。后来这个附设初中班毕业时，恰好遇到招工，学生都参加了工作。由于办学红火，后来“三迈乡办附设初中班”搬到区里，变成勐宋中学。1969年我被抽调一段时间后，又回去参加建校。

粉碎“四人帮”后，百废待兴，本地亟需小学教师，虽然师资和条件都不具备，我们还是办起了勐海县办师范学校勐海分校。1979年春，州教育局要我们招收100名师范生，我们反映师资力量跟不上，难以承担，但州教育局局长说，如果勐海不承担，这100名分给勐海的师范生指标只能放弃，为了孩子们有好老师教，我们只好承担下来。1976年年底来调令，1977年年初我到分校报到任副校长。那时建校基本上没有多少钱，县一中的校长带领一中的师生帮我们盖房子，毛毡顶，土挂墙，就是竖几根木头，横拉几根竹篾，中空用稻草和泥巴糊上。没有教室，只是架起了把学生塞进去的场所。

当时选用教师，我主要看能力。学校教师中有昆师50年代毕业的校友，办过县夜校；有原来在勐宋小学后到县一中任教的；有两位是景洪师范大专班毕业的；有一位是临沧师专毕业的；应届毕业生也尽量选上学前有过工作经验的；心理学、教育学是临时聘任的昆明师范教过我的老师。我自己教政治，数学老师缺了我也会顶上去。事实说明，我们培养的100名师范毕业生并不比州师范学校的毕业生差。

我的体会是：办学校，抓教育，就是全靠老师，靠老师的事业心，老师不行，再有条件（大楼、学历）也不行。

陈老生动地传达了我国20世纪60年代初中师的培养质量。培养的人才在边境山寨一人校任教也能自成气候，条件再艰苦也能带动一方创造条件培养好老师，体现了精神力量的无往不利。从人必经对抗训练方能成才的角度来看，条件艰苦反而为立德树人提供了丰富的历练环境。

但20世纪末以来追赶型现代化的强挤压，使乡村承受着史无前例的城乡二元结构的分离压力，随着农民工大规模流动，低龄乡村学生涌向市镇学校，拔离乡土亲情，远离大自然，脱离劳动锻炼，追逐分数平庸圈养，忽视成就全人教育，隔断生命与深层人性的联系。社会和教育过度被功利驱动，年轻人多数不愿在乡村任教，乡村和乡村学校凋零，村民、山民的子女期盼就近上好学校犹如摘星。

经历追赶型现代化失衡的阵痛后，国家提出精准扶贫、扶贫先扶智，复兴乡村教育，从2012年政策扶持乡村小规模教学点以来，2016年全国乡村小规模教学点达八万多所。在山高路遥、地广人稀的乡村，如何实现让每一个学生获得公平有质量的教育？如何培养更多内在觉醒的优秀老师，让乡村学校和小规模教学点的教书育人魅力足以吸引年轻人？

实现优质公平的教育，归根结底要依靠人的精神挺立。能否找回新中国成立初期曾经照亮边疆山寨学校的教育精神？归根结底要靠发挥教师的精神力量。开放城乡教师群体自主成长空间，助益每位教师绽放真我活力，丰富线上线下学习机会，正如水珠汇海。笔者仅仅从勇气更新公益探索这一滴水的随缘相遇，一斑窥豹城乡教师群体成长新的生长点。2017 年 7 月曹县和 11 月北京市第十八中学两次活动的相遇，对于笔者捕捉开放城乡教师群体成长氛围，就像多年挖掘漫长的隧道汇聚许多力量共同挖通最后一段，意义无可替代。

复兴乡村教育靠人的精神挺立，人的精神力量发挥要依靠物质与精神的整合，唤醒真我活力联结生命。方庄教育集群区域优化教育生态系统的探索，是承受极大张力疏导各种散乱无方向的力量和谐运作，其成功归根结底是信任人的精神力量能超越物质与精神的分离。这种变革也发生在和勇气更新相遇的江西省弋阳县，在县域内有力推动系统优化教育生态的变革。刚调离的教体局方华局长，任职五年来信任人性善根，关注唤醒全员教师成长的内驱力，鼓励多种民间教师专业协会由下而上发展，依托全员教师整体素养提升来实质推动教育公平，校风改善影响民风转变。在十几年来全国乡村学生都持续涌向城镇之际，弋阳全县 2017 年有 2400 多名学生回流到乡村家门口的优质学校上学，出现乡村区域教育复兴的历史性重要拐点。此外，弋阳县还在吸引充足的社会资金来奖励教师和学生成长。

在 2013 年之前，弋阳县跟全国很多地方一样，面临着城乡教育发展不均衡，城“挤”乡“弱”，城区大班额严重，辍学率高，教师不作为、难作为，乡村教师下不去、留不住、教不好，家校关系紧张，教育生态恶化等问题。这两年我们看得到的一些变化有：2014 年以来国家级的媒体报道 40 多篇次，省级的 21 篇次，市级的 7 篇次。老师在省级以上报刊发表的文章有 240 多篇，学生和家长自发组成的校外互助小组几乎遍布全县 139 个行政村，有 1400 多个。民间成立的教育基金会有 43 个，已经捐款捐物 2100 多万元，都是社会人士捐助的，用于奖学奖教，不给学校搞建设。[30]

为何弋阳会出现乡村教育复兴的历史性重要拐点？方华局长强调“氛围比制度重要”，突出氛围无可替代的价值：感染柔情，渗透潜意识，传递关心与关爱。

氛围比制度重要，与其说是一种观点，不如说是一种价值。制度着力于规范、着力于管理思维；氛围更着重于人，注重人性、关注人文。除制度外，氛围还需要文化、习俗、共生、共成的其他因素。制度更强调“整齐划一”，更注重整体利益；氛围更注重个体的感知，个体的体验。作为社会、团队没有制度，肯定是不行的，但社会、团队只有制度也是远远不行的。制度刚性太强了，弹性不够；氛围是通过柔情、潜意识的力量，让大家感受到温暖，体验无所不在的关心与关爱。氛围的力量会触动人内心柔软的地方，会让人变得温和、温暖，受到关心与关爱的人会传递关心与关爱。制度的力量让人规范、泾渭分明，有礼貌但缺乏仁爱。

——2018 年 10 月 14 日方华局长微信回应问询“为何氛围比制度重要？”

超越物质与精神分离在嘉宾们分享的原创探索体验中得以鲜活呈现。钱锋老师的万物启蒙中国文化通识教育课程，关注人与万物相处的智慧，推动母语为根回归精神家园的人文教育；陈耀老师带学生到大自然自由地探索自己喜欢做的事情，狂热接触田野自然，激活学生对自然界不解之谜的探究本能；李虹霞老师智慧联结生命，柔韧地突围权威桎梏，创造幸福教室，低位聆听学生的心灵拔节，让每一个儿童的发展惊人璀璨，是基于自己的安身立命根基；项恩炜老师“成为学习者”团队的研究无限贴近儿童学习过程实相，认为细微观察、贴近学习实相要从自省教师真实学习的过程开始，探微教师觉察自身、觉察学生、觉察知识的过程，基于对学生的觉察来设计支架，引导学生觉察描述学习过程的画面、整体感知，提升自我觉察力和学习力。这些产生广泛影响的原创探索，依托超越物质与精神分离的力量。

民间线上线下推动乡村教育改进的力量百花争艳，21 世纪教育研究院领衔的“小而美”乡村学校联盟、支教岛等众多公益组织、基金会、名师网络公益直播课堂等力量蓬勃生长。和勇气更新活动直接相遇的沪江互加首席教育官吴虹，在《50 年来，我最勇敢的一件事》演讲中，带来互联网联结许多优秀教育资源普惠乡村教育的强大推动力。美丽乡村网络公益课程，惠及千百万学生，可以为乡村孩子开设音乐、舞蹈、阅读、手工、美术、财商、网络素养等课程，让大山里的孩子可以听全国名师上课，体验一所村小拥有100位名师的时代，解决乡村学校长期以来学科结构性缺失的问题，切实提升乡村学校教育质量，乡村学校开始吸引孩子们返回家乡上学。2017年教师节前夜，在教育部教师司的领导下，沪江互加与北京师范大学等合作启动"乡村青年教师社会支持公益计划"，一年多来沪江互加陪伴4万多名乡村教师，创造人人为中心的互动共享线上学习社区，乡村教师被吸引到志同道合的线上学习社群里，相互学习鼓励，彼此尊重关注，成长惊人，独村教学点的教师不再孤独，在共享互动、自觉自悟中成为更好的自己。

国家的大力支持和社会技术的进步，让利用互联网平台援助所有乡村教师和学生具备了客观基础。2018年4月国家提出，为服务于高质量经济发展，高速宽带城乡全覆盖，加大流量降费幅度，2018年提前实现98%行政村通光纤，支持边远地区通信基站建设。2018年5月2日，国务院办公厅印发《关于全面加强乡村小规模学校和乡镇寄宿制学校建设的指导意见》，指出到2020年，基本补齐这两类学校短板，进一步振兴乡村教育，基本实现县域内城乡义务教育一体化发展，将中心学校和小规模学校教师作为同一学校的教师"一并定岗，统筹使用，轮流任教"。推进"互联网+教育"发展，加快实现两类学校宽带网络全覆盖。

据邬志辉教授的《中国农村教育发展报告2017》，乡村小学接入互联网的比例为89.45%，乡村初中为98.10%。乡村教师"下得去、留得住、教得好"的局面基本形成。农村学前教育2012年到2015年国家财政性拨款增幅达89.08%。乡村小学办学条件达标率体育运动场馆为71.44%、体育器械为75.21%、音乐器械为74.33%、美术器械为74.40%、教学自然实验器械为75.03%。2018年两会期间教育部部长提出学前教育普惠发展，义务教育阶段均衡发展，高中特色发展，教育城乡一体发展，都在加大落实力度，全国大班额仅仅2017年就减少了40%。所有这些精神的援助和硬件的完善，必将大大推动我国乡村教育全面复兴的历史性发展。

实现教育强国使命的核心，是教育场域风清气正，滋养大多数教师精神成长。要切实为乡村学生提供公平而有质量的教育，必由之路是开放城乡教师群体成长的氛围，滋养教师精神挺立。2017 年勇气更新团队在山东省曹县相遇支教岛精神，让笔者有机缘从最普通的教师群体的线上交流中捕捉真实真诚的互动氛围，一沙一世界，全息透视。

第二节　基层县开放勇气更新场域氛围

第四届“前行者——教师勇气更新公益活动”2017年7月能在曹县举办，重要桥梁是支教岛的灵魂——李淑芳老师对曹县教师的13年支教。13年前，青岛和曹县结对帮扶，李淑芳把自家的新房子用来接待乡村教师进城学习，在曹县发展支教岛志愿者，十年前亲自给曹县教师作全员培训，曹县派校长、教师到青岛学习，青岛派人员到曹县支教，持续到13年之际，李淑芳又开始了新一轮全县全员教师讲座，每周末晚上通宵坐火车往返。她认准“教育就是要农村包围城市”，实实在在为复兴农村教育破冰。

青岛“支教岛”是一个由青岛市教育局人事处倡议、岛城名师名校长自发组织的致力于农村地区学校发展和教师成长的志愿者团队，通过提升校长和教师的素质来帮助孩子，做教师的“希望工程”。12年来，“支教岛”团队通过逐步建立的“校长联盟”“名师联盟”“家长联盟”“大学生联盟”“心理联盟”，开展“教育沙龙”“名师下乡”“同课异构”“送书下乡”“进城跟岗研修”“社区服务”等活动，为农村学校发展和教师成长提供无偿服务。服务的范围除本市本省外，还辐射到贵州、甘肃等十余个省市的农村地区。“支教岛”也从最初的几个人发展成为一个涵盖国内知名专家、学者、大学教授、一线名师名校长、媒体记者、爱心企业家和在校大学生，乃至海外华人、外国留学生在内的上万名志愿者团队。共同的信念是：相信自己的力量！自己改变学校改变！自己改变社会改变！自己改变，中国改变！[31]

支教岛的传奇事业证明了内心强大会促进社会进步。李淑芳高度认同营造氛围唤醒心灵的价值，她从零起步援助乡村教师成长的故事，震撼人心。

勇气更新借支教岛的力量进入基层县，但是否适合在基层县开放“场域氛围”？以往活动中多是自愿自费的参与者，学习动机强烈，这次参与活动的400名学员中曹县教育局协调报名的占多数，学员多数对于勇气更新完全陌生，虽然相信义讲嘉宾的讲座完全能冲击性开放场域氛围，但如何避免“播龙种，收跳蚤”，让基层县的教师乐于内化吸收，是最大的考验。

增加互动对话一直是勇气更新探索的关注重点。为了让基层县镇乡的教师们直观感受勇气更新氛围，活动特别增加了北京、上海、西安三个小组在大会直观叙事互动；对基层县乡镇的参与教师，和以往一样同样组织全员教师参与到小组叙事探究活动中，为每位教师提供发出心声的机会。13日晚上的破冰预热，晚上安排讲者和听众面对面，也是尽量增加互动交流。

北京、上海、西安三个小组的大会叙事互动，使大会体现了勇气种子在本土生根发芽、开放自我的勇气，小组真诚的叙事氛围弥漫全场。组员间的真诚对话原生态，尊重聆听、诚实问询，不自觉地为教师成长这一伟大事物所吸引，散发出教师的内在觉醒魅力。

叙事氛围实实在在吸引了曹县的教师和领导。15日下午，三个小组的大会直观叙事刚结束，曹县教育局师训科倪卫东科长马上主动请缨，下一届活动的大会小组叙事分享，曹县组一定要上！15日晚上曹县教育局临时要求专门为曹县教师增加沙龙，最后一个板块的全员叙事探究，参与者投入程度最高，局领导都进入小组聆听教师，分享结束后，小组微信群互动不断，被称为活动的最大亮点。曹县本地教师在小组叙事中同样欣欣然一触即发，令人欣慰。

勇气更新叙事探究的话语，与流行的小我习性和研究习性话语差距大，个人的声音微弱，刚发出就可能被淹没，开放养心氛围需要多方力量支持，尤其需要教育领导者的支持。支教岛精神转化的功力突出体现在转化领导，成功地把教育领导者的身份转化为支教岛志愿者的身份，或者说是培养的曹县志愿者逐渐走向领导岗位，服务于教师成长。因此，鼓励教师发出真言的养心氛围，首先是曹县教育领导者不仅开放接纳欢迎，还进入小组聆听教师。显然，勇气更新公益活动有机缘把优质教育资源相对密集地带入基层县域，冲击性地开放唤醒心灵的“场域氛围”，最必需的支持是教育领导者的内在觉醒。活动显示，教师分享中的养心氛围，非常契合基层县纯朴的民风、教育人的情怀。

李淑芳高度认同勇气更新内在唤醒的价值，说："善的事业是弥漫整个宇宙的气场！""农村教育的改变靠的是教师们认识到自己的力量，有勇气更新旧有的观念，让心活过来，勇气更新是尝试解决最根本的教育问题，支教岛支教到哪里，就会把勇气更新推介到哪里。"这次相遇也让她的支教事业更有意识地集中力量密集影响区域发生质的改变。2018 年上半年，李淑芳领衔的青岛支教岛，不辞辛劳密集接纳安顺几百位乡村校长和教师到青岛跟岗研修，给基层区域保质保量植入市区优质教育的活性细胞，推动城乡教师一体成长，就是意识到区域内密集影响容易营造促成整体飞跃的氛围，相信善的事业必定"超越性发生"，具有弥漫整个宇宙的气场。

冲击性开放养心的"场域氛围"在基层县的活动中要如其所愿，需要依靠已经觉醒的力量带动未曾接触过的成员。内心强大的义讲嘉宾和进入小组坦诚智慧分享的种子同等重要。对于更多未曾接触支教岛的基层县，显然更需要义讲嘉宾和小组叙事勇气种子稳定的合作援助。就像马卡连柯的"闪电战"，依靠勇气种子们的力量，让区域教师群体相对密集地接触把真我活力带入教育教学的震撼性体验，冲击性开放勇气更新与心灵成长形神相生的氛围。

从公益运作获得体制内支持的角度，李淑芳肯定了曹县勇气更新公益活动的模式。确实，政府提供资金支持，专业团队把营造养心氛围唤醒内在的活动愿景体现在活动过程，吸引优秀教育资源，提供专业智慧支持，合作共赢。这个模式适合可持续发展。但在接洽中我们发现，基层县教育局遇上专业团队公益援助教师成长，虽然求之不得，但是如何把体制内培养教师经费用在这个刀刃上，并没有清晰可依据的相关规定。曹县位于山东省西南部，和支教岛幸运结缘了 13 年，勇气更新叙事探究神形相生的"场域氛围"，自然促成育德和育心深层联结，再加上是由有高公信力的支教岛推荐给曹县，还有笔者任职机构的权威公章支持主办活动，机缘千载难逢，但是却差点因几千元经费擦肩而过。可想而知，在更加偏远落后的基层要想结缘开放教师彼此养心的"场域氛围"，必定要排除更多难以想象的障碍。

目前鲜有像教师勇气更新这样关注开放养心氛围、邀请几百位基层教师全员参与叙事分享的公益探索进入基层。体制内外的支教经费主要关注特岗、城区下乡支教、基层上派学习等方面，对于前瞻性的探索经费援助，政策上暂时还是盲点。此外，即使在教育发达的大城市，主流的教师培训也很少关注开放氛围，聆听每位教师的真言，把布置学员写故事单向汇报当作叙事探究的倒不少，关注引导养心的“场域氛围”的却凤毛麟角。由于漠视教师心灵的缺失，尽管国培经费不断追加，教师研修却脱离需求，流于例行公事。邀请嘉宾通常看衔头，有衔头的专家多忙于追逐学术标准，顾不上接地气，无暇进入教师的现实生命网络中。因而，培养经费如何用在刀刃上，扶持对唤醒教师成长内驱力至关重要的研修，值得成为教育资源配置改革的关注重点。

显然，真正能唤醒教师心灵的公益探索和支教善举，在相当长的时期内一定是僧多粥少。我们期望有理念、有抱负、有情怀、有行动力的方庄教育集群、弋阳县教体局、支教岛、沪江互加团队越多越好，内生成长的教师共同体越多越好，而能够强渗透产生蝴蝶效应的，是助益团体和个人发挥成长内驱力的细胞——教师叙事探究与心灵成长形神相生的氛围。这是教育场域进化的活体细胞，在线上线下都能发挥强大的渗透力，让“城乡教师群体成长”的理想能落地生根。

第三节　开放线上养心氛围

如前所述，U型理论阐述了一种作为创造机制的活性社会场域，强调可见的社会活动的质量取决于我们知觉盲点中的不可见场域的质量，真正的创造需要无形的“源头”滋养，链接可见和不可见两个领域的中间部分是注意力的场结构，它代表了我们共同意识中唯一能完全控制的部分，优秀领导者应该致力于推动注意力场结构挣脱下载习性，趋向“源头”变迁，提升对个人和集体能量的觉察，把真我的活力带入职场，带来职业和生活的显著成就。

本书把营造教师叙事探究与心灵成长形神相生的氛围，视为推动教育场域注意力场结构趋向“源头”变迁的可视化、可操作途径，且相信是教育场域引导共同意识进化的重点，如现实中教育家领导的学校或区域那样，成功的秘籍在于滋养人心的文化更新。而互联网的广泛应用带给世人从无形转为有形的神奇力量，让开放教师叙事探究与心灵成长形神相生氛围，一种引导共同意识的努力，有潜力满足城乡教师群体成长的巨大需求，即借助即将城乡全覆盖的互联网的巨大威力，超越时空限制疏导教育场域注意力场结构趋向“源头”变迁。

众所周知，面对面的互动，虽远比线上交流直接真实，但成本高。体制内的各类培训有条件面对面，却容易忌讳利益关系、权力关系，不敢敞开心扉，供需对接困难，收效有限。线上交流成本低，但限于小我心智的局限，容易充塞发牢骚、空议论甚至别有动机，失去面对面互动的直接真实及效果。但当线上交流仅仅为了成长动机单纯抱团取暖，教师们相互交流读书心得，分享实践性知识和智慧，甚至出现叙事探究与心灵成长形神相生的氛围，就开始持续地契合教师内在成长的需求，低成本、高效率的教师共同体的成长则如风鼓帆。

勇气更新带给参与教师最大的震撼，是一线教师嘉宾博览群书，扛住刻板的应试压力，引导学生读好书，获得人类精神宝库的滋养，成长惊人。腹有诗书气自华，教师尝到读书的甜头才会排除万难引导学生读书。被唤醒了的心灵渴望精神营养，李淑芳倡导支教岛线上线下用各种方式促进教师读好书，意识到微信群里教师们发声读书对相互内在唤醒的魅力，影响曹县教育局领导以支教岛志愿者的身份，积极推动教师读书叙事分享。

例如，2017 年 8 月 27 日，曹县教育局师训科副主任李胜摘召集 14 位教师在“曹县爱之家”启动读书活动仪式，共读苏霍姆林斯基的《给教师的建议》，不久线下线上相互配合。2018 年春节前始，线上“支教岛二群”里传出老师们用软件录下的琅琅读书声。曹县教育局领导倪卫东、李胜摘、孙乐民等亲自参加诵读，相信线上读好书的声音会把老师们联结在一起。持续到 2018 年 8 月，已经吸引 300 多位老师参与诵读好书，练习美读功底，分享阅读心得，诵读《给教师的建议》《教育中的心理效应》《静悄悄的革命》《论语》《道德经》《教学勇气》等的音频不断，有几十位老师诵读了几百次。归根结底，是支教岛的大爱慈悲，勇气更新叙事探究尊重真言助益回归心灵，点燃了教师内在成长的深层渴望。

教师发出的真言呈现教师叙事探究与心灵成长形神相生的氛围，十几年来教师叙事已有几百万字的实录文字，虽不声情并茂，仍然触动心灵。教师叙事实录传达的氛围，因篇幅限制仅仅在“演讲录”的最后呈现，以北京市第十八中学教师在校内的小组叙事实录为代表。相信这种分享在许多教育家办学的学校会是常态，深受教师们欢迎，但是在那些话语权被小我私欲掌控的学校，就容易消失。

上述列举的许多力量证明了养心氛围对于滋养城乡教师群体成长的巨大潜力。支教岛最成功之处在于，用大善大爱唤醒援助乡村教师心活过来的公益精神，影响无数公益种子成长。以下捕捉的民间线上开放养心氛围，也是支教岛的公益种子在生根发芽，不断生长。

以下试图捕捉成本最低、分享最自由、氛围聚散最微妙的教师微信群交流，呈现平等坦诚的线上氛围是如何让彼此受益的。据笔者有限的接触，教师自发形成的健康的专业交流微信群交流平等，叙事分享偏向感悟性展示性、议论评判分析、读书分享、充满爱的活动信息等，都在发挥积极影响。而比较贴近教师叙事探究与心灵成长形神相生氛围的，是敞开心扉直言教育教学中遇到的真问题、真困惑，即刻就会有真诚热心的回应、相互获得精神支持。感谢群主丁柏恩老师邀请我进入“三人行班主任工作室联盟”群，我在群里相遇了类似勇气更新活动中小组教师叙事敞开心扉的氛围。北京市第十八中学大会上丁老师的演讲在“教师勇气更新之家”公众号推送时，笔者当时回应了以下真实感受：

2016年10月，应支教岛李淑芳老师邀请，笔者在青岛开展讲座和组织小组叙事。在小组中，李淑芳老师和组员交流了六个小时。支教岛公益精神对年轻人产生了持续影响，丁老师就是其中之一。这位被认为有点偏激的物理老师，博览群书，从帕尔默的《教学勇气》和小组叙事中悟出敞开心扉交流氛围的无价，对帕尔默阐述的共同体发展阶段很敏感，将之应用于引导“三人行班主任工作室联盟”线下、线上的互动。半年多来，老师们被真诚朴实的交流氛围吸引，参与人数由200多人发展到两个满额群，已经达到1000人了。

2017年夏，笔者有幸被丁老师邀请入群。惭愧的是，只是开学后持续在群里观察了一个多月，原来，群里有全国各地的班主任，他们有的是高手，有的是新手，有城市的也有乡村的，还有村小教学点的。

丁老师顺应学期中班主任工作的节奏进行引导，群员们彼此平等交流经验，讲真话，不怕暴露不足，遇困难可随时求助，马上会有群主或群员热心帮助。虽然有点琐碎，但十分真实、实用，传达了开放心扉的氛围，也是了解基层乡镇一线教师艰辛和奋力成长的一扇窗。

对于任何一位在乡村学校任教的教师来说，他们身边缺乏如何带班和上课的学习机会，能够有缘相遇类似的“班主任群”，即使沉默不语，只要安静认真地从彼此的问询和回复中汲取营养，慢慢地在实践、尝试中体会，改变自己和学生们的生命质量，也是幸运的！为督促老师们积极交流，丁老师曾经请群里不交流的老师让位，马上有老师说，即使没有交流也一直在学习呢，请保留在群里的学习机会。

笔者一直以为，敞开心扉的聆听和分享只适合三五人面对面地平等互动，线上的文字交流难免有种种遮蔽，机构内方便面对面交流，却又碍于利益冲突或心理防卫，难以敞开心扉。而“三人行班主任工作室联盟”的线上交流，超越了这些局限，能够开放教师勇气更新场域氛围。群主和一批群骨干不计辛劳，助人为乐，太了不起了！生命是个整体，真实、真诚、平等、无恐惧的分享氛围，消融人格面具，滋养回归心灵，才能更强健抗压，促使力量不断生发。因而，一旦在线上和线下扩散，必将大大提高城乡教师专业学习的机会，拓展共享优质教育资源和精神成长的空间，是十分值得鼓励的新生长点。

承蒙方庄教育集群理事长、北京市第十八中学管杰校长为首的学校领导的支持，“教师勇气更新研讨会”筹备会中，就如何聚焦到开放教师勇气更新“场域氛围”，笔者自然提到“三人行班主任工作室联盟”线上的分享氛围，管校马上建议邀请丁柏恩出席会议分享。果然，丁老师给大会带来了“三人行班主任工作室联盟”群这个新生长点的立体画面、整体缩影，而且把她置于众多同类班主任专业学习成长背景中。

三尺之内，必有芳草。基层学校教师真诚实在地相互学习的文化再生，唯有依靠基层学校和城乡一线中那些长期自强不息的优秀教师。只要政策倾斜，有意识地把他们组织起来，培养大批适合线上引导基层教师群体成长的优秀群主，发挥他们的线上引导作用，这个新的生长点就能够发挥不可思议的作用，积极影响学校管理层观念的改变和专业领导力的提升。假如大多数基层乡村教师、城市一线教师，都能及时获得心灵和专业的援助，能够在线上满足特定需求、平等真诚互动，形成全覆盖的教师专业学习互动网络联系，对切实推动教师交流文化的更新，自然感染再生师生交流文化，再生校园诚信文化，从而重建社会诚信文化，意义重大。

为了大多数教师的成长，为了教育和国家的千秋大业，建议政策鼓励培训兼职群主，择优奖励。为保证他们的身心健康，避免过度透支，减少兼职群主一定比例的日常工作量。为什么是兼职不是全职？因为班主任和教师一样，滋养他们的是与学生生命的联结，不能让群主脱离学生，脱离班主任工作，脱离带来职业幸福感的教育教学。同时，又可以考虑允许比常规的教师工作量减少一部分，腾出一些精力，突破时空限制，帮助城乡教师群体成长。

为何建议从基层优秀教师中培养兼职群主，减少兼职群主一定比例的日常工作量呢？显然这会涉及教师聘用人事制度、师生比规定、资源配置等方面的微调。有必要清晰其中潜藏的唤醒城乡教师群体把真我生命活力带入教育教学的新生长点，一沙一世界，全息透视。

第四节　一沙一世界，整体联通

断断续续浏览“三人行班主任工作室联盟”微信群已有大半年，从中取一粒沙子，例举一位四川省入职第二年的Z老师[①]从2017年9月到2018年5月初在群里的分享，适当穿插群里的互动。

显然，教师们的交流比较坦诚、友善、真实，相互取暖，对照纠偏，利于成长，呈现了教育真实的万花筒。可扫描阅读原味交流。

为何从该微信群中选择素材？主要是珍惜该群务实开放的分享氛围。相信受优秀教师、校长影响的许多家长群、教研群、年级群、班主任工作室群、名师工作室群、跨校读书叙事群，只要有心，就会有机缘引导群交流氛围敞开心扉。此外，更重要的理由是，丁老师只是基层最普通的一线老师，能够自发引导深受老师欢迎的群交流氛围，恰恰说明成长为优秀群主的潜力股很多，适度发挥作用，可以满足普通教师开放心灵、专业互助成长的需求。

一、教师需要线上平等真诚的交流氛围

先简要勾勒一下Z老师半年多的分享。他提到自己很用心从“三人行班

① 虽然Z老师同意出现他的姓名，但因涉及学生还是用Z老师代指。扫描阅读的交流实录中，有真实姓名。

主任工作室联盟”微信群中学习，入职第一年带班成效不错，但秋季新学期他发现：“我的成绩威胁到了一些人，现在处处被打压，我现在还年轻，也不是很看重那些荣誉，关键是初三自己好不容易带好的班，这学期分配的‘问题学生’就不说了，配的科任老师就是来玩的，课想来上就上，想不上就不上，我就是神这个班也不可能带得好，太欺负人了。”群里老师们的回应是，也曾经遇到过这种问题，劝导Z老师宽恕，忍耐，尤其对于有问题的同事伤害学生带来的困惑，更是劝导其淡化。一心关心学生的学习成长才是正道。

学期末Z老师有了好消息：“这学期考试我教的所有科目（初三化学、政治、数学，初一地理）每科都是片区第一，其实我花的时间比其他老师少。”“课堂设计应该是针对学生生命的个体设计，很多课堂达到了这种层次，上课自然而然会吸引学生。少花很多时间，达到意想不到的教学效果，应该是我这个学期教四科主科逼出来的，不得不这样做。”

群里老师纷纷向他讨经验。Z老师前后分享的经验概括起来如下：

一是备课主要备学生。用图片实物很好理解，化学多做实验，学生都不怎么爱听太多文字叙述，基本上我每个章节用的思维方式、设计都有变化。班上男生多，我就用男生喜欢的思维方式讲，比如骑车的思维方式。

二是让学生觉得新鲜，有兴趣，要跟上最近的一些科技文化现象、生活现象。我会向留学的同学了解一些不涉及机密的顶尖科技，让学生感受到科学文化知识的魅力，这是很美、很有用的。

三是知识达到高度、深度，例如化学，虽然我教的是初中，但我同样会把高中的结构式讲出来，学生应用了，考试就不会出错，不管简单或者复杂的题都能应对。

四是随时看班上的学习状态。如果大多数学生不在状态，要完成状态的转化才能学新知识，因为课堂毕竟是变化的，要根据学生情绪变化而定。

五是复习时换个思维来理解，最好是相比上新课能让他们发现这种方法更轻松易懂，最好及时复习与当堂课有联系的内容，这需要老师准备很多素材。

其实我中途也差点一度放弃这职业，幸好去年暑假进入了“三人行”，和大家交流心得，注入新的活力，也让我感觉到自己是和很多一线认真负责的教师一起为教育奋斗的。

但是2018年春季新学期，班上一位优秀懂事的学生患肝癌晚期离世，十分痛惜这位热心帮助全班同学学习的领头羊太懂事、太能忍受身体的不适，承受中考前学生身心的异常状况和分流压力。此外学校的不公平还在升级：“这学期的课多得我都找不到东南西北，每周三、四、五几乎天天满课！而且这么多的课还没有达到平均工作量。”

群里老师们感动痛惜，劝导Z老师辞职，另找合适的学校。就校园欺凌，Z老师和群主及群里骨干教师感受不同，表明Z老师确实年轻，需要群友熏陶。

这些原味互动，呈现了线上坦诚直面真问题的交流氛围，也提供了一个了解中小学教育职场实相的窗口。伤害教师初心的机构弊病，见怪不怪，伤害教师就是伤害学生，全靠教师自己心灵修炼包容，静心专注于学生，减少伤害。而心灵修炼太需要开放心扉的氛围滋养。年轻的Z老师和许多老师一样，提到曾经相遇的好教师对自己的成长影响强大而持久。入职不久经受的考验接二连三，压力除了来自教育教学，更来自机构弊病，来自生命的脆弱，来自“问题教师”对学生的伤害。线上获得了群主和教师们的理解支持，受挫不放弃，在挑战困难中提升自我能量，取得好的教育教学成就。一点点把挑战转化为成长的契机，也正经受更大的考验。

教师们都明白死盯分数不对，但谁都不可能不在乎分数，要在学校站稳，扛住机构弊病压力，学生成绩好，家长认可是前提。“问题学生”后的“问题家长”，以及学生沉迷网络，暴力、多动、自闭，成绩上不去等，最让老师过度焦虑。

这些实相让人五味杂陈，说明基层教师的成长太需要心灵援助了！真的如帕尔默说的，教师需要拥有所罗门的智慧，“在个人的意义上出神入化地吃透学科”，在教师的自我、学生的自我、学科之间紧密联结。教师们为这“求真实验”，需要穿越恐惧，静心沉潜，每一次都要像新手一样摸索。[5] 导言2；2-3

从许多爱阅读、有思想的基层教师的博文或群分享中可以看出，他们不少受过基层学校管理层自私僵化的压抑。虽然反腐力肃“吃空饷”，但法纪松弛、特权横行、诚信淡薄的危害仍在。即使反腐能扼制“吃空饷”，但权力和私欲勾连，人情关系纠缠，必定会导致管理不透明、不公平、不合理，控制着评优、评先、晋级、荣誉等既得利益。这些机构弊病对于追求进步的教师，确实如丁老师在群里的回应：“**背后有多少血泪？多少悲剧？**”

确实，教师们面对的是长期的空心教育培养的大批空心人，包括一些家长、教师、学校领导，这又在教育系统给学生种下空心隐患。追逐冰冷的分数，教育缺乏温暖，和家庭问题叠加，肆无忌惮地支离心灵，导致乱象丛生。有必要警觉一种悬崖，青少年的自杀互殴、欺凌伤害、压抑病痛，积攒过多负面的集体无意识，一旦让整个系统陷入反U空间，足以裹胁新生代拒绝成人世界压向他们的反生命教育，甚至畸形报复。

这就更加迫切需要国家把大地生长的善良草根教师的力量汇聚起来，抵制人性邪恶制造的各种悲剧，呵护新生代，使其拥有天真烂漫、健康快乐的成长过程。教育体制机制改革唯有尽其所能依靠善良、不断学习生长的草根精英教师的力量，才可重建新的教育生态系统。

二、回归心灵，风清气正

2016年8月，笔者在湖北省黄梅汽车站偶遇一位退休十年的小学教师。她说自己从20世纪70年代末入职到2006年退休，任职于中西部一所乡镇小学，教的大多是来自农村的孩子。以下记录了我们之间简短的几句交谈。

问：当老师的感觉如何？

答：辛苦，辛酸。

问：为什么辛酸？（心里想着李虹霞老师那么爱做小学老师，教农村娃能创造幸福教室。）

答：农村孩子，什么都要从头教，尤其操心行为习惯，别人又不认可你的付出，能不辛酸？（眼泪泉涌）全科教学，除了体育，一个班的班主任和所有的课全压在自己身上。烧煤球炉，早上生不上火吃不上饭，常饿着肚子去上班，回头看有些后怕，不知道是如何撑下来的。只能说总算把工作顶下来了，没有给学校丢脸。

问：2006年退休的时候，和20世纪70年代末入职的时候，感觉差别最大的是什么？

答：刚入职的时候，人都比较纯朴。后来，要评职称，写论文，人就不真实了。唉，不说这些了。

这位基层小学教师，从心灵缺失到内心安宁，花了漫长的30年时间。感恩教师共同体体验到叙事探究与心灵成长形神相生，使教师在线上也能够获得养心氛围的滋养，体验用出世的心态入世做教师，才可能享受教育幸福。中关村三小的王璐老师2016年有过一次特别的体验，也说明了基层教师刚接触这些理念会同样产生强烈共鸣。

2016年8月16日，我应邀去山西引导一次教师读书会，之所以邀请我，是因为在一次分享阅读体验活动上，我被一个外地负责教师培训的领导关注到。我去时吓了一跳，居然让我一个小学老师引导一批中小学老师读书。我发现老师们还没有接触过《教学勇气》，但是这次现场阅读《教学勇气》，效果出奇好，马上能够触动老师们和体验分享相对接。老师们尤其对于"恐惧"很敏感，现场的阅读分享氛围很好，教师叙事与帕尔默的思想对话，真是适合教师成长的非常好的方式。

感恩相遇许许多多像王老师这样的勇气种子让帕尔默的思想活起来。帕尔默深懂佛陀、老子，体验过静修，把东方传统大智慧融贯于《教学勇气》，用"自身认同和完整"表达中国传统文化推崇的心灵妙境，自然唤醒我国教师血液中流淌的儒释道文化。谁不渴望内心不再分离、拥有自身认同和完整呢？互联网的神奇力量，让读书叙事养心氛围和优质课堂充盈大江南北许多互不相识的教师心灵，充盈在类似沪江互加团队的强大公益共享平台，充盈在类似支教岛线上线下或"三人行班主任工作室联盟"群历缘对境的交流中。本书第十章也呈现了教师自主创造线上精神家园自组织的开放空间。

机构弊病的根源是小我难以抵挡的私欲膨胀、权力寻租，对专业核心价值的损害最大。如帕尔默的睿见——超越机构弊病只能依靠挺立自己灵魂的坚实地基：自身认同和完整，获得外部生命网络对心灵的支持。人的心灵愿意被人看到、被人听到，有同伴尊重、聆听自己的成长旅程，就是对成长最大的鼓励。线上交流虽然互不相识，但对那些无法避免受到机构弊病伤害、正顶着谋生脆弱苦熬的个体老师，是多么大的鼓舞！而一位教师的成长，内心完整强大，又会惠及多少学生！线上开放养心氛围，援助教师回归心灵，让承受支离的心灵重获力量，有勇气抵制机构弊病，有定力和智慧引导学生走正道，让“风清气正”占上风，意义无价。

教育部2017年颁发文件，重视乡村中小学校长和幼儿园园长的培训，培训形式重视诊断、对话、行动，工作坊体验，反映了国家重视培养乡村基础负责人呵护深层人性的教育领导力，类似支教岛的各种民间支教探索成果在被政策汲取。无论何种研修方式，都需要提升教育家的影响力，提升基层教育行政人员和普通教师的领导力，影响共同意识朝正确的方向进化。归根结底需要养心氛围，引导沉潜U底“源头”，回归心灵，唤醒教育的良知情怀。同时也要接受“小我局限，贪嗔痴三毒容易泛滥，机构弊病很难避免”这一事实。一切实质的改变都要依靠芸芸心灵强大，淡化机构弊病，值得政策援助开放线上滋养教师的交流氛围，把光明带入黑暗。

三、政策援助开放线上养心氛围

每一代人中都有为教师而生的，人才培养家国兴旺，全靠这些生生不息倔强成长的天职教师。线上开放滋养心灵的交流氛围，虽然更加聚散微妙，但这个新生长点对乡村教师的成长贡献不可估量。正是教师群体成长的意义本身，吸引有情怀的草根教师为引导群交流自愿义务付出。群主多是基层自强不息的优秀教师，一无所求但热爱生命，具有自主成长的内驱力，但是特别需要时间和精力的援助。

任何个人都是脆弱易折的，一线教师都很辛劳，群主和群骨干引导群员，往往是牺牲必要的休息时间。相对很多工种，教师工作属于高投入低回报，教师健康欠佳，平均寿命偏低，生活拮据，已经引起社会和高层领导的深切关注。而自发形成的难能可贵的群交流氛围，受到某种主客观因素冲击，就能轻易地被中断。而许多老师却十分期望线上养心氛围的滋养。如薛卉琴老师的分享：

回“家”的莉莉[32]

照例和黎明一起醒来。想到今天是周末，便不想早起，闭着眼想强迫自己多睡会。然而，习惯已成自然，怎么也睡不着，脑子里全是白天和孩子们在一起的画面，一张张稚气的脸不时在我眼前闪现。

昨天课外活动，我从教研室出来，准备去宿舍找本书。经过会议室时，发现舞蹈室门前有几个孩子在跳舞。其中有我班的几个女孩子。出于好奇，我来到她们跟前。

原来，跳舞的孩子都是舞蹈社团的，玉儿、娇娇和莉莉正在给几个新入社团的孩子当教练呢。我这才想起，周二社团活动时，我们用上学期学过的广场舞《中国范儿》排练节目，几个今年新入团的孩子基本动作不会，所以排练的进程比较慢。校长看了很着急，他要求必须在四月初拿出节目，迎接学校“均衡化”验收。我掐指一算，还有不到两周时间。然而，一周只有两个多小时的排练时间，这个任务对我来说，有点艰巨。看到我犯愁了，我班的几个女孩子说，她们想办法尽快教会新入团的同学《中国范儿》的基本动作。

眼前，玉儿和娇娇一对一在教给我班的婷婷和娟儿，莉莉正在教二年级的两个小姑娘。只见她面带微笑，一会儿做示范，一会儿纠正两个小妹妹动作不到位的地方，那样耐心细致，一丝不苟，俨然一个称职的老师！看着她的样子，两周前发生在她身上的故事又一幕幕浮现在眼前。

十几天前的一个周末，莉莉和爷爷发生矛盾，被爷爷打了一顿，她怄气离家出走，把自己藏起来，第一次夜不归宿。我知道后，找遍了她所有的同学、亲戚家，可仍不见她的踪影。打电话不接，发短信不回。我束手无策，只好向“三人行班主任工作室联盟”群主丁柏恩老师求救。丁老师告诉我，先搞清楚事实，不要急着批评。批评严重了，她很可能封闭自己。让我见到她后耐心倾听她的心事，听她讲这两天的见闻，无条件地接纳她。等她精神松弛下来，让她确信我关心她，保护她，再跟她讲作为一个女孩怎么保护自己。

可是，当务之急是要找到莉莉！我含泪给她写了一封长信，想用我的真情打动她。然而，石沉大海，仍然没有她的任何消息。很多人劝我，别管了，孩子周末从家里出走，又不是你的责任，何必劳神费心。是的，按理说，这的确不是我的责任。可是，我又怎能置之不理？莉莉，一个从小没有妈妈，爸爸又不在身边的青春叛逆期孩子，80多岁的爷爷无力找她，一个女孩子离家出走，我怎么能袖手旁观！记得三八妇女节那天，莉莉做贺卡叫我"妈妈"。一个她想"一生一世叫妈妈"的人，怎么能不管不顾她的死活？那个双休日，我可以说被她折腾得焦头烂额，身心疲惫，一度陷入绝望！

说实话，这个班的孩子情况太特殊，像莉莉一样没有妈妈的孩子就有五个，还有很多留守孩子，他们缺少爱，缺少关照，缺乏管教，心理不够健全。他们身上有很多恶习。给他们当班主任，我真是如临深渊。很多时候，不知下一步会不会掉下去！我努力地为他们创造阳光平台，开设"正常教学"之外的活动，希望用自己的力量能让他们的习惯改变一点，心理健康一点，生活幸福一点……可是，莉莉的事让我明白，我的力量有多么渺小！一种前所未有的身心交瘁感弥漫在心头，感觉自己好累！

周日晚上11点，莉莉在姐姐的诱骗下，终于露面，被家人带回家。我不知道她回家后发生了什么事，只记得她大妈打电话告诉我，莉莉周一会按时到学校上课。

那个晚上，我几乎整宿未眠。我计划了很多种见到莉莉后如何教育她的方法。一次次设计，又一遍遍推翻。我想起三八妇女节那天她给我做的贺卡，说要"一生一世叫我妈妈"；想起她从小跟爷爷一起生活，没有怎么享受过父母的爱；想起出事那晚，她大妈发在班级微信群里说她一些"劣迹"的语音；想起丁老师的话……最后，我作了这样一个决定。

周一早上，我来到教室，发现莉莉坐在座位上，一直低着头，也没怎么读书。我和往常一样，检查了其他几个孩子的作业，没有理她，也没有在班上提及周末发生的事。接着上课，课堂上的莉莉一直低着头，不敢看我。我知道，这节课，她什么也没听进去，我当然也没有提问她。直到大课间的时候，我把莉莉叫到宿舍。

她一进门，我就将她揽入怀中，紧紧地抱着她，一句话也没说。这时，莉莉在我怀里开始啜泣。我抱着她，轻轻抚摸着她的头发。等她哭够了，我捧着她的脸，看着她的眼睛，只说了一句话："做我女儿吧！"这时，莉莉又扑到我的怀里，放声大哭起来。

等她情绪平静下来之后，我从衣兜里掏出事先准备好的绿松石项链，戴在她的脖子上，轻声说："这是妈妈送给你的礼物，你看，和我的一模一样。从今以后，你就是我的女儿了，有什么事一定记得告诉我，我会帮你！"

莉莉又一次哭了。她看着我，哽咽着说了一句话："谢谢妈妈！"

第二天，莉莉在素材本上写了一篇作文《我有妈妈了》。字里行间，是心酸，是感动，也有深深的内疚。之后的莉莉就像变了个人，上课发言明显积极了，作业也认真了许多。为了让她的心灵阳光起来，温暖起来，我给她找了一本童诗，让她每天抄一首。没想到，一个星期，她居然抄了一本童诗，还在循环日记上开始仿写童诗。

二月二那天恰逢周日，又是莉莉的生日。我给她发了祝福短信，并答应周一补一个生日礼物。她高兴极了，说自己过生日的时候，虽然还在地里劳动，但有妈妈的祝福，她很开心。周一早上，我兑现诺言，给她送了一个水杯，并提议全班同学给她唱生日歌。那天，她站在讲台上，对着同学们深深鞠了一躬，流着泪说，这是她有生以来过的最隆重的生日！

眼前，莉莉依旧一丝不苟地给小妹妹教跳舞，脸上，洋溢着美丽的微笑。而我却心潮澎湃，难以自已！莉莉，我的女儿，但愿你永远这样阳光，自信，快乐……

2018年3月24日凌晨

群里诸多骨干教师，经常像薛老师这样真诚分享爱的教育故事，真诚面对问题和困扰，获得热心帮助。教师们历缘对境的相互学习，无需经费、场地、路途跋涉，随时自然发生，对于芸芸学子，对于国家教育大业、社会进步，没有比这更重要的了！之所以成本最低、意义无价，归根结底是，当教师叙事探究与心灵成长形神相生，开放养心氛围，润物无声滋养自信平和的生命内核，就帮教师们推开了大爱包容、智慧良善、耐心陪伴的美妙教育大门。

显然，这特别值得政策明智支持，**“鼓励培训兼职群主，择优奖励，为保证他们的身心健康，避免过度透支，减少兼职群主一定比例的日常工作量”**。支持有情怀的草根精英教师线上引导，推动彼此养心的线上交流氛围和专业学习机会，对全员教师，尤其是对边缘和边远的教师形成多层次全覆盖、不受时空限制的支持网络，扶助城乡教师群体精神挺立，重获自身认同和完整，真心真情立德树人，意义不可估量。2018 年颁布的《中共中央国务院关于全面深化新时代教师队伍建设改革的意见》中，强调深化改革要“抓住关键环节，优化顶层设计，推动实践探索，破解发展瓶颈，把管理体制改革与机制创新作为突破口”，这项政策建议是否能四两拨千斤地破解发展瓶颈？有必要进一步清晰多方共赢关系。

四、多方共赢，提升专业核心创新力

政策支持多方共赢，时间深处自有回报。支持草根、精英老师线上成长共同体，优秀的校长一定十分欢迎。即使机构弊病中的既得利益占有者，也会出现分化，他们中的大多数不久便会发现，不用恐惧失去苦心经营的利益圈，愿意学习成长的教师根本不需要争宠，大地生长着越来越多的优秀教师，学校的办学质量、社会声誉自然提升，制造或包庇机构弊病的领导也可能搭上优秀管理者的便车。当然也有少部分仍然变本加厉，那就交给法律制裁。

这一决策显然低投入高回报，整体联结进步教育力量，扶持优质教育，惠及家国天下。只需要**“为了大多数教师成长，为教育和国家的千秋大业的高回报，鼓励培训兼职群主，择优奖励，为保证他们的身心健康，避免过度透支，减少兼职群主一定比例的日常工作量”**一项明智决策，国家就有机缘越过小我私欲操控的机构弊病，成为支持乡村教师生命成长的贵人，而乡村教师群体的成长，又可以带动学校氛围的改善，激活学校管理机制改革。总之，不是消耗在和黑暗作战中，而是优雅地打太极，借助优秀教师“比光更有生命力的真言”，让城乡教师的群体成长，扎根于教师用真言互助心灵的沃土中，绽放光芒，驱散黑暗，所有生长中的进步教育力量，水珠汇海，为完善国家教育体制机制服务。

这一决策还可望促进我国教师培养模式的历史性转变，提升教育专业力量的核心创新力。教师培养模式，由曾经或还在盛行的单一学历拔高、教育理念课程理念灌输、大学的学术规范取向、一线名师教学技术技巧直观示范、绩效晋级奖惩驱动等，转变为更多关注唤醒普通教师把真我的生命活力带入教育教学。教师勇气更新叙事探究形神相生，相互感染在教育过程中的简单快乐，自然明净内在空间，既然线下线上直面真问题、真困惑交流学习，可以低成本、高成效提升教育的生命意义，那么主流教师研修为何要切断教师成长最宽广厚实的土壤呢？如果一再错失她，必定负罪后代。

当教师线上开放心扉的真诚交流氛围成了常态，每位教师都有机会成为线上线下养心氛围的创造者和受惠者，就有基础进一步形成更加多元、异质互补、整体连通的线上养心场域，带来新的教育创造空间。不仅是一线教师共同体的共同创造，还可以吸引各种专业力量共同创造，让线上线下引导尊重聆听、坦诚分享的交流氛围，成为教育领导与专业研究者最核心的领导力。当人人都清晰了这面照妖镜，就不会轻易让现实中私欲驱动的话语权控制得逞，不再任由“我是我能我慢”把良好的氛围化为乌有。当整体联通的聆听场域真正体验到克里希那穆提的洞见：“纯然的聆听就是一种奇迹，它能够改变、穿透、连根拔除与摧毁心智的束缚”[33]，凡控制话语霸权、追逐肤浅指标、一再分离心灵的，必定“老鼠过街，人人喊打”！

假如群里教育领导在纯然聆听，教育管理体制机制改革就更容易贴近大多数教师成长的需求；假如教育专业研究人员也在纯然聆听，就拥有了低成本了解教师现实生活实相的窗口，让专业优势的发挥有的放矢，有勇气不回避重大关切的教育问题；假如对于无界分共情敏感的专业研究者引导年轻学子们在聆听，并和老师们历缘对境诚实对话，对于提升教师专业素养就是及时雨，大学也就自然成为培养年轻学子成长为心灵导师的摇篮，而不是流行的单一理性霸权，灵性枯萎。因此，在异质互补、虔诚聆听整体联通的教育场域，教师、教育管理者、教育研究者都有更大概率摆脱“下载”竞争习性，沉潜U底创造“源头”，尤其激活专业研究者的核心创造力，就可能推开一扇大门：贴近真相，顺势优化教育大系统的生态。

线上开放养心氛围，让教育研究者真正聆听教师发出的真言，贴近现实教育的极端复杂实相，就自然会反思，流行的理性逻辑研究，如应然概念体系建构、量化精确相关关系或由某些结构要素形成的理论建模，国内外文献综述比较，批判评论建议等，逻辑理性发表物因为萎缩了生命灵性，陪伴生命的一线教师必定兴趣有限。教师自己的线上线下发出真言的学习共同体，对于成长反而有切实的帮助。而让教师们都感觉到无奈的教育大系统的集体捆绑或伤害，倒是迫切需要专业研究者或教育决策者对症化解危机。教育系统受到功利驱动被集体捆绑，恐惧文化蔓延，教师们首当其冲承受着压力、焦虑。

比如，2018年4月9日晚上10:46到10日上午7:00，年轻的Z老师在群里前后分享了如下内容：“各位老师，你们初三毕业班有分流或者去中职这些事吗？”“失眠好几晚了。因为分流压力大，本身我们班成绩是全区最好的，和其他班分一样多的人。”“昨天开会，给我们说这是必达任务。”“很讨厌做这件事，会伤害师生关系、老师和家长的关系。”

让Z老师很讨厌的、实际在造成集体伤害的必达任务，缘于高中职教普教分流政策在地方执行时有偏差。这项政策的初衷一定是为大多数学生寻求合适的成才通道，二本院校全部转为职业院校，高中占半是职业高中。一项基于大量的理性调研、吸收国内外经验严谨论证的决策，一实施就给初三师生带来分流压力。以往同学好友因一分甚至半分之差各自命运天壤之别的恐惧，本来是发生在高中文理分流、重点班分流、高考阶段，现在发生在中考前。这在大城市已经牵动一批幼儿陷入畸形竞争中。一线校长、教师对这种集体伤害，真的毫无办法，而教育领导和教育研究者，聆听到这些实相，肯定不再会天真地相信，扩大了高校和高中职业教育的规模，就可以高唱职业教育的盛世赞歌。在这种困境面前，任何国际成功的对策也无法应对，一改革就可能按下葫芦翘起瓢，牵动新一波的失衡。因此，必须接纳一个实相，面对现代化断裂中的新兴复杂性危机，仅仅靠理性研究只会被堵在“下载”

层面。现代国家治理极其需要真正的创造性和社会学的想象力，而真正有创造力、能破解大系统困境的新运行系统，需要沉潜U底灵性“源头”，贴近现实实相才能诞生。

前三章集中阐述教师叙事探究与心灵成长形神相生的“场域氛围”对城乡教育场域进化的强渗透力，教育自然平衡需要激活这一造血机制，这是贯通心灵和制度重获大系统平衡的枢纽，是促进教育系统影响社会诚信文化再生的桥梁。但“场域氛围”自古以来聚散微妙，尤其当教育被过度竞争集体捆绑，损害教育核心价值，恐惧文化就会驱散良好氛围。有如生命体极其需要的营养葡萄糖、氨基酸等，天然适合跨膜运输到细胞里养育生命，但如果膜蛋白结构不正常，跨膜运输蛋白的结构与机理出现问题，营养输送不到细胞内，就会危及生命。

我国教育系统的结构与机理，集中体现在教育体制机制上，它至关重要地影响着教育系统能否开放滋养师生心灵的“场域氛围”。其中，基础教育受制于刚性标准而过度肤浅竞争是长期的痼疾。长期以来，无论城乡，为在现行的高考选拔中取胜，区域领导多是吸纳优秀师生倾力打造名校，美曰为一方百姓造福，大多数学校却被边缘化，导致教育两极分化，多数中等学生分外焦虑。浙江省先行的国家课改实验和高考改革实验，国家启动的职业教育改革，体制内外的诸多学校死盯分数、压榨生命，实质都受制于这个瓶颈。要实质性地解开教育批量制造空心人与高分刻板竞争之间因果交织恶性循环的死结，唯一的出路是完善国家教育体制机制，重建升学考试制度，疏通制度渠道，释放许多优秀教师内心涌动的正能量。这是教育“不忘初心，牢记使命”的重中之重。本书接下来的第四、五、六章试图为此抛砖引玉。

第四章

重建升学考试制度
——一项“减速齿轮”改革设想

升学考试制度面临长期困境，不依据刚性标准，上好大学就可能出现钱权关系交易，依据刚性标准，学生就被困在题海考试中，磨炼机器比人更胜任的聪明记忆刻苦细心，没得到满分就恐惧竞争失利。觉知、良知、共情、审美、洞察、想象、创造的发展空间萎缩，这与我国蓬勃发展中对多元创新人才的需求相悖。如前三章所述，奋力摆脱圈养生命的进步力量在不断生长，这些力量要强大到为整个教育系统强基固本，迫切需要升学考试制度与时俱进，提供呵护学生适性成长的制度环境。

第一节 突破瓶颈需原创顶层设计

2014年的高考改革方案“分类考试、综合评价、多元录取”[34]大方向正确，吸收了国际先进经验，但针对分分必争困境后的失信文化瓶颈，缺乏对症突破的力策。很小的自主招生空间，牵动学生和家长奔波于才艺补习，一退守刚性标准，学生就摆脱不了题海练习的命运。谁都明白圈养生命有多愚，但谁都是争不到满分就恐惧。中国发展中诸多领域正在创造奇迹，新生代想通过教育为生命争尊严，却不幸被几十年积累的练分高招捆绑，追逐机器比人更胜任的聪明记忆刻苦细心。

刚性标准的致命弊端谁都清楚，却不敢不用，因为诚信文化不足，恐惧上好大学靠钱权关系交易[35]，不依靠刚性标准，寒门靠苦练习题改变命运的机会都会失去！改革背景极其复杂，现实中多元弹性灵活评价面临着最严峻的挑战，几乎哪里有些松动，腐败就涌向哪里，或者引起考生多方应对负担过重。[36]足于让各种高考改革思路如履薄冰。

深层根源如托尔一针见血所指的，是人类自身心智的正常状态已被一个基本的瑕疵破坏而功能失调甚至疯狂。在现代性的强大推动力和尖锐矛盾中，在现代性对个体自主性无可抗拒的剥夺背景下，要明智地疏导小我失调、疯狂的能量，极度挑战国家现代治理能力。制度设计假如回避了散乱强大的趋利避害驱动，只是吸收外来经验或应然逻辑推理设想，缺乏疏导趋利避害能量的原创决策，即使各种减负政策杠杆试图牵住牛鼻子，也是好似被动陷入沼泽，一动更陷得越深。

诸多学者认为教育系统本身无法解决此困境。因为优质教育资源太紧张，趋利避害能量太强大，诚信文化不足的瓶颈难突破，只能等社会环境正常起来。还有一些学者认为，丛林法则优胜劣汰，刚性标准应试对年轻人也有磨炼价值。殊不知，制度一再放纵圈养生命，心念、情感、思想必定过度滥用，过分规范到反应准确率上才能竞争获胜，人与生俱有的觉知力、创造力萎缩，整个社会越发缺乏真正的创造人才。为逃离过度应试捆绑又加剧优秀人才外流，国民巨额财力也随之外流，未来整体应对新兴复杂性危机的国力必定大损。毋庸置疑，中华民族复兴大业的历史使命迫切需要摆脱这个集体困境。

从U型理论的视域，堵在“下载”层面的理性研究习性，概念碎片几乎无法贴近极其复杂的大系统实相。疏导大系统紊乱的原创对策，唯有与现实同频，宁静深潜“源头”，敏于疏导大系统鼓励开放的让师生内心安适自在的氛围。由两极分化少数人锦上添花，转变为大多数学生有机缘适性自由绽放，在教育和社会系统中有生命存在感，这就需要把光明带入黑暗，直面满目空心人制造的教育恐慌。重建升学考试制度，必须从源头治理，让失调疯狂的小我无机会下手裹胁生命。

国家的经济进步了，国家的治理体系和治理能力不相应提升，就会制约社会进步。顺势疏导各种蓄势待发的教育力量迸发生机，重建呵护学生适性成长的制度环境，借助新生代不可估量的成长推动力，为整个教育系统的和谐稳健发展强基固本，这一时代使命要求升学考试制度改革要寻找极简化解的原创对策。

第二节 “减速齿轮”改革“一箭三雕”

重建呵护学生适性发展的制度环境要依靠U底“源头”滋养的制度创新。

大道至简。真理是在与小我欲望相反的地方，制度设计要敬畏自然力的平衡。小我因恐惧竞争失利而分分必争，因此必须使死记硬背争得高分对升学无效，让死记硬背的分分必争自然消退，才能呵护学生适性成长。

长期以来，因诚信文化不足，高考选拔只能主要靠刚性标准，难逃攀比高分。笔者假设，如果把高考选拔和年级水平考试互补融合，视升学考试制度为一整体，扎实学习国家课标中所有学科的“双基”，由年级水平考试把关，随教随学随考随清，不进入高考选拔竞争，高考开放灵活综合题命题，高考竞争重心移向发挥高级心理能力，则可望一箭三雕。

一箭是指“高考资格正确率”的设计，即改革切入口。年级水平考试要求“双基”成绩达到70%～80%的正确率，就有高考资格。“高考资格正确率”要求，“双基”部分允许在70%～80%之间浮动（某些学科、年段及智力存在地域差异可独特要求），命题难度适合70%～80%的学生正常努力便可通过正确率。假如成绩超出正确率，对于升学无效，和教师的晋级绩效等功利目的一概无关，只为激励学生，为诊断、辅导学生作参考。

相应的，年级水平考试除了“双基”卷的成绩和高考资格挂钩，还有一份开放题试卷，题目少而精，给予学生宽裕的时间，考试结果用等级成绩存档，但不和高考资格挂钩，仅提供高考录取参考，和高考选拔只用开放灵活综合题接轨。这样，**就把“不依据刚性标准就可能钱权关系交易”这个无解困境转化为“突破开放灵活综合命题”这个可解难点**。

这一箭射掉了只盯中高考科目反复磨炼的积习，结束非中高考科目被边缘的痼疾，卸去层叠网布的考点记忆负担，死记硬背分分必争自然消退，掠夺精力和金钱的“双基”应试补习便没有市场。发挥高级心理能力的竞争成为重心，高度挑战学生自身的独特潜力，只有在舒缓的教育氛围中适性引导，学生才可能自在绽放独特潜力，才可能在人才选拔中竞争获胜。这样，自然要求教师和家长修炼伯乐识才真功，懂得慢的教育艺术，呵护自由舒展学生独特潜力的氛围。

这就像高速竞争的系统嵌入一个“减速齿轮”，趋利避害能量被制度牵住了牛鼻子，释放出教育尊重人深层本性的空间，天生我属的潜能有机会破土拔节，教育系统回归常态。

射中的第一雕是：重建升学考试制度，年级水平考试和选拔性高考融为一体，竞争重心转向发挥高级心理能力，高考杠杆也顺势引导学生的适性发展。下图（图 1）显示了“减速齿轮”改革竞争重心转移促成诞生的未来升学考试制度。

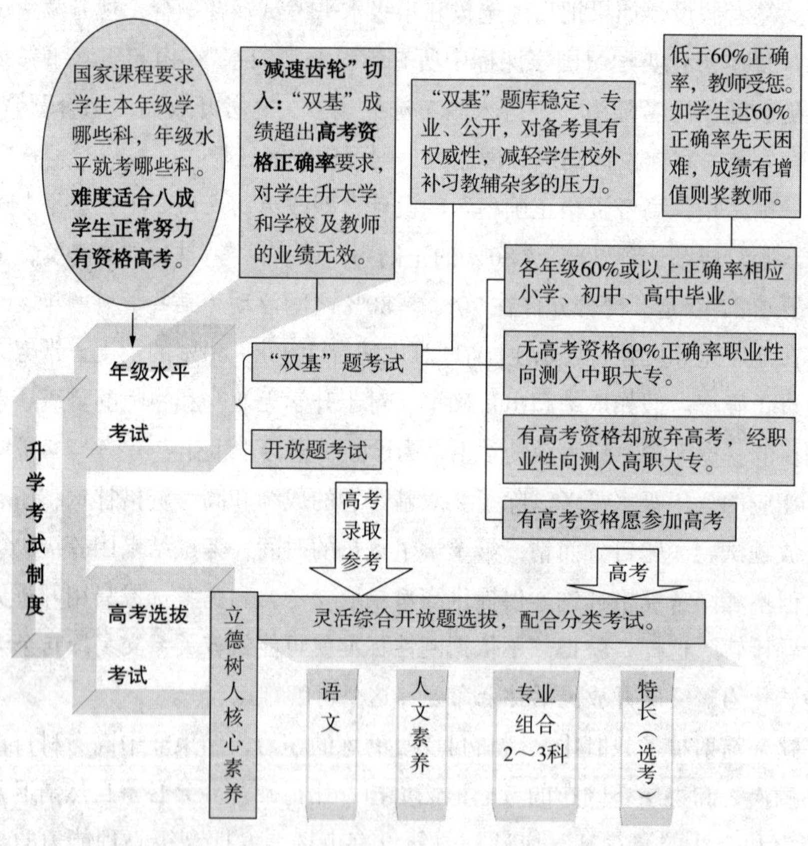

图 1　升学考试“减速齿轮”改革竞争重心转移脉络图

从小学一年级推进到高中毕业的年级水平考试带来的大解放，是高考可全部采用开放题，卸去刻板的题海负担，循序渐进实施“分类考试”。高考科目可设想为：人人都要考语文和人文素养两科，可选择专业组合考科2～3科（必考），特长考科（选考）。对于参加高考时仍不清晰专业类取向和特长的学生，可以把中英数和人文素养作为必考学科，其他任选1～2科，并允许上大学两年后确定专业。

在高考选拔考科中，母语关注阅读和写作，宽厚扎深民族文化之根；人文素养关注引导学生在与社会、生活、自然的联系中认识自我，涵养慈悲情怀，培育创新基因；各专业类别的组合考科尊重本类专业的核心知识体系和价值，由大学自主招生决定，从高中必修科目中选定。英语、数学、物理等依专业需求定难度；特长考科鼓励发展独特才华，成绩达优和其他科同等分数权重，为限制非适性盲目补习特长，如成绩不达优则不计入高考成绩。这样，制度鼓励学生适性沉迷所愿，选择做最佳的自己，让独特人才有合适的大学深造平台。

射中的第二雕是：依托年级水平考试制度呵护多数学生适性发展，鼓励学生在正常学习所有国家课程之中（也包括之外）发展独特才华。这就要求非得依靠教育家办学不可。

宽厚基础，适性放飞：保证学生可正常学习国家所有必修课程，“双基”允许适性选择单科或多科越级考，发现自己的优势潜力；各类课程教学革新，如综合实践活动、研究性学习、综合课程、校本课程、学生社团活动等，聚焦活用学科知识，放飞高级心理能力，为各科综合开放灵活题的考核重点打下基础，鼓励学全国家课程“双基”的基础上促适性发展。

尊重成长节律，适性等待：适应学生的成长节律，缓慢者也能自在发展最佳的自己；年级水平考试允许终生补考，但限制补考次数，以便每个人在任何年龄都有机会通过努力获取高考资格，开放终生学习机会。

适性选择职教：鼓励学生发现独特优势，依托多数学生的适性发展和主动选择，推动职教的优质发展，关注就业对口和晋升学位机会平等，真正实现“三十六行，行行出状元”。

射中的第三雕是：卸下行政监管枷锁，保护学校教育专业自主，维护教育公平。

减少双基考试难度和考试干扰：对现实中学生尽心尽力也难过60分的困境，老师不用担心，“双基”考试难度是80%的学生正常努力可以通过，对于通过困难的也有关照，年级水平考试60%或以上正确率相应小学、初中、高中毕业，会提供职教机会。取缔目前流行的一切外来考试干扰，如中考、会考、抽测、统测、学业测、增值测等。

教育质量监控及时、高效：年级水平考试电子平台真实记录每位学生各科成绩，各类教研课题项目交流实况当下传送大数据平台共享。

减少行政干扰：借助信息技术消解科技井架。各行政部门从云平台汇总各类统计报表，切断校外直接要求学校填表和校内形式化检查等干扰，呵护教师专业自主，鼓励宁静致远。

及时倾斜弱者：及时了解基础教育薄弱环节，行政督促雪中送炭，扩大边缘学生获得正常教育的机会。

维护公平：过渡期内教育落后的基层学校允许沿用原有高考系统，待分期分批自愿进入新系统。老少边远地区，仍然多途径扶助贫困优秀学生，倾斜高招指标。

无论人类社会如何发展，选拔人才的权威竞争永远客观存在。个体很难冲破习性规范牢笼，制度设计要破解人类把自己关进笼子里却不认账的困局，只有靠松开本质上的羁绊，尝试去牵住趋利避害盲流的牛鼻子。一箭三雕整体盘活，是靠解开恶性循环“分分必争”的死结。

假如高考试卷中完全不出现“双基”题目，确实能有效限制死记硬背，但是指挥棒没有了“双基”，人类很容易发作的惰性可能导致学习过程囫囵吞枣，新生代在学习的黄金时期对进入人类文明轨道的必要基础知识基本能力消化不良，严重妨碍其终生可持续发展。

假如减少高考试卷中“双基”题目的占分比例（目前也确实在减少），但在“多出一分干掉一千”的激烈竞争中，哪怕试卷上只有几分“双基”题，也不得不熟练可能要考几分的整个知识体系。所以只有选拔试卷上完全没有“双基”题目才可能真正减少死记硬背。

“减速齿轮”改革依靠年级水平考试和高考选拔配套，“高考资格正确率”设计，直面了这个集体困境：对芸芸众生，考试指挥棒魔力巨大，力图松绑的教育改革往往南辕北辙，主要受制于趋利避害钻制度的空子，众人困在“心为物转”的牢笼。当“双基”题目根本丢不起分，必定车轱辘转反复练，生命更有意义的发展空间被严重挤压。那么，当制度设计规定年级水平考试的“双基”成绩超标对升学无效，分分必争必定自行消退，过度紧张才可能松动，借助生命有自由就生长的强大生长力，大系统才有可能顺应生命自然力的平衡，由失衡复归平衡。

“减速齿轮”改革一箭三雕的突破点是“高考资格正确率”的设计，但是它会不会引起更加惨烈的分分必争？竞争会不会压到每个年级？任何人试图在趋利避害的漩涡中试图牵牛鼻子就一定有风险，可能被牛踢伤，关键是该设计是否顺应生命自然力的平衡能四两拨千斤，这只有在自然平衡的整体联系中才能理解。就像2200多年前造福万代的都江堰，引岷江水灌溉成都平原，面对或旱或涝难以平衡的大难题，李冰父子采用至简的六四开，60%的水流入内江，40%的水流入外江，靠的是整个工程设计连环顺应大自然本身的物理原理，连每年定期清理河床淤沙的深度，也是遵循大自然的平衡力进行设计，才让都江堰寿命绵延不绝，造福千秋。

“减速齿轮”改革设想能否疏导教育大系统，从而顺应生命自然力的平衡？归根结底基于对我国传统静文化滋养心灵的信心。理论上，年级水平考试对“双基”适度的掌握和高考发挥高级心理能力两者之间是共赢关系。有了适度的“双基”基础，才能飞得更高更远，只要求80%的正确率，就限制了死记硬背，又相对开放了自由发挥的空间。这种设计是否顺应了生命自然力的平衡？关键在于，死记硬背减负了，腾出的一点空间，一旦渗透我国传统静文化滋养心灵回归，必将无可抗拒地与正在生成的新的教育生态联结，如本书前三章的重心，教师叙事探究与心灵成长形神相生的氛围，自然滋养教育中的生命蓬勃。

新制度显然可以限制过度死记硬背，但是竞争重心转向发挥高级心理能力，是否又会膨胀盲目攀比角力，或者遏制不住钱权关系交易？这需要想方设法让命题能影响心灵回归平和自信。一旦平时的开放命题能够让学生、教师、家长猛醒，急功近利、攀比追逐、死记硬背都难以见效，就推开了另一扇窗：只有给学生营造安全自在的成长氛围，默默感染学生内心宁静专注，敏于觉知、共情、洞察、审美，在聆听交流、阅读思考、丰富活动中学会认知，学会做事，学会共同生活，学会成人，体验本体喜悦，做开放灵活的综合题目才能够得心应手，自如发挥。

这样，表面上一刀切的年级水平考试和竞争重心转向发挥高级心理能力的新制度环境，就释放出一个相对放飞人的适性潜力的自由空间。正如物理学诺贝尔奖得主玻尔（N. H.D. Bohr）提出的基本原理："与真命题相反的是假命题，但是与一个深刻真理相对立的，可能是另一深刻的真理。"[5] 58 真理的对立面可能是一个更大的真理，用在这里，貌似民主的对立面可能是一个更大的民主。因此，貌似一刀切的"减速齿轮"才可望一箭三雕。

第三节　年级水平考试呵护学生适性发展

年级水平考试是为了把新生代纳入人类文明轨道，让其拥有基本的读写算能力和掌握现代信息技术，形成阅读自学能力，掌握基础教育课程要求的知识体系，关注学生高级心理能力的适性发展，通过制度呵护安全、无恐惧的教育氛围，达到鼓励学生适性发展的目的。

一、年级水平考试呵护安全、无恐惧的教育氛围

其一，把关底线要求。随教随学随考随清，达到底线就可放飞学生适性发挥。要求每门学科的“双基”内容在小学、初中、高中阶段的命题难度，适合所有学生正常努力下约有八成能获得高考资格。年级水平考试达标率可在70%～80%之间浮动，确定达标要求时，应整体关照自然人群的智力分布、不同学科和不同年段的特点。学生的所有年级水平考试成绩达标，就可获高考资格，高考资格一旦获得，终生有效。而且，任何人、任何年龄都允许参加考试争取高考资格，以鼓励终生学习。成绩只要达到60%的正确率，相应毕业年级会为学生颁发小学、初中、高中毕业证书。

学校各项工作都为大多数学生年级水平考试达标服务，扭转目前喧宾夺主的局面——驱赶教师追逐课题项目发表竞奖，用少数教师的光环为学校争面子。减少对教师专业自主的干扰。随教随学随考随清，意味着取消毕业考、会考、中考，不需要负累几年的“双基”内容准备这些考试，侧重在灵活运用中熟练掌握“双基”内容。取消来自校外的各类考试，包括上级对学校的统考、抽考、学业测、增值评测、“双基题目”成绩机判。开放灵活题，鼓励拓展阅读，结合自然、社会、生活体验，在自主探索中发现学生天性适合的兴趣，大大拓展学生的适性发展空间。为防止年级水平考试开放题成绩

作假，必须低概率抽查判分是否合理，发现作假者，重罚个人和机构。

学校只要关注诊断、辅导、鼓励的期中期末考试，其中第二学期的期末考试就是年级水平考试。学生的形成性评估，课程教学研究，鼓励教师个体和团体的自主创新，尊重教师的自主选择，只要有信心通过年级水平考试，可以不参与学校的期中期末考，自由选择何时考，按照适合自己的学与教的节奏，可以选择每年考或两年、三年后考，可以越级考。总之，制度保护师生在教与学的过程中安心、静心、舒心、专心，形成真正的学习共同体，杜绝校内形式化的检查干扰。

其二，年级水平考试每个年级考什么，依据各年级课程大纲规定的必修课确定。各学科的占分比例，依据相应考试科目所占课时大致衡量。如课程大纲强调语文扩大阅读，打好母语民族文化之根，就必须在每个年级的水平考试中赋予语文合理的权重，而不仅仅是在高考分数中多占权重。这样有利于在过程中落实教育宗旨，保证国家课程的必修课能转化为学生的核心素养，又不用死记硬背争满分，让每个学生有机会放松学习，感受丰富多元的国家课程。多年来，呵护学生德、智、体、美、劳和谐发展，在分分必争制度环境下，要靠教育者顶着各种压力坚守，新的制度环境则是对每所学校每个教育者的底线要求。

对于近两年实行 2014 年新高考方案的省市，中英数加“六选三”，则出现家长在孩子初中就开始锁定高考六科力争半分不丢的现象。学生有了“六选三”的权力，却避重就轻，难度大的科目只有少数学生选，不同学科老师忙的极忙，闲的极闲。原因之一是违背课程大纲导致混乱。实行年级水平考试，保证了学生在稳定的课程体系中自主选择，这些乱象就迎刃而解。

年级水平考试促使学生明晰个人兴趣和特长取向。在保证学生正常学习所有国家课程的基础上，允许单科越级考或多科越级考，学生选择适合自己的科目精进，因材施教的选课走班显然是必要的配合。为了满足一些优秀教师独特的教学节奏，可以选择 N 年参加一次考试，或一次考 N 个年级，有必要做好安排，使同一学科不同年级的考试时间不冲突。

同时，灵活开放综合题，可以基于所考学科尽情发挥，融入丰富的活动体验，成为引导学生认识自我、发现自我优势潜能的平台。这样，学生高考中自然就比较清晰自己的兴趣和专业取向。当然，认识自我，寻找天生我属，是终生难点，对于参加高考时仍然不清晰专业兴趣的学生，允许其到大二结束的时候再确定专业。

其三，年级水平考试制度呵护多数学生的适性发展。体现在:（1）制度呵护安全、无恐惧的教育氛围，让慢的学生可舒缓自在，按自己的成长节律，做最佳的自己。此外，对天性不适合现有学校课程的学生，学校尽量提供机会满足特需课程。（2）视每位学生的年级水平考试成绩为个人隐私。培养学生成绩为隐私的意识，成绩保密，只口头回馈给学生本人、科任教师、班主任。（3）允许多次补考，但每个年级的补考次数要限制，以督促学生认真准备。对于只有能力获得小学、初中、高中毕业证书，甚至连中学毕业都困难的学生，也提供适性的中等职教机会。（4）防止慵懒散漫，尊重所有生命。保证所有学生得到正常教育，如果因教师教育教学不尽职导致学生成绩大面积偏低，教师和学校必受惩罚。如经专业测试，有学生达到60%正确率存在先天困难，只要成绩有增值，则奖教师，以此鼓励教师呵护弱势学生，让所有学生耳濡目染，懂得尊重生命。如江西省弋阳市鼓励教师对后20%的学生关爱，很见教育成效。

最后，通过年级水平考试进行教育质量监测，侧重关注大面积不达标的区域或学校，及时了解原因，批评、督促、援助。强力扭转地方教育行政放弃边缘学校和学生的局面，全国范围内及时检测出“双基”掌握的薄弱环节，督促行政力量雪中送炭，利用信息技术大数据平台及各种渠道，及时援助优质师资、课程与教学。对更多在艰难环境中的边缘孩子，设法扶助教师，让每个孩子获得公平有质量的教育。

二、专业题库建设和严密组织考试配合，确保年级水平考试公平

年级水平考试要正常发挥功能，必须确保绝对公平，任何细节的落实都关系到突围集体困境的大局。实施大规模统一考试中，极可能出现泄题、卖题等牟取暴利行为，必须从根源上杜绝这类弊端。必须依靠建设年级水平考试专业题库，与严密组织考试紧密配合。年级水平考试和补考，有必要即时

从题库随机抽取题目构成试卷。具体如下：

利用网络城乡全覆盖的便利，全国严密组织统考。临考前，预留完整运作必要程序所需的时间，从题库随机抽取题目，形成试卷电子版直接发送各校密封的专门场所，场所内配足人手和专门电脑等设备，约定时间接收试卷电子版，即刻打印、复印试卷，分卷，再一刻不停地派发到本校考场，不给泄题、卖题等舞弊留任何下手时间。一般情况下，年级水平考试在本校进行，在地广人稀条件不足的村小，可相对集中在中心校进行。

理论上说，经过严密组织，届时学校在专门场所配置经过考验的加密系统、经过传输可靠性测试的电脑设备和印刷设备，以及必备的人员，是可行的。[①] 但必要前提条件是建设好专业题库，能即时从题库随机抽取题目构成试卷。

在我国发达的学科教育基础上，建立年级水平考试“双基”题库并不困难。为了适应即时随机抽取题目形成试卷的要求，题库专业开发的基本要求是，覆盖每个年级每门课程的“双基”题目，有成体系的知识树清单，有能够区分出难度梯次的大类，以及每大类下有若干小类，每小类中有难度相当的若干题目。这样，考前只需临时从题库所有大类中的每个小类随机抽取一道题，就正好构成难度有梯度、有知识覆盖面的“双基”试卷，既快捷又成本低。

年级水平考试中的“双基”题库开发成熟后，相对稳定，是国家公共知识，是专供学校为学生轻松愉快地掌握学科基本知识、基本技能服务的，对备考“双基”水平考试最具权威性，应该向所有师生开放，体现教育作为大众福祉的本质。师生对各年级的知识技能覆盖面、题型、试卷的构成，心中有数，理所应当是考什么学什么，并且“高考资格正确率”制度设计限制追高分，不用担心死记预备，过度刷题。

共享“双基”题库，也让校外补习及教辅等没有机会喧宾夺主，更没有家长愿意让校外培训超前应试训练刷题，因为对于争夺名校毫无意义。

---

① 适应年级水平考试加密需求无可破解的加密系统新成果已经有突破发明，吴国强的专著《系统数组块学》即将由北京航空航天大学出版社出版。

即时从题库随机抽取题目，难免同一年级的试卷在不同年份会有相同的题目，但这并不妨碍达成教育初衷。不仅“双基”题目是这样，对于灵活开放的综合性题目也是这样。一些极有价值的题目及重要的经典阅读，与人类文明精髓深深联结，值得每一代年轻人从中汲取滋养生命的营养。鼓励学生结合当下生活体验理解，与经典开放对话，不用担心死背现成的答案，因为死背必定阻挡自由发挥。所以，可以放胆主动积累那些对每一代人涵养人文素养都极有价值的经典题目。

三、促进课改考改接轨，缓解择校抢生亟须专业攻关适性选择

年级水平考试促成课程教学对学生的适性研究，深化课改与考改的一体化。比如，越是到高年级，学科难度加大，学生掌握差异加大，国家课程提供必修选修课模块，学生的年级水平考试科目，依据本年级的必修和选修课程确定。因而，大学自主招生的研究重点，是高中课程必修选修模块和高考专业类别之间的紧密衔接，关注不同专业类别值得考核的特长。

年级水平考试的开放灵活综合题目，可采用国家题库的指定套餐，也可采用校本研发的套餐，且都提供学生选题的机会。因此，高考录取参考时，如果不同选题之间的成绩需要可比性，必须经过专业转换。可比性专业转换将是考试评价的研究重点。相应，学生独特性和学校特色之间的适性选择，也极其需要伯乐识才的专业眼光。

新制度取消了中考，对家长和学生来说，初中升高中当然首选在培养高级心理能力方面有高竞争力的学校。但双向选择中，已有的绝对成绩和家长的经济实力，都位居其次，更重要的是学生的独特性和学校特色之间的对口选择，名校的综合教育实力，也主要靠伯乐识才因材施教的专业水准衡量。因此，高中新生将会有更多人选择继续在本学校系统读高中，因为师生之间相互了解，双向适性选择有基础。这样，小学、初中、高中一贯制办学会扩大，有利于深入贯彻国家教育均衡发展的政策，和国内区域优化教育生态富于成效的原创探索内在一致，和 2018 年“两会”期间教育部提出的学前普惠发展、义务教育均衡发展、高中特色发展的决策高度一致。

然而，学校之间总是有差异的，集团化办学推进教育均衡，行政协调普通初中的优秀学生入读著名高中的政策仍会加大落实力度，还会有一部分是学校和学生及家长之间的双向选择。这两部分学生都要依靠学校调节教师和学生之间的适性搭配，助益学生适性发展。因而，即使家长有经济实力择校，学校有实力争夺优秀学生，如果不胜伯乐识才，很可能高价择校却被耽误。显然，适性选择优先，对消退过热的择校、抢生意义重大。

是否可能真正缓解择校、抢生，归根结底还是要靠教育过程展现学生适性发展的魅力，无论是名校还是普通校，公办还是民办，都需要教育家办学，培养教师的伯乐识才真功。卸去死记硬背争满分的负担后，教育过程中引导学生适性发展，是开放灵活综合题命题要关注的重点导向。

学生回答开放灵活综合题目，适合融入学科学习、经典阅读、综合实践活动、研究性学习、各种社团活动中的真实学习体验，内在考核学生的人文积淀、人文情怀、审美情趣、独特才学、综合解决问题的能力。如果学校不提供丰富的阅读和活动机会，教师不能吃透学科，不营造安适自在的教育氛围，不宁静修炼生命联结的艺术，不着力唤醒学生自主绽放，不自觉吸收先进的理念和经验，一定会导致学生答题照搬书本，干瘪虚假，缺少生命灵动，高考竞争必定败北。相应，当国家提高教师待遇，吸引最优秀的人才到学校，学校才是提供学生全人健全发展的圣地，这样，校外补习根本无力冲击正常教育生态，无法挑战基础教育普惠性、公益性、公平性的根基。

理论上，学生在回答开放试题中体现的丰富性、深刻性、体验性，相比于写评语综合评价学生，更自然、更真实地显示了学生内化的核心素养，也比较真实反映学生的独特性。学生的特长、动手能力或美感创意，也更适合在开放情境、自由放飞中进行考核。这样，也免去教师写综合评价评语的繁琐，让综合评价在人情社会中不用再勉为其难地作为人才选拔的参考，综合评价更多自由发挥形成性激励性功能，在对学生全方位观察理解共情中发挥优势。

在对学生和学校进行综合评估和独特性评估中，上述这些提供了潜在的必要条件。当然，对于学生特长和学校特色之间的对口选择评估，在U境进化场域中开发教育者的伯乐识才真功是重心所在，也是前三章重笔阐述并贯穿全书的灵魂。此外，如何利用大数据平台取得突破性研究成果，使得双向选择评估真实、公正、透明、便捷，任重道远。

总之，年级水平考试制度为包容学生的适性发展、重建新的教育生态系统打开了空间。对普通学校，有了多元选拔特长的制度通道，极大鼓励不适合学术性课程的学生发展独特强项，普通高中、学生和家长之间就可能打开新的共生空间。当大多数学生在基础教育阶段拥有宽厚的文化修养，涵养自信平和的真我，发展出天生我属的兴趣，即使高考竞争中没能上研究型大学，也会心态积极地主动选择职业院校作为适性发展平台。当学生上职业院校不再感到被淘汰，而是适时发挥自身优势潜力，加上就业对口，晋升学位机会平等，职教对学生的吸引力必定大增，“三十六行，行行出状元”的理念有望落地。

当然，年级水平考试要想真正促进大多数学生适性发展，高考选拔这个改革杠杆必须相配套，如前所述，配合高考科目的分类考试，采用开放灵活综合题的选拔考试是需要突破的难点。

第四节　竞争转向发挥高级心理能力，开放题命题突破难点，配合分类考试

“高级心理能力”联结着人的深层生命意义。它不仅是相对于“双基”掌握而言的综合灵活运用相关知识解决问题的能力，还包括自信宁静的心灵滋养的良知、觉知、审美、洞察、共情、想象力和创造力，是能超越小我局限、整合智力情感精神应对复杂挑战、联结“正在生成的最佳未来”[6] 156 的潜能，也是个体承载道德义务、社会责任、公民权益、慈悲情怀的修身功夫，显然是创新人才必须具备的核心素养。

一、竞争重心转向发挥高级心理能力是必由之路

现行学校占主流的学术理性课程基本上适合发挥学生高级心理能力，但过度追逐理性逻辑也会抑制更高级的心理能力发挥，而且有不少学生不适合学术理性课程，潜在的多元高级心理能力更可能被抑制。新的升学考试制度鼓励师生坚信，只要是人就有高级心理潜能存在，就有真我悦性和适性专业潜力。而且，只有在爱滋养生命本真的氛围中，大多数学生的纯净真我自然舒展，才有机缘发现未知的潜力，获得适性发展机会。

高考的开放灵活综合命题，是在年级水平考试的开放灵活综合题基础上的提升，正面导向教育过程涵养学生的人文积淀、人文情怀、审美情趣，如怀特海的睿见：“塑造既有广泛的文化修养又在某个特殊方面有专业知识的人才”，有进步腾飞的专业基础，又有哲学般深邃、艺术般高雅的文化修养。[37]

开放灵活综合命题更适合导向教育宗旨的实现，结束长期以来“素质教育轰轰烈烈，应试教育扎扎实实”的分离。竞争重心置于开放灵活综合题，

也要谨防追逐五花八门。因而，要明确必须基于国家课程体系中的学科特点，在活用本学科知识的基础上发挥高级心理能力，以杜绝学科庞杂、过度开放或消融学科。

选拔人才的竞争重心转向发挥高级心理能力，也是把“不依据刚性标准就可能钱权关系交易”这个无解困境，转化为“突破开放灵活综合命题”这个可解难点。高级心理能力难以考试，又是突围困境的必由之路。命题的创新突破就成了重中之重。

能否突破命题难点？只有未来年轻人有发言权。启动“减速齿轮”年级水平考试后，小学一年级推进到高中毕业，才会实行只用开放灵活综合题的高考。这期间，新教师要成为顶梁柱，45岁以上教师、庞大的职业倦怠教师群体大多数要退休，而制度环境舒缓学生发挥高级心理能力的空间，将催生大批真正的教育家、高级心理能力权威评价专家，社会各领域新生的有特长的专家，还有沐浴在鼓励创造力、想象力氛围中成长起来的新生代。只有他们对于能否考核和如何考核学生的高级心理能力、创造力、知行合一的行动力，才最有发言权。而时下的任何权威都没有任何权力为未来下决断：“高级心理能力难考，此路不通！”

二、高级心理能力考核难点有待灵活综合命题研究突破

一旦制度确定发挥高级心理能力为选拔竞争焦点，也会带来命题突破的重要契机。

首先，师生投入到开放复杂的问题情境中探究成长，吸引众多教育力量开发综合灵活开放的命题，题库将极大丰富、多元与包容。有学科内部综合、科际综合或专题研究性的；有挑战现实复杂问题的；有深入理解乡土特色民俗文化独特工艺的；有理解人性、人际关系及社会关系的，包括公民意识、社会责任感、人际沟通、道德义务、审美情趣、慈悲情怀等；有适性发挥学生独特才艺的；有理解天地人我关系及自我生命本质的；等等。这些都为培养学生的共情、觉知、良知、审美、想象和创造力提供了广阔平台。

其次，高考选拔只采用开放灵活综合题，和现实制度有一定的连贯性。从20世纪80年代起，针对死记硬背应试问题，人们一直积极开发灵活开放的命题，以正面导向教育宗旨的实现。十几年来课改、考改一体化的探索，高考试题突出能力立意，强化课内外知识整合，联系现代社会生活实际问题，考查学生灵活综合运用知识的能力，引导学生阅读名著经典，已经积累了丰厚的经验和题库。相对而言，作文判分主观性最强，困难最大，而在30多年的刚性标准压力下，作文命题迎难而上，虽不尽如人意，但总体不断有所突破，对培养学生高级心理能力和创意发挥，起到了不可替代的重要作用。

假设现在高考依据已有的开放题研究积累，只采用开放灵活综合性命题方式，也没有任何权威能够证明这不适合选拔人才。在命题方面，国际上权威选拔考试命题中，早有突出在社会生活中运用自然科学知识，设计特定情境挑战综合解决问题能力的案例。例如：

Ashton岛——可再生能源问题案例[38]

内容：关于利用可再生能源的知识和解决问题的作业。

课时：1～2课时。

预计用于物理、化学、综合理科的GCSE考试，讲解能源，可替代能源和燃料时可以联系。

可再生能源问题课程的目的

1. 补充和修正以前关于可替代能源和可再生能源的知识。

2. 进一步认识能源储备问题和可再生能源的重要性，特别是在不能用化工燃料，或此化工燃料需要保存的情况下的重要性。

3. 发展解决问题的能力以及运用科学知识进行富有想象力的探索能力。

知识点的准备

可再生能源和不可再生能源的概念（提供相关知识点材料学习）。

可再生能源包括：太阳能、太阳板、太阳能电站、太阳能电池、地热能、潮汐电站、风能、波能、其他（垃圾的能 、植物能、腐烂物质的能）。

Ashton 岛：问题情境

Ashton 岛位于太平洋，离大陆有若干英里。你是由 20 人组成的科学考察队的一员，你们要在那里考察五年，你是承担为考察队提供所需全部能量这一任务的专家。

该岛的环境是：

没有油、煤　　没有天然气　　白天天气热　　夜里天气冷

有很强的西南风　　有山　　有流速大的河流　　有森林　　有温泉

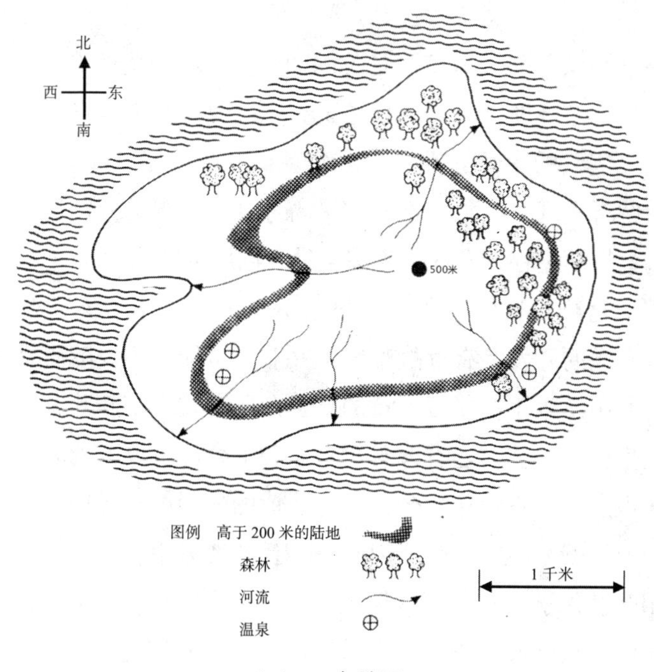

Ashton 岛地图

Ashton 岛：要解决的问题

1. 考察队需要四所木建筑物和一个实验室，设计两个方案以供这些建筑物取暖。

2. 为这些建筑物设计一个热水源。

3. 为做饭、供热设计两种可能的方案。

4. 你将怎样提供机器所需的电？

5. 这个考察队有药品需要时刻保持冷却，你要怎样保持电冰箱的持续供电？

6. 岛上的什么天然资源应该注意保护？

7. 在地图上，标出你打算在何处建设上述建筑物，标出你必须提供的各种能量生产设备，文字说明怎样把能量传送到建筑物，解释为什么单单选择这些地址。

8. 如果考察队仅有有限的钱用于能量供给，你的回答是否有所不同？解释你的回答。

这个综合性探究问题情境，是英国20世纪90年代的S-T-S课程预计用于物理、化学、综合理科的GCSE考试。就是说，这种考查学生综合解决问题能力的纸笔测验的命题方式，1996年就译介到我国，时隔20多年，却在高考试卷中鲜有出现。试想一下，如果高考试卷出现类似题目，将会如何有力地导向教育教学过程，发挥学生综合处理问题的能力？

为何不敢这样导向？并非是开发这一类的考题不可能，客观地说，开放灵活综合命题的开发，有挑战难度但并非不可能，主要障碍是每一届的高考命题都是参照学生正在复习准备的高考命题方式，革新跨度不大，否则那一届的毕业生会不适应。还有，对于考生和配合应试要务的教师，灵活题要拿高分，知识点要精确到获满分，再有价值的命题革新导向，只要没有出现在高考试卷上，就顾不上吸收。因此，一旦高考只用灵活开放题与年级水平考试制度相配套，学生从小学一年级就在开始适应新的高考制度，命题革新必定产生质的飞跃，成为研究学生适性发展的重要创造平台。事实上，2019年上海市高考的语文卷已经全部是开放灵活题目。

第三，开放题选拔人才可追溯到我国科举选才的传统，显示了其符合国民性的特点。而现实中，用现代标准化考试选才，在望子成龙、勤奋好面子的文化中，却成了分分必争。过度应试苦旅延续几十年，多数认为这是社会问题、失信文化问题、诚信管理体制问题，甚至政治体制问题，似乎允许让教育系统本身完全失去作用。

但像科举考试那样只考写文章当然不行，可以把传授现代基础知识体系的任务交给年级水平考试把关，高考选拔竞争重心可以专门发挥高级心理能力，让中华儿女的聪慧、勤奋、富于创造力大有用武之地，教育就能有力地引导人健康发展高级人性，就有空间涵养，有定力对抗低级人性的平庸无明。

第四，开放灵活综合性命题研究需要各专业团队的创造性贡献，更需要吸收草根精英教师读懂不同学生的智慧。制度鼓励自主学习和研发，允许学校自愿申请采用国家题库中的灵活类命题，更鼓励有创新实力的学校申请自主命题权，结合课程教学探索和对学生的理解，发挥学校集群创新力量，联合专业研究力量，普教职教联盟，创新开发灵活开放综合型题目，经实践中一再检测评估改进，参与优秀命题评奖，择优奖励，不断丰富开放题题库。

这显然有利于制衡目前校外培训喧宾夺主、冲击正常教育生态的危机。虽然不排除校外补习也可能出现和发挥高级心理能力一致的教学专业团队，但和拥有求真试验自主权的学校系统相比，大多数校外培训机构在提升高考竞争实力上肯定望尘莫及。

最后，发达的互联网+、大数据平台为高效、便捷、科学处理无比丰富的学生多元发展素材，把其锤炼为公平可比的考试命题，提供了潜力巨大的平台。此外，作为20世纪公认的国际成果，布鲁姆的教育目标分类带来了一种重要的评价观念，对复杂丰富灵活综合的内容，也可以设法让命题能客观判分，命题专家之间可以交流，在高度依赖分数的制度环境中，这把“双刃剑”显然有高风险，但为如何结构化或半结构化地研究开放灵活题的命题提供了启迪。

三、高考杠杆正面导向，分类考试鼓励多数学生成为最佳自我

年级水平考试中开放灵活综合命题的研究，是高考竞争重心转向发挥高级心理能力的重要基础。相应，高考科目也同样要与时俱进进行改革，既然趋利避害能量的牛鼻子被牵住了，就应该顺势疏导，用好高考指挥棒的杠杆力量，鼓励大多数学生适性发展。

考试制度鼓励大多数学生适性发展，体现在2014年的高考新政“分类考试、综合评价、多元录取”的大方向和“六选三”的具体操作，这是吸收前期大量研究成果的结晶。“完善多样化的录取方式，增加考生选择的机会，……形成不拘一格选英才的良好局面。”[39] 研究者力推完善多元多类专业分化的筛选标准。崔允漷教授和冯生尧教授在归纳各国各类课程与高考总体框架的基础上，建议我国未来高中课程和高考改革优先考虑市场化的多类型专业分化体制，以专业分化为理念重构考试科目。配套措施包括高中高校学分互认、科目豁免、学校特色发展、特色入学、考试机构统一化、允许随考多考等。[40] 裴娣娜教授在主体性教育研究基础上沉淀30年，以促进学生成为最佳自我为核心，形成区域决策力、学校领导力、学生学习力三者整合的“三力模型”，以推动未来基础教育变革实践。[41] 所有这些，都在强调高考必须和基础教育整个过程和市场人才需要有机协调，分类考试要激励学生成为最佳自我，制度规则也需要无止境地探索。中英数加“六选三”显然是现阶段的过渡模式。

上述重建升学考试制度的“减速齿轮”设想，可以理解为现阶段中英数加“六选三”走向未来的另一种可能。人人都要考母语和人文素养两科，都可选择专业组合考科2～3科（必考），特长考科（选考）。对于参加高考时仍然不清晰自己专业取向或特长的学生，可以把中英数和人文素养作为必考学科，1门考科允许任选，并允许上大学两年后确定专业。

母语和人文素养学科，聚焦立德树人核心素养，体验纯真悦性，联结创造源头，涵养慈悲情怀，是做人的根基，是“哲学般深邃，艺术般高雅”的根基，是学习任何学科、履行社会责任、身心健康可持续发展的重要基础，因此所有专业类别必考。母语的开放命题关注引导广泛的阅读和写作，人文素养的开放命题关注引导学生在与经典对话中，在与社会、生活、自然的联系中认识自我；各专业类别的组合考科尊重本类专业的核心知识体系和价值，在高中必修课中指定考科及难度（或选修模块）；特长考科则提供展现考生独特才华的机会。学生的立德树人核心素养养成，渗透在所有考科的专业核心价值中。

所选专业类别可能有：人文社科类、语言类、数理类、经济类、信息技术类、工科类、医学类、军事类、体艺类、工艺技术类等，还开放吸收其他未知待成熟的专业类别。大学自主招生的研究重点，是依据本类专业的特殊要求，确定2～3门要考的高中学科，以及要考的学科难度（或选修模块），而非简单认定名牌大学理工科都必考物理等。

数学和英语虽然不是所有类别必考，但显然大多数的专业类别必考这两科，而且都会提出难度级别。即使少数专业不必考数学和英语，年级水平考试也要英数过关，足够胜任本专业的大学深造要求。因此，丝毫不用担心英语和数学质量下降，又尊重了不同专业对英语和数学要求的差异。而且，英语社会化考级可以和年级水平的英语考试协调，甚至合轨，学校仍然只有期中期末考试，减少考试干扰。2017年11月28日浙江省发布的《关于进一步深化高考综合改革试点的若干意见》指出，“外语首次考试‘一考两用’，成绩既用于学业水平等级又用于高考”，也倾向于合轨。

特长意味着学生天性适合并擅长，沉迷其中且投入了大量精力，乐此不疲，理应录取到一流大学的对口专业深造，以期对专业领域有重要贡献。如果有权威的社会化考级（如艺术体育等），达到特长水准优先录取；如果专业还没有发育出社会化考级，学生在该专业某方面造诣很深，由大学对口资深专家委员会考核其特长，择优录取更需要伯乐识才真功，而非外指标。这样，可以解决一直以来存在的问题：好大学门槛分太高，学生为上好大学不得不放弃特长精进。在发达的教育体系中，学生有特殊才华，就迈上了发展的金光大道，但在僵化体制中却会出现这种悲剧：学生因沉潜精进专长，最后没法上心仪的大学对口深造。

这就区别于以往的特长加分或体艺方面的高水平录取。其深层理念，是鼓励整个教育过程尊重学生的适性选择，鼓励学生沉迷自己喜欢做的，做真正的自己，发挥最佳创造性，满足社会对多元人才的需求。而且，对特长成绩必须要求高，假如没有天生优势，无论如何苦练都达不到。很多学生会有专业兴趣，但是达不到特长水准。对于多数的非特长生，少一门课的成绩，同样是公平的。

在特长选考机会面前，高要求也是为了让家长知道，如果不适合天性就应尽早放弃特长补习，若补习为陶冶身心则又另当别论。当然，缓解补习负担的根本，还是要靠学校吸引学生广泛阅读，让其沉迷独特兴趣，开展丰富多彩的活动，让校外一般补习很难满足竞争取胜，很难争夺到学生的课余时间。这样，在开放灵活综合命题方面校外补习很难占优势，“双基”成绩要达到“高考资格正确率”，靠学校的扎实教学和公开共享的双基题库就绰绰有余，无需补习，那么，校外补习只有能满足学生竞争性特长的特殊发展需要，才会有市场。

确定专业类别考科和特长选考科，并对接高中的课程模块，是高校自主招生、多元录取的研究重点，也是课改与考改深层一体化的研究重点。这样，分类考试和多元录取整体配合，加上开放试题自然对学生进行“综合评价”，“分类考试、综合评价、多元录取”的改革方向有望真正落地。

分类考试的深层本质，是突破主流学术性课程的局限，呵护大多数学生适性发展。目前的现实是，天性适合又能够跻身学术性精英的人数只占一定比例，社会上需要的非学术性多元人才，被现行教育排除在外。这就造成学生自然分布的丰富潜质获得良好发展的机会缩小，制度规则中“可能达优学生”总量减少，教育分层竞争自然激烈，高利益竞争集体绑架教育。

“分类考试”的实质性突破迫切需要基础研究，建立开放性分类考试制度架构。这需要吸纳草根精英教师的教育智慧，认识自我，读懂不同类型学生的独特潜能，并摸索出权威性的多元选拔考试标准。

年级水平考试、专业题库建设、突破开放灵活综合命题难点，特别需要考试专家和课程专家的专业援助。笔者是考试专业的外行，30 年前却很意外地认识了杨志明先生，2017 年他突然出现，十几年没联系原来他已经是国际前沿的考试专家，担任过美国国家考试局技术总监，也同样关注我国考试制度突围集体捆绑问题。他带来的国际测评专业的前沿视域令人鼓舞：国际测评研究特别关注测评促学生学习，促个性化教育，如 Altschool 实验学校“基于形成性测评结果的个性化教育”，汇聚 IT 技术工程师、教师、教育专家通力合作，为学生因材施教和个性发展开发项目“学习单元”工具和教学平台，经实践检验推广到合作学校。

这些让笔者坚信，不仅年级水平“双基”考试可以借助测评专业支持，确保信度、效度、公平性，借助现代信息技术，题库也可以成为促进有效学习的工具平台。随着测评研究着力于促进学生学习的激励性测评和形成性测评，不同专业的专家和一线教师对话日益深入，关注儿童不同阶段学习和发展真相的对话场域沉潜 U 底“源头”，终结性权威评价畅通吸收形成性评价成果，那么，竞争重心转向考查高级心理能力的命题难点，获得创造性突破必将指日可待。

第五章

新制度环境引导教师改变，趋利避害本能良性转化

几十年被功利驱动捆绑的极度应试磨难，能否被“大道至简”化解？“高考资格正确率”是否真的对症下药？“减速齿轮”改革设想仅仅是一己妄念，还是真能“一箭三雕”？这要靠优秀教师、教育管理者、教育研究者有定力“心能转物”，内心生发“制度机构就是我们”的信念。“一场真正的变革运动的力量来源于承认和呼唤人的自身认同和完整”，基于自身认同和完整，自信而平和地反观制度，制度另一种更合理的可能性就会呈现，制度机构控制人心的力量就会崩溃！[5] 193; 161; 5-6; 30

本章对改革设想效果的预测，主要通过理解改革后教师、学生、家长的精神转化状态来说明。其理解的基础是本书前三章的论证。新制度能否打开教师内需成长的空间，改革能否有力地改变人们的选择集合，能否疏导趋利避害本能朝着有利于整个教育系统持续平衡的方向转化，关键是是否有信心唤醒多数城乡教师，惠及大多数学生适性成长。而推动基于自身认同和完整的教育场域进化力量，才能持续唤醒大多数教师的自主成长。

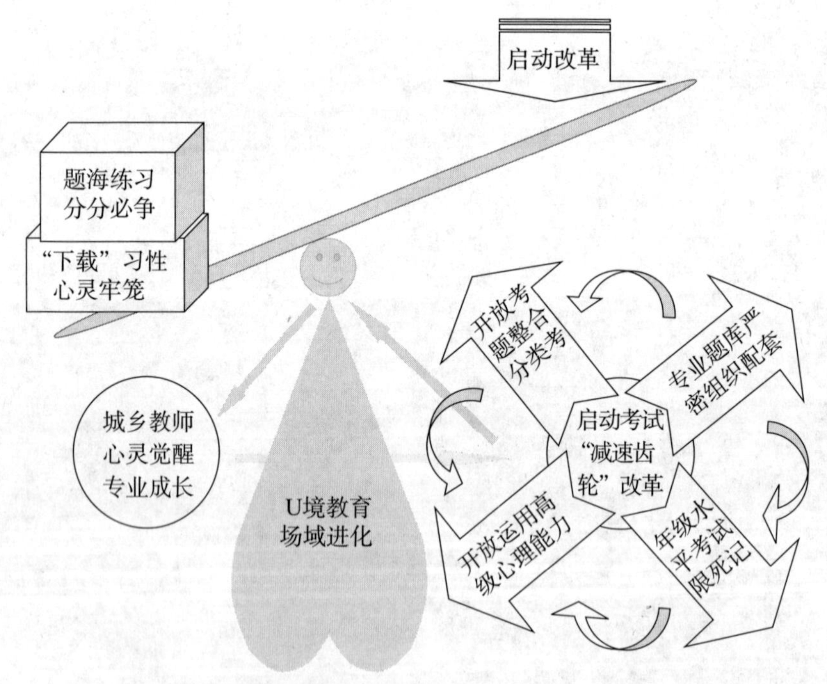

图1　启动“减速齿轮”改革依靠深层平衡支点——U境教育场域进化

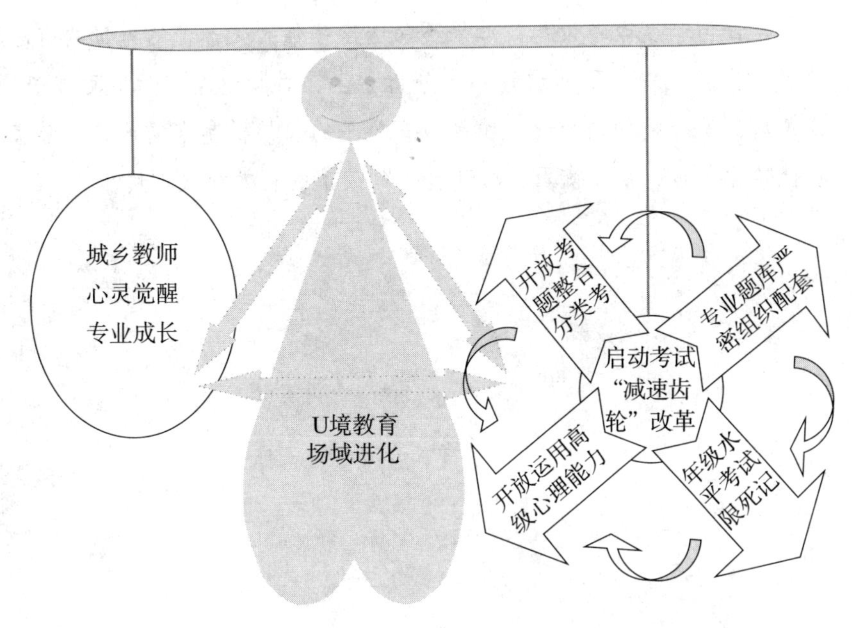

图2　教育场域进化支撑“制度改革—教师成长—场域进化”持续良性循环

如上面图1到图2的变迁所示：启动改革，复归平衡，教师的成长才真正有了舒展空间，“考试制度改革—城乡教师成长—教育场域进化”三者才可能步入良性循环。

现实中，如本书前三章的真实呈现，教育场域的进化已经发生在教育发达的区域、基层县域、优秀学校、卓越教师的课堂。这是“减速齿轮”改革设想有信心让失衡的教育系统复归平衡的现实基础。竞争重心转移只是“减速齿轮”改革推动的显性平衡过程，**教育场域进化**才是更加重要的隐性平衡支点。只有隐性平衡支点奠基深厚，制度变革带来人们选择集合的改变，才能持续唤醒师生内在觉醒，改善人生品质，促进社会发展，把我国教育带入世界一流。基于生命自信平和的教育场域进化，联结制度改革和文化嬗变，才能对教育系统复归实质平衡产生最深远、最有意义的作用。如缺乏师生真我活力的润滑油，“减速齿轮”会被锈死。

改革是否有信心把趋利避害的本能朝着有利于整个教育系统平衡协调的方向转化？任何制度改革设想，如果不深透这些强大又散乱的力量的有序疏导，都可能南辕北辙。下面通过初步分析学生、教师改革前后的可能表现，家长改革前后的择校倾向变化，城乡教育公平的长效机制来描述趋利避害本能的良性转化过程，从而衡量“减速齿轮”改革的长效积极作用。

第一节　改革带来学生的可能变化

要分析图 1 到图 2 城乡教师心灵成长空间的开放，必须基于理解学生可能的变化。

首先设想学生在改革前后可能的表现。先把学生大致分三类：擅长学术性课程的；不太擅长学术性课程的；完全不擅长学术性课程的。这样分类只是为方便阐述，对学术性课程不作价值判断。假设这三类学生在竞争重心转向发挥高级心理能力后的转变如下：

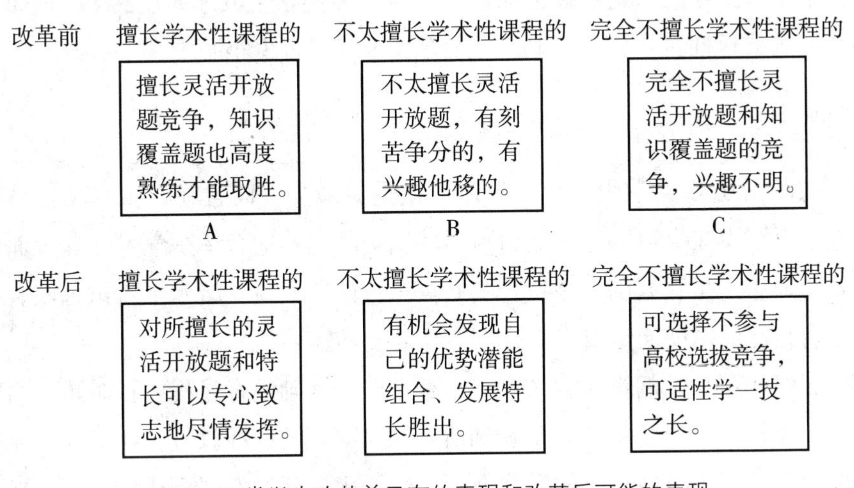

图 3　三类学生改革前已有的表现和改革后可能的表现

A 类学生

A 类学生，天性喜欢挑战灵活开放复杂的真实问题情境。课改以来，有些学生当有机会直面社会、政治、经济、军事、教育等领域的真实问题情境，当鼓励他们寻找共赢共生关系，模拟决策过程时，足以吸引天生的理科生弃理从文。改革无疑给A类学生带来天高任鸟飞的机会。

但改革前，由于苦于被集体捆绑比拼高分，灵活的题目要胜任，死记硬背的也不能丢一丁点，这样A类学生即使胜出，也因为知识点精确记忆负担，挤掉优势潜力发挥的机会。

对于A类文科学生，年级水平考试帮忙卸下沉重的知识记忆负担，只考灵活开放综合性大题，真是如鱼得水。对于A类理科生，公式本来就滚瓜烂熟，题目也一直灵活，似乎竞争重心本来就在高级心理能力上，但实际上，改革后还是大大拓宽了潜能发挥空间。母语和人文素养的开放灵活综合性考试，直接促动理科生宽厚阅读，大气淡定，读懂人生和社会，陶冶真善美情操，体验学做人才能滋养学做事。不仅如此，理科的大题也拥有更深厚的拓展空间。比如清华大学的青橙创客教育，为学校提供的创新教育课程体系，融合了科学、技术、工程、数学、设计、人文艺术、领导力，将创客种子撒播给青少年。[42] 这些社会课程资源，为A类学生成才助益良多，改革后的人才选拔杆杠，将更有力地引导创客种子扎根青少年心中。

B类学生

改革对于B类学生来说，生命质量受益最多，而且在学生自然群体中B类学生至少在半数以上。他们不再困扰于因为不适合单一学术性课程而厌学，生命中天生我属的个性特长受到尊重，只要通过年级水平考试，就有相对适合自己的制度通道出现。

年级水平考试的重要意义之一，是在整个基础教育过程中相对防止两极分化，保护B类学生能够正常受到所有国家课程的底线教育，在安全、无恐惧的教育氛围中寻找自己的适性强项，依托优势项的发展重获自信，自然带来生命的整体和谐发展。

现实中，对于开放灵活题，A类学生可能游刃有余，B类学生却可能会害怕，觉得自己好像只会死记硬背。其实，如果B类学生从小就被鼓励发挥高级心理能力，发现未知的自己，对充满不确定性的挑战也就同样能充满信心，从而带动整个生命处于最佳发展状态。如果质疑，现在不就是高中应试考试紧张吗？小学和初中又没有分分必争，为何要从一年级开始就进行年级水平考试？这是因为不理解从小开发学生的高级心理能力对于B类学生的适性发展何等重要。

当B类学生在教育过程中体验到自信、爱、社会责任感、公民意识，当学习密切与自然、社会、生活、探究生命奥妙和自我联系，那么，他们自由发挥个性特长、游刃有余地综合处理问题的能力会大大提升，适合母语、人文素养、特长科考试的学生也必然大增。B类学生有适合自己的制度通道脱颖而出，尤其由被迫淘汰到职教变为主动选择适性职教，整个教育系统就步入了良序运作。

能否在制度改革中让B类生中的大多数学生受益，而不是引起更多焦虑，是改革成败的分水岭。2014年的高考新政试点中，职业教育扩大规模转型中，多数中等学生的集体焦虑是需要突破的瓶颈。

众所周知，德国的企业把培养青少年的职业技能和敬业精神当作应尽的义务，我国一开始转型就遇上缺乏社会力量实质支持的困难。而社会支持天壤之别的根源是文化传统。从中可知，我们社会主流的企业文化并没有把培养年轻人当作社会责任或义务，而是功利性地将其当作廉价劳动力，也根本意识不到大学教师到企业挂职锻炼的长远意义，企业文化让职业教育转型改革遇到阻力。要改变这种受文化习性影响的阻力是十分困难的。

年级水平考试引导在漫长的基础教育过程中把学生的适性潜力发挥出来，才可能助益国家职业教育改革达成初衷。这是在教育系统内部发生的变革，相比于改变社会文化惯性困难小得多。更重要的是，通过把师生从精准死记硬背中解放出来，有一定的自由施展独特才华的空间，允许单科或多科越级考试，鼓励学生寻找到自己的优势潜力组合，清晰天生我属，依托每个生命内在的自信平和，适性绽放独特魅力，促动二本大学职业转型改革，进而依托发挥年轻人的创造潜力，来推动万众创业创新的企业文化，诚信管理文化。这是依托每一个生命内在不分离的力量，走内涵发展之路，最具有可持续发展后劲。

一般而言，学生自然群体中C类不太多，新的制度环境，宜让所有生命受到尊重，让他们也能学到一技之长，拥有受尊重的生活。

第二节　改革带来教师的可能变化

当然，要让学生在改革后的上述转变成为现实，起关键作用的是教师。一般来说会担心命题开放灵活后教师难适应，尤其当教师职业倦怠蔓延，勉强应付常规教学，上述转变似乎更难实现。但细察改革带给不同类型教师的可能变化，还是有很大的改进空间。

笔者把教师大致分为四类：游刃有余的；认真负责的；职业倦怠的；极端控制的。每一类都可能遇见未知的自己，都有转化的可能性。假设这四类教师在改革前后的表现如下：

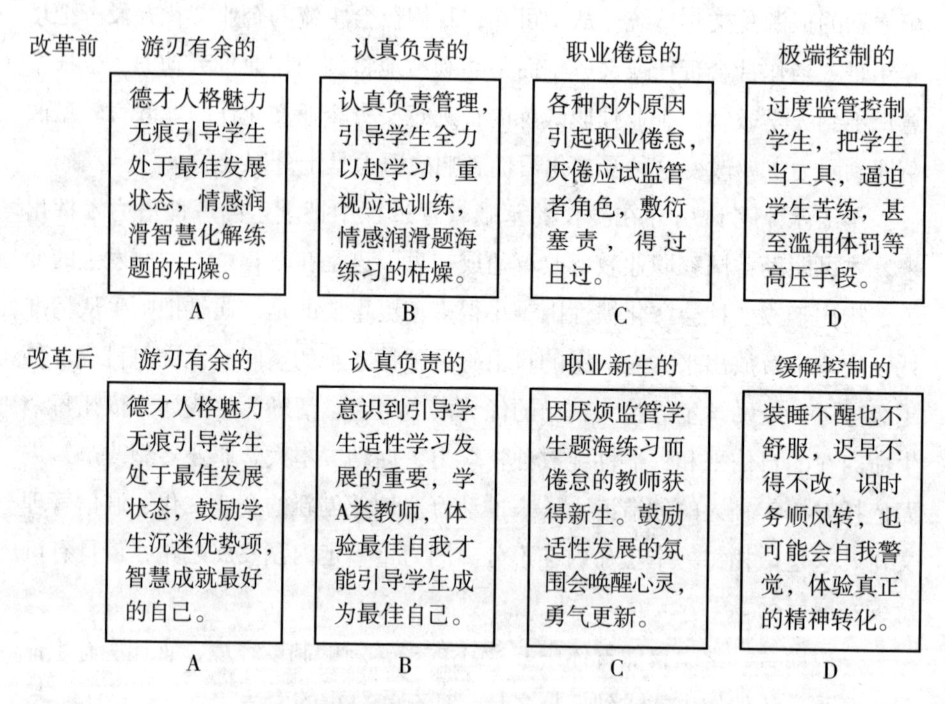

图4　四类教师改革前已有的表现和改革后可能的表现

改革前，应试高压中能够带着铐链跳舞还游刃有余的A类教师数量有限，B类教师不少，C类教师误人子弟，但现实中不幸倦怠蔓延。D类教师在应试类学校有生存空间。

A类教师

改革最适合A类教师。不仅自己的教育探索得到制度环境的鼓励，更重要的是，A类教师的创造性教育实践，鲜活体现了教育真谛，在放飞学生适性发展得到制度高度认同后，就自然打开了强烈影响更多教师成长的空间。相比于行政驱动的均衡，根本不用担心削峰填谷。

A类教师的成长过程不受教师培养主流文化的雕琢，他们大多早年兴趣广泛，相对拥有自由生长空间，站在天地之间，自觉汲取传统文化精髓滋养自我，教育教学中活用儒释道大智慧，宁静致远，和生命与自然相融，有定力超越教育流行的“下载”习性。他们的共同特点是内心觉醒，懂得自我超越，呈现蓬勃生长状态，有定力超越外在刚性标准的制约。

A类教师的体验，在勇气更新公益探索中“繁星相聚”，创造教师叙事探究与心灵成长形神相生的场域氛围，启迪笔者在本书前三章捕捉贯穿全书的灵魂，思考“减速齿轮”改革设想。“减速齿轮”能否一箭三雕？升学考试制度“减速齿轮”改革是否能够突破高级心理能力难考的命题难点？是否有力量超越城乡差距？开放汲取这些卓越教师活的智慧，一切问题都会迎刃而解。决策者、专家从中借力，才能推动升学考试制度为呵护人性不断改进。

B类教师

B类教师是有责任心的。一旦明白，管束学生题海练习对于升学竞争无用，结合自然生活体验灵活运用“双基”，引导发挥高级心理能力，是无法逃避的挑战，B类教师必然醒悟——要对学生负责，就必须摆脱原有习性，转变自己。

B类教师在忠实执行原有制度要求中，本来无暇顾及学习A类教师的经验，现在唤醒学生适性发展要有智慧，就必须重点学习A类教师的经验，领悟引导学生认识自我、启迪生命照亮自我的教育真谛，教育充盈生命联结的喜悦，重获教师的自身认同和完整。对学生的爱，不再只关注润滑练题的枯燥，而是用智慧引导生命的创造潜力。

C类教师

很不幸，在时下C类教师占相当比例，也是精神转化空间最大的。如果倦怠是因为自己天性擅长发挥高级心理能力，却沦为管束学生题海练习的工具，内心冲突，愤世嫉俗，激情消退，难逃倦怠，那么，改革对他们必定是久旱逢甘露，蛰伏的潜力必将迸发。对于这些待醒者，一旦制度强调适性人才的开放选拔，A类教师自我超越的大智慧，引领安全、无恐惧教育氛围的体验，对他们无疑是雪中送炭。

线上线下开放叙事探究与心灵成长形神相生的氛围，对B类和C类教师来说是久旱逢甘露。

D类教师

D类教师是极端专制型。他们过度监管控制学生，把学生当作自己升迁的工具，习惯争夺优秀学生和一切有利资源，逼迫学生苦练，甚至滥用体罚等高压手段。这类教师在应试类学校有存活土壤，在一些总体氛围民主的学校也很难绝迹。改革前，要让这些装睡者觉醒很难，因为应试压榨有市场。改革后，因为受压制的心灵会抑制高级心理能力的发挥，觉知、良知、共情、审美、想象和创造力只适合在尊重氛围中生长，应试类学校和专制压榨学生的教师，已经没有了市场，装睡也不舒服了，不改就会被淘汰。因而，D类师或被淘汰，或精明顺风转，或自我觉醒，发生真正的精神转化。在行为上，也会转变相对缓解控制。

第三节　改革带来家长择校倾向的可能变化

"全国统一的年级水平考试每年举行，会不会导致择校竞争下压到各个年级而更加激烈，更加剧教育的两极分化？"这是2016年7月西安教师勇气更新公益活动时吴彦超老师提出的好问题。要回答这些问题，有必要分析家长的择校取向，依据对学生和教师改革前后变化的理解为基础预测。

从国家整体提升教育质量的角度看，最理想的状况是A类学生和B类学生都得到A类教师的培养，A类教师的数量能够满足多数学生的教育需要。其前提是，国家高薪养师，教师获得高社会经济地位和精神尊重，教师群体能静心、专心钻研教育教学，教育过程能享受生命联结的职业幸福，足以吸引全社会最优秀的人才任教，择校择师竞争不消自退，国之大幸。

但现实情况是，不可能。不仅A类学生难遇上A类教师，甚至可能连B类教师都遇不上，在C类教师那里被耽误。从国家整体提升培养人才质量的角度看，在现有师资条件下，自然倾向于A类教师培养A类学生，B类教师培养B类学生。因而A类学生的家长想要选择A类教师的愿望，和国家利益一致。但是时下好学校、好教师供不应求，很多B类学生甚至A类学生都可能遇上职业倦怠的C类教师。这是导致家长十分恐惧的最重要原因：不想方设法择校，孩子就可能前途无望。

从家长趋利避害的本能而言，人人都想孩子遇上A类教师。但把家长的性格、权力、经济实力、人际资源叠加，不管自己的孩子是哪一类，决意不顾代价非要选择A类教师的，其实也不多。大部分家长是因现实教育两极分化而紧张择校，恐惧孩子可能落到教师倦怠、校风班风滑坡、多数学生厌学的学校，一旦竞争失利就不得不到处求人，因而被迫无奈择校。

"减速齿轮"改革，就是为了学校教育系统摆脱目前失控的两极分化状态，让德、智、体、美、劳全面发展的教育方针得到正常的贯彻执行，大多数学生能够获得正常教育。当家长不再担心优质教育资源太少，多数的家长就可以安心，择校焦虑不再。

当然，发挥高级心理能力的高考选拔仍然是竞争激烈的，有实力择校的家长，想要选择有真才实学的A类教师的动机肯定会更加强烈。但是他们很快就会发现，在卸去死记硬背分分必争的负担后，A类教师放飞A类学生必定迎来惊人成长，一些学校的教育改革实践已经证明，学生惊人的成长推动着教师快速成长，尤其年轻教师的成长势头强劲，强烈冲击着传统有经验教师的教学效能感。

A类教师放飞A类学生的惊人成长，理论上会促进区域内A类学生和A类教师相配的自然流动，加上年级水平考试制度鼓励学生适性发展，多数学生独特才华崭露头角，A类学生和A类教师相配的自然流动，大多数会自然发生在教育家办学的学校系统内部。当然在初中升高中的关键时刻，家长的主动择校不可避免，然而，选择中最重要的是学生独特性和学校特色的对接，家长如缺乏伯乐识才真功，择校主要依靠专业指导或学校建议。如果完全靠比较外在分数、比拼经济实力和人脉，可能花了高价却选错了学校，耽误了孩子。

对于B类学生的家长，如果有特殊实力择入师生都是A类的班级，可能会让孩子感到压力空前，对接不上，而且会被越甩越远。其重要原因是学习质量更多取决于自己的悟性，对教师的适性点拨能举一反三，对于竞争取胜，集中精讲已不如刚性标准制度下那么重要。面对这种压力，B类学生的家长即使有条件择校，运气最好是遇上A类教师教B类学生，这对学生是大幸运，对成功择入的B类学生，更是千载难逢。但高中这种班级本身在现实中概率太小，家长的择校择师实力再强，也会因千载难逢而动机减弱。

对多数的B类学生，出路在于顺应新制度适性发展特长，择师的主要依据是教师能够开放有利于学生适性发展的空间，或拥有同类特长吸引学生，或善用低位智慧包容、放飞学生的独特优势。

在改革初期，特长指导方面，肯定会出现这种情况，B类、C类教师的亮点特长供不应求，需要寻求社会专长人才的援助，如在教育发达地区出现的政府为学校购买社会优质教育资源。这需要各级政府对学校的大力援助。

更加迫切的是需要B类、C类教师唤醒内在大智慧，这只能依靠安全、无恐惧教育场域的进化力量，唤醒教师，呵护学生适性发展。也就是说，B类学生家长择校择师的最重要衡量，是教师自我超越的意识，认识自我的悟性。这是游刃有余的A类教师的实践体验，隐藏着教师群体成长的巨大潜力，在笔者多年推进教师勇气更新叙事探究共同体中，能够感受到其中超越性发生的力量。

择校择师不再单纯比拼学业成绩，而是依据教师精神能量滋养的成长氛围，有了安全、无恐惧的学习氛围，特长同类吸引或异类互补，都有利于真正成才。显然，这是多数学生适性成长的福音，是职业教育生源由被动淘汰转向主动选择的最重要生长点。教师精神能量滋养大多数学生适性健康成长，学生基础教育阶段的适性发展又推进职业教育质量的提升，这对于国家和人民的意义，和A类教师放飞A类学生是同样深远的。

综上，改革后开放了学生的适性多元发展空间，鼓励安全、无恐惧的教育氛围，唤醒多数教师回归真我，相遇未知的教育智慧，从而自然感染家长摆脱择校焦虑，社会群体悦纳学校特色发展，学生适性发展也就顺水行舟。

第四节　新制度环境中的城乡教育共进契机

竞争重心转向高级心理能力，区域教育集群创新和多元发展，意味着教育发达地区的教育水平越发水涨船高。但对于边远农村基层学校，师资力量薄弱，很难应对灵活开放综合题目的挑战。一开始差距肯定被拉大，但这并不意味着此后会被越甩越远。本书第三章重点阐述的开放城乡教师群体成长氛围，是整个城乡教育系统强基固本的重要基础，潜伏着城乡教育整体水涨船高的发展契机。

采用灵活开放综合性强的题目进行高考选拔，如何应对教育不发达的基层农村学生不适应、升学机会不公平的问题？短期协调以保证机会公平，可采用分期分批自愿进入新的竞争系统；长效机制健全，要靠专业团队协助边远学校开发乡土特色的命题题库。

灵活开放综合多元并非是农村基层教育的天敌。农村现有条件应对开放灵活的综合题目确实有困难，但并不是农村教育就注定不适合学习灵活开放的综合性题目，相反，乡村大自然是引导人类联结创造“源头”的得天独厚的老师。

比如，乡村学生的阅读潜力和城市学生不会有差异，引导得法，阅读动机会更加如饥似渴，而充分装备农村学校的图书馆，让乡村教师爱读书，只是时间问题。此外，贴近乡土、大自然、农村生活体验的写作，在清新、质朴、温厚、灵动方面有大自然的滋养，又怎么会逊色于城市？比如数学，灵活开放综合性强的题目，要让农村有潜质的学生学好，唯一需要的是教师胜任。

对于科学，城乡实验条件差别显然比较大，现有条件应对开放灵活的综合题目确实有困难，但乡村大自然是引导人类联结创造“源头”的得天独厚的老师。如陈耀这样的卓越教师对科学教育的创造性探索表明，可以让乡土科学教育资源成为发挥学生创新品质的活水源头。他们的原创性探索，是开发原创乡土题库（自然的、乡土的、民俗的、民间传统工艺的）可以依靠的重要力量。而线上线下渗透的教师叙事探究与心灵成长形神相生的场域氛围，是唤醒基层教师群体成长的简朴途径。

长效机制需要鼓励专业团队联合边远学校优秀教师开发乡土特色命题。当未来的高考选拔题库中有足够的原创性乡土命题，高考中可提供给相关学习体验的乡村学生适性选择，假以时日，农村考生绽放得天独厚的独特优势，也自然会水到渠成。只有这样，才能建立城乡教育公平的长效机制，促成教育与做人结合、与本土建设、与社会自然生活内在结合。

目前，城乡师资力量差异比较大，还没有开发出乡土特色综合题题库，还不具备条件适应新制度，可以在“减速齿轮”改革启动后的若干年之内，允许农村学校考生仍然沿用原有的高考命题方式。在过渡期内，一边参照新的升学考试制度要求，在课程、教学、师资方面与时俱进地学习改进，一边开发、积累原创性的本土特色综合开放题库。

基层农村寒门子弟目前难适应开放灵活综合性题目的选拔竞争，是否会一直加大教育不公平？归根结底取决于乡村学校教师的素养，而乡村学校教师整体素养提升，又取决于能否开放鼓励教师把真我活力带入教育教学的氛围。仅笔者近年线上线下有限的接触来看，这极大影响着风清气正的氛围，已经生发在弋阳县促进全员教师成长，改变校风带动民风改变的系统变革中，发生在诸如沪江互加团队、支教岛等线上线下促动乡村教师成长的时代脉动中。

“减速齿轮”改革减轻死记硬背负担则普惠城乡。“竞争重心转移”后顺着死记硬背“减负”松动的缝推开大门，推门过程借助教育发达城区的推动力。改革初期乡村教育落后不适应，就像新鲜空气涌入，但还有许多房间角落里新鲜空气不流通，绝对不能因担心毒气进入而又封闭大门，只有继续敞开门，接纳新鲜空气，才能春风终度玉门关。这也好比生命体受了重伤，只有确保整个生命是健康固本状态，才有力量修复伤口，而不至于让伤口感染全身。

农村得天独厚的优势是，大自然是引导触及“源头”的最好导师，乡村教师亲密接触大自然，容易让教育安歇在心性和自然的祥和中，呈现返璞归真教育的魅力，利于涵养新教育制度环境中特别需要的伯乐识才洞察力，这恰恰是大城市大系统的快速运转中容易丢失的。因而，从长远看，让教育在更本质、更持久的基础上重建，更需要发挥乡村教育亲近大自然的优势，鼓励教师专业学习共同体在教师完整的自我中生根，促成教师和谐完整的内心世界融入课堂和更大的世界，让城乡教师共同成长的空间呈几何级增长。

新制度环境择校选拔、学生的个性独特优势和学校的教育特色对接，高度依赖伯乐识才真功，这类人才的培养需要奠定城乡教师流动机制。公益支教活动需要一种专业意识，冲击性开放U境进化场域氛围，让基层乡村教师能相对密集地批量接触优质教育资源，形成优质教育气场，促成产生质的飞跃。此外，鼓励乡村野长起来的优秀教师向城区流动，对教师个体的上进心是必要的鼓励，对于教育大系统也是重要的新陈代谢，真人在民间，自由野长起来的教师，可以为大城市带来容易被森严规范泯灭的觉知洞察智慧，城区教育系统需要开放吸收，而非固守成规，修剪掉引入的乡野优势。同时，鼓励教育发达地区的优秀师资进入乡村学校体验，不仅仅支教，更多的是为了有机缘获得大自然的指引，体验联结U底“源头”，修炼伯乐识才的敏感性。教育系统沉淀了伯乐识才真功夫，才有专业积累让择校相对淡出经济实力或外在竞奖，才能彻底告别目前畸形竞争下压到幼儿的噩梦，让整个教育系统健康发展，步入整体良序运作。

总之，重建升学考试制度的“减速齿轮”改革，力图让考试制度保护教师正确地从事教育事业，师生安全自在地成长为最佳的自己，鼓励生命更有意义的本质绽放。改革尝试在制度结构上做加减乘法，通过限制“双基”掌握的度，卸去死记硬背争满分的负担，是做减法；年级水平考试监测质量，督促雪中送炭，为基础教育质量底线把关，为多数学生开放适性发展空间，是持续做加法；竞争重心转向高级心理能力，放飞学生身心健康和谐发展的空间，是尝试在“考试制度改革—城乡教师成长—教育场域进化”三者之间做乘法。而持续支撑改革的深层平衡是“城乡教师心灵成长—教育场域进化—完善教育体制机制”三者的良性循环。

第六章

“高考资格正确率”的设计何以“一箭三雕”？——回应某老师的重要问询

某老师是笔者人生难得遇见的贵人，他几次表达对于体制改革很悲观，于是邀请他直截了当对“减速齿轮”设想进行质疑。感谢他百忙中回馈真实感受，触发笔者把这一年来断断续续的思考逐渐明晰，尤其感恩2017年曹县第四届“前行者——教师勇气更新公益活动”和北京市第十八中学教师勇气更新研讨这两次会议多元力量的集结和冲击带来的启迪。

第一节 “一箭三雕”基于课程评价基本知识、经验常识和传统

一、“一箭三雕”会不会“适得其反”？[①]

首先声明一点，其实问询是多余的。整篇咨询报告的一个起点是：基于吴老师对于目前分分必争成为扼杀教育发展的一个最核心的桎梏，如何破解，包括高考资格正确率的设计，最终也是想要打破这种分分必争。

我认为，高考资格正确率的设计，年级水平考试中“双基”内容占了总成绩的 80%，开放综合考核高级心理能力的题目占总成绩的 20%，这样的设计，在我个人看来会加剧分分必争，具体理由如下。

首先，80% 的赋值是非常高的。在这样的赋值下，其实更多的重心会转向 80% 的“双基”内容的竞争中。年级水平考因为和高考搭架，所以会显得异常重要，竞争也就显得异常激烈。如果这之中“双基”内容是所有学生都能够学会的，那就没有办法体现其选拔性了。

所有的学校、所有的年级、所有的学科、所有的家长会拼了命地把这 80% 的内容做扎实了，而在绝大部分学生能够把这 80% 的分数拿到的情况下，设计本身就没有了选拔性。这样，当绝大部分人能拿到满分的时候，对于其他人而言，压力就变大了。从这个角度来说，学生、老师和家长对于分分必争的心态依旧，甚至更厉害。

---

① 问询内容依据某老师 2017 年 12 月 5 日微信留语音转录整理，经某老师同意问询和回应用 DX 代名在“教师勇气之家”公众号推送（2017-12-31，https://mp.weixin.qq.com/s/GFEfX6rYoEDyRbnu4aYU9g）。书稿第三节有较多修改，第四节深度修改。

我更担心的是，在这样的情况下，“双基”内容的难度会不会不知不觉地加大，一旦绝大部分学生都能掌握“双基”，很有可能会冲淡设计本身的选拔性。而即使不会冲淡这种选拔性，其自身内部的分分必争，会显得愈演愈烈。因为学生学了12年后的一次高考变成了每年都可能经历一次的考试。

其次，开放综合灵活的20%的赋值显得更加恐怖。我更担心的是，能够完成年级水平考试的学生最终能够参与到这场竞争，会导致不是所有的孩子都有机会参加高考。这样受到高等教育的学生人数会不会减少，会不会影响整个国家人才队伍的培养。

最后，从我看到的目前一些改革的做法来看一些反馈。比如在上海会有一个学业水平测试，无论初中高中都有。高中通常在每年的五六月份举行。高一好像是考地理和信息。高二、高三再考几门。最后高三下学期考语文。这意味着只有学业水平测试全部过关的学生最终才有机会参与高考。

然而，我们在教学的过程中，其实几乎跳过了学业水平测试这个考试。因为大家都很清楚，最终的目标是高考。所以整个学习的难度、指向都是奔着高考去的。只要高考能过关，就意味着学业水平测试没什么大问题。

以上试着从三个角度进行了分析，我觉得缓解分分必争状态是不现实的。无论是年级水平考试还是“双基”，会导致封闭训练，高考的阴影会影响到孩子成长的每个阶段。高考的高级心理能力会导致竞争异常惨烈，可能会导致国家对人才的选拔数量不够。

从以往的实践效果来看，一旦权力下放，学业水平考试和高考还没有这么明显的关系的时候，大家都不重视。一旦有关系，就会非常重视，再加上地方权力关系作怪，效果堪忧。

在这个前提下，我认为“一箭三雕”的“一箭”未必能解决这个问题，因为它是指向重建升学考试制度的。重建制度是可以的，但这个制度是不是有生命力，能不能解决高校的人才选拔问题，能不能解决分分必争的局面、改善师生的生存质量，还是未知的。如果不能解决，那么升学制度重建就意义不大。

对于发展学生独特的个性才华，实现教师的专业自主这“两雕”，其实教师的专业知识有更大的背景，中小学教师能够专业自主吗？教育真的有专业吗？我们在高校会提到教育专业，这还是被全社会认可的，中小学还未被认可。更重要的是，让一所学校实现专业自主，好像降低了行政的干扰，我认为这是不现实的。此外，技术本身已经成为干扰学校教学的一种行政手段。

现在存在的一个情况是，出现了一种打着减少行政干扰的方式来行行政干扰之实的事情。行政的欲望不会被降低，商业的驱动力并不会消失，当两者结合到一起的时候，中间再加入科技要素，会可怕地吞噬掉非常真实的原生态的教育。

整个报告最后的核心是，教师的成才、教师内心真实力量的成长氛围，这种不断的开放，不断的激活，是重心中的重心，才是最有意义的，这种力量是不会消减的。

我觉得要明白的是整个高考选拔到底选拔什么，这可以从整个国家、整个时代的角度进行设计。那下面做什么？下面就是开放我们的教育家办学的可能。不要把办学的权利抓得这么紧。

吴国珍回应：

老师好！特别感谢您能非常真诚、直接地提出您的担忧，我特别感动，尤其认同慢下来、安静下来的价值。

首先回应您的问询："减速齿轮"改革一箭三雕，突破点是"高考资格正确率"的设计，但是它本身有没有合理性？会不会引起更加惨烈的分分必争？竞争会不会压到每个年级？其实我们需要宁静，但任何往下的统一的规定都可能引起更混乱、更恶劣的竞争。您的这个问询，也是2016年在西安交流时吴彦超老师的第一个问询：是否会引起择校竞争压向每个年级？

这样问很正常，每个人都在漩涡中，试图在趋利避害漩涡中牵牛鼻子，就一定有风险，可能被牛踢伤。西安活动后的半年，我修改咨询报告，主要是对改革后趋利避害驱动可能流向哪里的跟进，阐述不同类型的学生、教师、家长在改革后可能发生的改变。同时也尽量回应另外两个问题：一是开放灵活综合命题很难客观评分，二是一开放灵活综合就可能对于师资力量薄弱的地区不公平。咨询报告有几万字，本书第四、五章在咨询报告的基础上有些修改。您是看了推送的咨询报告中三千多字的摘要提出的问询。您的问询让我意识到，在摘要中确实没有对“高考资格正确率”这个四两拨千斤的设计详细阐述，不单是您，不少人可能也会质疑，如果“高考资格正确率”这一箭是反作用力，三雕皆空，反而可能乱作为。

至今还没有找到一个充足的理由，可以让我自己否定“高考资格正确率”的设计。**这个设计基于课程评价基本知识、经验常识和传统。**实质上，是依托貌似“一刀切”的制度规定来释放一个相对的自由空间。如玻尔的洞见，“和深刻真理相对立的可能是另一深刻的真理”，用在这里，貌似民主的对立面可能是一个更大的民主。

二、基于课程评价基本知识

国家基础教育课程标准是贯彻国家教育宗旨、目标的最重要文件，相对浓缩吸收了国际国内先进合理的教育理念与经验，当然肯定还有待完善。同时，更为浓缩地体现课程宗旨及实施计划的是基础教育课程大纲，综合考虑学生年龄特征、学科背景、时空因素，确定课程科目分布范围，每科时间分配所体现的各科学习深度。

基础教育课程标准和课程大纲是国家保证基础教育质量最重要的指南性文件，但长期以来，实施中却出现只重视考科追逐高分的现象。标准中提出素质教育本来是为抗衡过度的应试教育，力图贯彻正确的教育方针，实现课程的宗旨目的，但实际中，考科竞争激烈，需要扎扎实实，时间精力有限，素质教育实际上多数被压缩为某些非考科展示。同样，在这种挤压背景下，特色发展原本应该是所有学科中出现的独特过人的绽放，包括学校还没有的领域，也容易变味为非考科展示。

“减速齿轮”设计，力图通过竞争重心转移到高级心理能力的发挥，给失衡的系统调整出新平衡：保证“双基”的基本掌握，又减轻死记硬背负担。“双基”通过实施年级水平考试制度，随教随学随考随清，不进入人才选拔竞争，人才选拔考试只用开放综合灵活题目。

年级水平考试不是选拔考试，是大多数学生接受基础教育的底线要求，会不会导致所有的学生每个年级拼命刷题？关键要清晰“国家课程要求学生本年级学哪些科，年级水平就考哪些科。**难度适合八成学生正常努力有资格高考**”这一句的内涵，从中体会“随教随学随考随清”的实质减负价值。

换言之，年级水平考试考本学年国家课程规定学习的所有学科的“双基”内容。(“双基”是新增的限定，是受到您问询的启发，才清晰年级水平考试只要求“双基”就足够了)。国家课程要求学生在本年级学哪些科，年级水平考试就考哪些科，题目难度让八成的学生（自然人口中智商正常的比例比这要高）正常努力可以达到 80% 的正确率，获得高考资格。还用反复刷题吗？不用。

这也是试图用新的规则补偏救弊，让考试制度再也无法肆意打击偏科学生。比如，对于那些擅长其他学科却头疼高中物理的学生，在目前关注知识面覆盖的高中物理考试中努力也只能及格，在年级水平考试的高中物理“双基”成绩却可以正常努力达到 80% 的正确率，完全能够取得高考资格，又学习了有关高中物理知识助益提升生活质量的基本素养，到大学阶段再避开物理。而对常态课堂的物理学习不解渴的学生，可以选择适合自己节奏的时间轻松通过年级水平考试，就可相对抽离常规教学节奏，放心地沉迷于探索物理世界的奇妙。

千万别小看它，这意味着，对于整个国家，所有适龄儿童都有正常机会学习所有基础教育的国家课程，有机会接触所有学科，有机会受到真正全面体现教育方针的教育，这意味着所有学生有机会奠定相对完善的心智结构、有机缘自主发现和沉迷天生我属。在满足雪中送炭的基础上锦上添花，对整体提升国民素养意义非凡！这也是在制度规则层面贯彻习总书记十九大强调的让每个孩子享有公平而有质量的教育。

所有适龄儿童入学的义务教育，在发达国家也不到 200 年，现代教育系统还没有开发出让大多数学生在人才选拔中都有机会独特绽放的多元选拔标准，这是世界难题。在世界难题没有取得重大突破前，公平与效率的矛盾必定尖锐。教育作为关系国家安宁、幸福、强盛之基础的公共事业，先保证所有受教育者达到基本水平，在整体提升国民素养的基础上，满足多元人才的竞争选拔需求，被国际考评专业公认，也是国泰民安，可持续发展，创新驱动高质量经济社会发展的基础，意义深远。

这个设想有没有一定的现实基础？这次北京市第十八中学举行的教师勇气更新研讨会，汇聚大地生长的在不同层面推动教师群体成长的探索，从这沧海一粟也能感受到，即使地广人稀边远地区的孩子，提供给他们所有国家正常课程也开始起步了。政府和民间在集结社会力量加大援助力度，例如沪江互加团队，通过互联网加提供乡村教师和学生丰富的交流学习机会，对解决乡村学校长期以来师资薄弱、音体美师资结构性缺失的问题，正在取得突破性进展。还有政府的支持力度更大。据邬志辉教授的报告，农村学前教育2012—2015 年国家财政性拨款增幅达 89.08%。乡村教师“下得去、留得住、教得好”的局面基本形成。乡村小学接入互联网的比例为 89.45%，乡村初中为 98.10%。乡村小学办学条件达标率，体育运动场馆为 71.44%、体育器械为 75.21%、音乐器械为 74.33%、美术器械为 74.40%、教学自然实验器械为 75.03% [43]。年级水平考试对于城乡都将会有一定的现实基础。

您提到“80% 的赋值非常高”，这里要澄清一下。是说年级水平考试“双基”占分比例为 80%，正确率不是“一刀切”，可依据年段、学科、营养遗传决定的智力地域差异，弹性规定。

三、基于一种经验常识，开放因材施教制度空间

“高考资格正确率”的设计是：“‘双基’成绩超出**高考资格正确率**，要求对学生升大学和学校及教师的业绩无效。”这个规定是针对望子成龙文化的盲目驱动。即使通过“双基”的年级水平考试不难，但是反复刷题争满分已成习性，有必要再加一码，年级水平考试配合牵牛鼻子的“**高考资格正确率**”设计。制度限制，即使死记硬背达到超过正确率的分数，对于升学等一切功利目的都无效。

这里依据的经验常识是，无利可争自然消退分分必争，从而打开一个自主空间。当只需要 80% 的正确率，学生一般可以腾出更多的时间课外自在阅读，参与感兴趣的社团活动、家务劳动，体验一些社会生活，有更多机会发生真正的深度学习，发现天生我属。当需要 100% 的正确率，反复练习的

时间、精力要增加很多，不得不忍耐枯燥乏味的死记硬背。

重要的是，您的问询促发了重要的修改。一开始对于年级水平考试的安排，“双基”题占 80%，绝对是客观评分，存档。开放题占 20%（设想给从容的时间考试），是等级评定存档，供高考录取参考。您关于高级心理能力竞争会很恐怖的担心，促使我深入思考自己这一年来的自我问询：如果学生 80 分的“双基”题目 80% 的正确率只拿到了 64 分，那么 20% 的开放题也要有 80% 的正确率才有 16 分，加起来 80 分，才能够获得高考资格。但可能会有相当部分同学要拿到 16 分的开放题会很困难，这就会导致他们“双基”部分要拿到接近 100% 的成绩才有高考资格，就难免拼命刷题。因此，应该修改为：**年级水平考试可以“双基”占 100% 的成绩，只要求“双基”成绩达到 80% 的正确率，就有高考资格。**

决定这样修改也是基于经验常识：应该充分估计到高考竞争的强驱动力。竞争重心转移到了发挥高级心理能力，只要高考试卷 100% 是开放题，则会影响到教育过程全方位的改变。原来规定开放题在年级水平考试中只占 20% 是为了减轻负担，其实考分占多少比例或不占比例都不重要。实施中很可能发生的是，除了年级水平考试要求的本学年所有学科正常修课“双基”达标，所有富余的能量都会奔着发挥高级心理能力，八仙过海，各显神通。

这样，每次的年级水平考试除了“双基”卷成绩和高考资格挂钩，还有一份开放题试卷，题目少而精，时间比较从容，考试结果用等级成绩存档，但一定不能和高考资格挂钩，仅提供高考录取参考。高考则 100% 是开放灵活综合题目，竞争取胜全靠发挥高级心理能力。

这就重组了一个平衡，制度规定了，国家课程体系再也不允许在漫长的教育过程中孰重孰轻，又限定了反复过度训练是没用的。同时，高级心理能力发挥再好，也要先通过所有科目的“双基”年考，把高考资格拿下。这样，不再要求积攒多年的知识体系滚瓜烂熟，不再需要花整年刷题准备中考高考，因为过度刷题会限制发挥高级心理能力。这样，可以把精力腾出来发挥高级心理能力。

年级水平考试对于每个学生每年学习所有学科的“双基”内容考试 80% 的正确率就可以参加高考，尽量体现人文关怀和公平机会，包括因各种主客观原因停滞学习一段的学生，在人生任何时候都有机会参加年级水平考试，获得高考资格。年级水平考试允许补考，不做补考记录，只保留最好的年考成绩，无论学生因客观原因或主观原因补考皆鼓励之，但为了督促认真准备，要限制补考总次数。

为满足学生在正常学习所有课程的基础上认识自我，发现天生我属，可以单科独进考，可不同科目考不同年级，和选课走班接轨，让考试制度促进因材施教的理念落实到教育过程。而且，**年级水平考试在组织上也可以满足上述弹性要求，只要每一年的第二学期期末，有多少学科就安排多少天考试，年级和学科拉丁方阵安排，即可满足上述弹性要求。**

四、基于传统

基于传统是指，对"减速齿轮"改革设想的自信，归根结底基于对我国传统静文化滋养心灵的信心。理论上，年级水平考试中的"双基"相当程度的掌握和高考发挥高级心理能力两者之间是共赢关系。有了一定的"双基"基础，才能飞得更高更远，只要求 80% 的正确率，就开放了平时的学与教灵活综合应用知识的空间，有更多机缘自由发挥潜力。这种设计是否可能联结上学生发展的最佳未来？取决于对我国传统静文化的信心：死记硬背减负了，相对腾出的空间是否可让校园回归宁静，远离攀比角力、枯燥训练，让学生不再憎恨学校？关键是对滋养心灵回归带来生命蓬勃要有信心，这是本书前三章的核心，也是卓越教师呈现出的教育中引导人深层本性绽放的魅力。

开放灵活综合命题困难的突破方向，是教育为引导心灵成长，拥有平和自信的生命内核，让制度松动的空间舒展慢教育的魅力，这和国际教育测评日益着力于为了学习的测评一致。平时的开放命题需要产生一种正确导向，能够让学生、教师、家长猛醒，急功近利、攀比追逐、死记硬背都不通，只有给学生营造安全自在的成长氛围，无痕感染学生内心宁静专注，敏于觉知、共情、洞察、审美，智慧引导学生学会认知，学会做事，学会共同生活，学会成人，学会认识自我，对人性的弱点自觉进行对抗训练，做开放灵活综合题目才能够信手拈来，思路敏捷，得心应手，自如发挥，这就推开了另一扇窗：非得在平时的学习中提供机会聆听交流、阅读思考、涵养美德、在丰富的活动中挑战自我，体验本体喜悦。

这样，就会有更多的老师想方设法向卓越教师学习生命联结的艺术，而不是目前这样，欣赏、想学，却恐惧应对不了僵化的规范。这样，制度环境推动每一位教师内在觉醒，不断学习成长，用真我的生命活力召唤学生蓬勃发展，而不是未曾尝试就被各种没得商量的规范捆绑了。擅长联结教师的自我、学生的自我、学科深层魅力的优秀教师，类似“成为学习者”贴近儿童的研究探索，就容易影响更多教师帮助学生发挥高级心理能力，联结上年轻人正在生成的最佳未来。

“高考资格正确率”设计，如第四章重点阐述的，是尊重心灵回归必定带来生命蓬勃的自然潜力，疏导教育系统顺应生命自然力的平衡而非对抗，据此在失衡的竞争系统嵌入这个“减速齿轮”，才可望一箭三雕。一旦平时的命题研究能够适合特殊的学生呈现独特才华，能够积累适合乡村学生得天独厚发挥的题库，健全的多元选拔制度就会有现实基础。这需要权威的考试评价专家和擅长读懂学生的卓越教师一样，对传统静文化有自信，相信人人具有渴望心灵回归、活出人生意义的深层本性，相信心灵故乡的滋养会让生命各方面发展得越来越好。专业研究者和卓越教师在这一共识基础上通力合作，就会拥有读懂和评价学生独特才华的自信与智慧。

以上以基于课程与评价的基本知识、经验常识和传统三方面回应您的第一个问询。

五、新制度环境尽量呵护人性的几点补充

对本书在第四章第二节的“升学考试‘减速齿轮’改革竞争重心转移脉络图”，您的问询提醒我有必要从制度呵护人性的角度补充以下重点：

其一，关于对教师的奖惩。“低于60%正确率教师受惩。如学生达60%正确率先天困难，成绩有增值则奖教师。”这是指智力等各方面状态正常的学生，题目难度正常努力八成学生可以达到80%的正确率，如果大面积

60% 都没有达到，教师要负责，接受批评甚至经济惩罚，比如扣奖金。对于那些因智力等因素达 60% 正确率确实有困难的学生，不能放弃，鼓励教师关爱、耐心陪伴帮助之，成绩有增值则奖励教师。

后面这个设想和江西省弋阳县的“后 20% 的关爱率”不谋而合。弋阳已经成效显著的系统教育改革证明了它的合理性。弋阳改革的核心是促进教师专业成长，对教师“后 20% 的关爱率”的评估大大降低了学生的辍学率，显示教师的关爱对后 20% 的困难生和“问题生”的学习意愿和学业成绩有积极影响，而且，关爱率评估正是按照后 20% 的学生表现的学业成绩增值来衡量。“后 20% 的关爱率”这一原创对于制度改革很有启迪。[44]

特别理解目前基层不少教师看到 80% 的正确率会紧张。

一是可能没有关注到仅仅是本年度学习的“双基”内容，命题难度 80% 的学生正常努力可以通过的考试，不用紧张。出现大面积没有通过 60% 的正确率，很大概率是因为师生慵懒泛滥，小我能量不用在正当的学习发展方面，就可能惹是生非，教师首先要受惩罚，一再不见起色就不能误人子弟了。这样，制度就及时督促小我对抗训练人性的弱点。

二是因为目前教育生态下学生的无心向学是大问题，基层边远学校连 60% 的正确率都难达到。“减速齿轮”改革重心是再生一种新的教育生态，唤醒教师真我的生命活力带入教育教学，积极地影响学生处于有活力的学习成长状态，并且是从小学一年级入学开始正确引导。贯穿全书的灵魂是开放教育场域进化氛围，影响教师整体素养提升。这将是“减速齿轮”改革能够正常实施的重要理论和实践基础。

其二，“各年级 60% 或以上正确率相应小学、初中、高中毕业”，是指颁发小学、初中、高中毕业证书的底线要求；“无高考资格 60% 正确率职业性向测入中职大专”是表示对于自然群体中大约 20% 获得高考资格有困难的学生，不仅接纳，还在制度上给予继续学习的机会。对“有高考资格却放弃高考经职业性向测入高职大专”这个群体，是考虑到“双基”都能够达标、获得了高考资格，但是平时成绩在开放灵活综合题方面不理想，参加高考竞争不利，不如选择适合自己的其他强项，通过性向测试直接就读相适合的本科高职或大专。高考落榜生也同样。这和终身教育理念接轨，例如北京市已经允许所有的上班族免试读本科。

其三，“有关‘双基’题库稳定专业、公开，对备考具权威性，减轻学生校外补习教辅杂多压力”。表示这几层意思：1. 双基题库的专业建设至关重要，需要考试专家和卓越教师的通力合作。对开放题题库建设也同样。2. 题库建设和严密的考试组织，以根本杜绝一切试图卖考卷、集体放水的舞弊。确实如您所担忧的，只要存在权威的检测，就会有出售试卷、集体舞弊等隐患，各种黑暗面时有耳闻。所以在怎么建设题库组织考试，让所有伸过来的黑手没有下手机会，在第四章第三节有阐述。3. 题库公开，是相信高考资格正确率的设计可以消退过度刷题，新生代纳入人类文明轨道掌握必要的“双基”，一年的内容就那么多，公开题库可以帮新生代轻松掌握。4. 题库对备考具权威性且公开，各类补习机构相对就没有市场。只有学校无法满足特殊才能学生的特殊需要，补习能满足之才会有市场。

最后，制度设计也关注扭转目前城市大多数家长和学生不敢不送补习的畸形生态。“双基”题库稳定专业、公开，对备考具有权威性，高考录取参考年级水平考试中的开放灵活综合题目的等级成绩记录，信息技术教育专家、课程评价专家、卓越教师异质互补的专业团队，持续进行竞争性命题开发、实施、评价一体的“求真试验”，高中和大学选拔人才都不看目前大多缺乏效度、信度、公平性的校外竞赛获奖证书。如2018年上海市开始禁止一切中小学生竞赛，以有力地扭转补习冲击正常教育生态、加重家长和学生负担的畸形状态。

第二节　限制死记硬背、放飞高级心理能力需要制度设计

您最后提到欣赏私塾先生的教学，相信认同宁静氛围的人会越来越多，很多人道理上明白教育非外逐而需要内视，但小我的贪嗔痴却无法以强权消灭又无法以道德改变，外部限制只能靠人为确定的规则尽量减少彼此伤害、扩大共赢空间。在追赶型现代化加剧冲突断裂扭曲失控的张力下，如何确定规则顺应万物负阴抱阳，更挑战人类智慧。不尝试找到对教育大系统平衡四两拨千斤的敏感点，一定回不去前现代的状态。

知识经济时代和学历主义社会赋予人才选拔强大的功利性和竞争性，教育系统承担为社会培养人才和选拔人才的双重功能，两者之间之所以矛盾尖锐，是因为终结性评价标准和手段，目前还摆脱不了因循传统的纸笔测验方式，纸笔测验所擅长考查的主要是一定范围内的学术性知识与能力，即使对于适合竞争取胜的学生，也不能完全正面促进教育宗旨的实现，而对于多数不适应的学生，甚至是在强制他们进入妨碍他们发展的轨道。

选拔人才的权威标准如何让大多数学生有制度通道脱颖而出，是世界难题。而我们是新中国成立后逐步推进义务教育的，适合多数学生的选拔标准当然欠缺，好大学资源又紧缺，激烈竞争，望子成龙的文化，驱使着学校、教师、家长想方设法牵引着学生，在纸笔测验预设的学术性知识与能力跑道上，竭尽全力，跑得越来越快，越来越标准。不适合的大多数，被甩到边缘，这种挫败，很容易导致生命被负面情绪裹胁，仇视一切。校园中师生之间、学生之间出现的斗殴、欺凌、伤害生命的悲剧，有许多直接原因和深层根源，而过度应试膨胀恐惧文化，萎缩生命，心灵缺失，反教育反人性，祸根难辞其咎。

刚恢复高考不久的20世纪80年代教育满意度是最高的。大城市从90年代开始，就把小学生的分数追得90分才算及格。优秀老师会说，让孩子

考95分不难，满分很难，总是会有粗心大意丢分的。孩子永远赶着点做作业，教师把家长拽紧了反复陪练，没法陪练就抱怨家长不管孩子的教育。李虹霞老师解构作业枷锁要求家长陪孩子读书，对孩子和家长来说是多么幸福的事情！排名靠后的学校，教师陪学生加倍苦练才能让学校排名靠前一点点。争相追分后的大恐惧就是，少了半分可能要花几万元选择好中学。

小学竞争好初中，初中竞争好高中，高中竞争好大学，都靠比拼分数，多一分就干掉一千甚至更多人。谁都明白不需要把生命消耗在机器人远比人厉害的地方，但谁都没有办法。再好的教育改进理念，十几年课程改革，都卡在恐惧丢半分上。强执行力的工学管理名校就很吃香了，因为能够用高压榨出高分。

为保障儿童的身心健康，教育部命令减负。真的强制减负了，小学不关心分数了，整个教育生态都在发生变化。家长发现，只要信奉小时候应该自由活泼发展的，就失去了捷足先登中学名校实验班的机会，加上教育集团化推进均衡，上名校还得进实验班才可以学到竞争性干货，这样，幼小阶段的起跑线竞争变激烈了，不送补习班就跟不上的恐惧弥漫。陪练、送补习的家长群体不堪焦虑，有经济实力纷纷选择低龄海外留学。

这种乱象并非不清晰先进的教育理念，国家需要什么样的人才，教育公平研究，国际比较，各种理论林林总总，新课标中宗旨目标都跟国际接轨，国际上先进学校如何办学上课的经验交流也多起来了，但只要分分必争、集体捆绑没有缓解，对于大多数人来说一切只是空中楼阁，因为评价标准决定了竞争取胜的人数有限，拥有好生源、好老师的少数学校才可以游刃有余。因此“改上面别动下面”是没有用的。

这种畸形竞争假如没有缓解下来，基础教育系统就不能为整体提升国民素养正常发挥功能，没有整体公民素养，何来公民社会？即使很幸运发展到公民社会，只要学校仍然批量生产学生，必定会埋下不断滋生社会问题的隐患。

国家倡导集团化办学，向普通初中倾斜上好高中的指标，确实在推动教育均衡，但也可以一夜之间让多数学校拥有头衔却名不副实。除了师资成长是慢功夫，致命的是现有评价标准决定了最终只有少部分人可以竞争取胜。

像方庄教育集群和江西弋阳这样在区域实质性推进教育公平系统优化教育生态的探索，迫切需要教育体制机制改革带来更大的发展空间。

您所提及的行政控制欲望、商业的驱动力，科技井架，一家独大的既得利益，都某种程度迎合了僵化的制度要求，市场驱动力加上技术扩张，导致学校里面无处不受监控的感觉，那是非常可怕的。其实这也是体制机制改革要考虑的大问题，怎么保护每个人基本的公民权利？商业利益驱动无可厚非，但凭什么可以侵犯他人的基本安全感，基本安全感是公民权，如果没有制度限制，还会泛滥。

长期以来，基础教育忽视涵养心灵，成人世界就多了心灵缺失的校长、教师和家长。教师和家长心灵缺失恐惧，失去淡定，又强化了僵化制度对心灵的控制。比如，学校为何购买您提到的这一类技术服务？不淡定、不信任的支离状态，就很想要这类技术服务。校外补习机构和一些私立学校把及时向家长展示学生的在校表现作为优势，公立学校就把这当作家校合作的优势请进来，乖乖落入科技井架，还视为家校合作技术在进步。听京城著名小学的教师分享：有了微信群，有家长恨不得教师不断播报怎样教育，孩子如何表现，丝毫不顾及老师的感受；也有老师利用微信群紧紧控制家长陪练刷题。心灵缺失有了先进技术也只会增负不会减负。

而发达国家的教师、家长不愿意失去宁静，陷入这类“进步”。例如德国，会觉得教师和家长之间都是自主和独立的，不该相互打扰。我们“文革”前也一样，家长有家长的工作和生活，教师有教师的工作和生活，相互尊重、相对独立。居住西德的家长说，幼儿园不午休，以便让孩子回家早入睡，不让孩子在幼儿园午睡透，到家深夜11点才肯睡，有意减轻家长负担，这是一种自然而然的相互体谅。

教育返璞归真，心向往之，却再不可能自动回到前现代的宁静。回不去也并非仅仅因为出现行政管理的乱作为，政府管理少的，只要文化没有守望好内心的宁静淡定，也回不去。接触过几百年小政府大社会的办学文化背景，从来没有教育质量检查，各类私立学校自由发展，和世界各地及本地的高校升学要求接轨，大学基本普及，但也同样出现严重的反教育现象，私立学校家长制的压抑，教育质量分化厉害，名校垄断优秀生源和师资，选择名校的竞争压向幼儿阶段，一再重演幸运、复制幸运，不幸复制不幸，只不过地方小、人口少，不至于乱象叠生。

可否依靠高校扩大自主招生权突破集体捆绑？这是不可质疑的国际发展趋势。80 年代高校的资深教授，不少是民国时期的知识分子，安贫乐道，假如在那个时候就启动大学自主招生，倒是积累伯乐识才真功夫的好时机。时下，在不依据刚性标准就可能钱权关系交易的困境面前，高校自身难保，伯乐识才真功夫缺乏土壤生长。刚性标准压制人才的缺陷就不会自动消失，高校自主招生只能限制在极小范围。目前不肯输在起跑线上的家长，对孩子才艺补习格外上心，和高校自主招生的导向有直接关系。

大系统的紊乱千头万绪，确实挑战国家的治理能力。让失衡系统复归平衡，要有勇气在改革过程中去寻求、去调整制度突破和重建的路径。例如，通过考试题目改革引导重视阅读，是近年制度改变带来现实变化的例证。两年前还在担忧基层老师 95% 的人不读书，现在至少体面学校的语文老师必须读书，否则语文考试一定失利。必须善用制度的牵引魔力，疏导散乱强大的趋利避害驱动，无论经历什么样的挣扎，再也不能回避教育体制机制改革。

竞争重心转向高级心理能力，您担心有很多学生会通不过。我反而认为，淡化了死记硬背后，现行制度下能够上重点大学的孩子，会飞得更高更远。理科生认为我们做的题目本来就很灵活，那些公式原理就那么多，早就烂熟于心了，根本不会影响到我们。而文科生中的优秀学生说，当然是开放的有现实挑战性的题目有挑战性，不怕开放，很烦死记硬背。肯定有不少学生会恐惧，如果不刷题我还能干什么？也不用担心，靠刷题在高考中能取胜的前提是有记忆、理解天赋，假如从小学一年级就被引向放松、自在地发挥高级心理能力，也会走得更远。

可以预料，竞争重心转向高级心理能力，那些本来适合学术性课程的学生，彼此之间发展差异会比较大。新制度最有价值的是让相当比例的学生有机会成长为最好的自己。那些在原有制度下智力正常但对强势考科不感兴趣而受挫、或抗拒远离、或被迫反复练习争分的孩子，就相对有自主空间朝适合自己的方向发展，有机会绽放独特的亮点，从而带动整个生命生机勃勃。

这其实是对心灵归家的信任，相信制度呵护新生代心灵归家会带来蓬勃成长，相信开放真诚的养心氛围可以滋养教师的真我活力。这也是多年推进教师勇气更新公益活动的最珍贵的体验。

高考选拔人才的题目都是开放灵活综合的，竞争的重心移到发挥高级心理能力，当然有恐惧，因为命题太困难了！考试专家一直为考查高级心理能力的客观评分而努力，但不尽如人意。为何阅读理解题目的答案会荒唐，就是因为考试专家绞尽脑汁想出的标准答案，却可能限制了其他合理的答案。

但是开放灵活综合命题并非绝对的无解禁区。理科向来有灵活、综合的大题目。还有，这么多年不敢不依据刚性标准，语文作文可从来没有因为判分主观性而不考。有关作文的命题其实在不断探索，当然，偶尔会出离谱的作文题，但总体在朝向比较合理的方向改进。再看有定力的卓越教师引领学生阅读经典，给学生成长带来精神盛宴，那么，高考开放的题目为何不能占百分之百呢?

如何应对开放题的命题难度，尤其是如何通过命题引导学生调动体验和经典对话，打开立德树人的大门，在第四章有集中阐述，相信开放灵活综合命题是可解难点，信心主要来自这些年依托教师勇气更新公益活动，聆听卓越教师和学校区域领导的体验，他们真正懂得学生，懂得生命，将自然阅读、耐心等待、不攀比、人文情怀、科学探究带到千家万户，活用天地人我万物之间联结的智慧。一旦制度鼓励发挥高级心理能力，教师们的创造、想象等独特才华就有了广阔的发挥平台，教育过程提供学生安全、无恐惧的氛围，从容地刨根究底，进行深度学习。这样，就打开了学生相遇天生我属的空间。

这样每个人都放开了自由跑，优秀学生之间的分化变大，优秀学生的比例多起来。制度鼓励发挥高级心理能力，会不会让优秀的孩子更加累呢？确实，知识社会学历化社会精英阶层是很辛苦，但是自主选择的甜蜜付出，也一定是尊重身心健康、平衡规律才能如其所愿，对自身身心健康平衡的觉知，敏于灵性智慧，是精英阶层的必要心灵修炼。

人才发展的多元分化带来学校办学特色的发展，不会像目前这样依照刚性标准两极分化，也不用担心会削峰填谷，总体上是水涨船高。这样，综合研究型大学和特色院校，发展前提是能满足学生天生我属的强吸引力，八仙过海，各显神通，后 20% 也有继续学习的机会。所有的人都获得适得其所的教育机会，整个教育生态才会得到根本改善。

在尚不完善的过渡阶段，在尚不清晰 12 年以后高考政策的情况下，对致力于区域改善教育系统生态、内在唤醒教师提升专业素养为核心的探索先驱，无论城乡，如北京方庄教育集群、江西弋阳县，假如在探索过程中尝试“双基”随教随学随考随清，竞争重心转移到高级心理能力发挥，即使推进 12 年后还是目前的高考制度，对灵活开放综合题目，学生一定会更自信地自如发挥。而对考卷上的那些“双基”题目，对已经绽放出高级心理能力、已经发现天生我属、喜悦而自信的生命，挤出一段时间应试训练就足够了。区域优化教育生态的制度规则，也能帮助卸下 12 年反复训练知识点的肤浅追逐。当整个教育场域氛围呵护身心健康成长，一定会释放出生命深藏的惊人能量，不仅高考可竞争取胜，更收获考卷上无法衡量的人性丰满，立德树人，多元才华。

假如考试专家和卓越教师合作，在聆听学生内在成长、观察学生绽放天生我属的过程中，形成丰富多元又具有相对可比性的权威评价标准体系，让大多数学生能选择到适合的制度通道脱颖而出，教育体制机制就健全到可以呵护大多数生命蓬勃绽放了。

第三节　联结最佳未来，开放共生空间

联结正在生成的最佳未来，是U型理论视域的核心。“减速齿轮”改革“一箭三雕”，从联结上教育系统生态的最佳未来的视域，有必要为突破改革瓶颈明晰重要的共生关系。

一、从未来社会诚信管理系统看改革难点突破

从未来社会诚信管理系统重建的视域，综合开放灵活命题难评分有主观偏差，如何突破这个难点？高考试卷100%开放灵活题目，平时的开放灵活综合题等级成绩也作为录取参考，评分的主观偏差会不会让钱权关系交易有可乘之机？有必要从未来看现在。

从未来社会诚信管理系统重建的视角，比如，无论年级水平考试中的开放题考试还是高考的开放题考试，每位学生都将遇见一批判成绩的教师，电子平台记录在册。高校录取后，假如发现学生根本不具备大学深造的知识能力基础，可以追踪判成绩是否主观偏差过大，澄清判成绩的责任人，假如徇私，就会影响判成绩教师的诚信记录，诚信记录又会影响到奖惩甚至就业机会。如果这种诚信管理制度配套，就根本不用担心判分的相对主观性会被钱权关系交易钻空子。假如再延伸，社会用人单位和高校学生成绩记录，也同样跟进澄清责任，高校教师对有门路混入高校、不思进取的学生，就再也不敢睁只眼闭只眼了。

中华民族复兴大业步入强调高质量经济发展、推动供给侧结构性改革的重要历史阶段。3G改变生活，5G改变社会，现代信息技术将为社会诚信管理系统重建提供强大的支持平台。例如，厂家可以依托厂商平台直接面对市场需求甚至个性需求改进产品质量，利用大数据客户关系管理平台将极其灵

活便捷，直接的供需回馈系统将保护实体经济高质量发展。这种直接的供求回馈系统，将极大约束所有公民讲究诚信，自然会极大巩固社会诚信管理系统的重建。

教育系统诚信管理系统的建立和社会诚信管理系统的建立是相互增强、相互制约的。当社会诚信管理系统真正发挥功能，所有公民感到不讲诚信真的难以生存，教育系统就非得健全诚信管理系统不可了。对于开放灵活综合题目的判定，那些靠门路混入高校的学生，只要敢不公正判成绩，就后果自负，判成绩的老师谁还敢睁只眼闭只眼？随之，对高考作参考的综合评价、大学对所培养人才就诚信品格方面给用人单位写的推荐信，含金量就必然高了。

社会诚信管理系统重建是中华民族复兴大业的核心工程。当诚信管理制度和诚信文化之间良性互动成为现实而不是梦想，没有制度规范整个教育系统也是平衡高质量运作，那么，“年级水平考试”制度也就自然成为历史阶段的产物，可以淡出历史舞台。而选拔人才的竞争重心转向发挥高级心理能力，则对于培养人才的核心创新力至关重要。培养人才的核心创新力需要风清气正，需要开放教师把真我活力带入教育教学的氛围。

二、合理的制度呵护教师群体成长

合理的制度和教师群体成长之间必定互惠共生。一旦中小学实行年级水平考试，一年中年考之外的两次期中考试及一次期末考试，都是形成性评价，可以交给教师自由创新。比如，李虹霞老师要求学生长好最美的第二张脸，和她的起步课程、慢板课程、快板课程、散板课程配合，不再忙于判作业、打钩打叉，而是宁静洞察不愤不启，不悱不发的教育契机；不再把学生的作文按成人要求修改后背熟，而是鼓励童心童趣自由发挥等等，就自然会召唤教师群体见贤思齐。一旦学校不再因恐惧分数不高而要求月考周考反复练，一旦各专业的专家在安静地聆听这类优秀教师的教育智慧，就开始贴近孩子们的学习成长真相，呵护高级人性的终结性权威评价也慢慢会炉火纯青。

为适合学生的多元需求，开放灵活综合题目考试肯定要提供选择菜单，选择题之间的同等难度把握，不同类型选择题成绩的可比性转换，确实需要考试专家专业的支持。同时，超越这些难点的空间也在打开。例如，年级水平考试已经处理好了知识覆盖面的问题，开放灵活综合题目就不用考虑覆盖面了，可以小而精，聚焦于多元性、丰富性、相对的公平性和区分度。而能够带来最终超越力量的，一定会是新生代超乎成人预期的成长。开放题成绩难免带有主观性，需要伯乐识才真功，需要唤醒教师真我生命活力的氛围滋养觉知洞察力。

开放教师把真我活力带入教育教学的氛围，滋养学生难以预料的成长，是克服改革过程中一切困难的根本动力。如您所言，现实中好老师在薪火相传，好老师确实越来越多。这么多年教师勇气更新公益活动最大的收获是，只要在聆听教师，和这个善良、智慧的群体在一起，就会对教育充满信心，就会感到中华大地的教育不好不应该。但分分必争压力导致过度应试依然存在。多年来和教师们共享叙事探究心灵成长，感到最无奈的是，被唤醒后更痛苦、更支离呢？制度环境的伤害导致教师心灵缺失，一旦教师心灵缺失，任何改革都不能成功，帕尔默的睿见一针见血！

在目前制度环境下，有定力抽离分分必争漩涡的卓越老师，对于唤醒更多教师，对我们目前的教育系统是具有拯救力的。教师勇气更新公益活动推进多年，最感恩的，是随缘相遇了一批具有拯救力量的卓越教师，才有勇气直面趋利避害漩涡，尝试牵牛鼻子。一旦制度改革带来教师群体内在力量舒展的空间，卓越教师的“求真实验”就自然影响更多教师。

即使改革意向在实施中落差很大，也不会导致上大学的人数不够，无论选拔成绩如何，高校录取一般按照常模参照，把不同程度、不同类型的学生收满不同类型不同层次的大学学位。

三、信息技术改革刻板管理，为教师专业自主松绑

信息技术改革刻板管理，为教师专业自主松绑提供了契机。制度设计必定要整体关照的一个重点是：一味地任由科技井架捆绑，要各种统计报表方

便排名攀比，裹胁人们忙于事务性工作，加剧冲突，还是利用大数据获得解放，彻底挣脱各级行政部门向学校要各种统计报表的束缚？

现实中教师心灵缺失，除了考试制度的僵化集体捆绑，管理制度刻板僵化也是致命的。您说到中小学老师谈何专业自主，连高校老师都谈不上，现实确实是这样，但并不妨碍大把的文章中把中小学教师专业自主作为关键词。这里的专业自主涉及能知行合一带来现实改进的行动力。要看到，信息技术为中华民族复兴大业提供了千载难逢的机遇，也为学校和教师解放自身提供了便利。

学校是基层单位，在各类上级指派的任务面前不堪重负。所以学校行政领导和一些骨干教师忙于文山会海、填表汇报，没法多陪伴、关注学生。优秀校长会说，引导教师静心潜沉教育教学，引导学生全面和谐发展宽厚功底，取得高考胜利，都可以搞定，就是对来自各部门的行政检查干扰没办法。颁布学校管理体制改革为学校松绑的文件失灵，因为社会各部门空壳人太多，小我忙于分配或执行检查任务，从来不想任务本身的意义是什么。

假如实行了年级水平考试，就意味着基本的教育质量每年都在电子平台上记录，在各级行政和公众的眼皮底下，不用再查再填报了。年考让国家建立了合理又不增加负担的教育监控体系，每一年第二学期的期末考试就是年考，学校只有期中期末考试了，这是合乎教育规律的必要回馈环节，没有让“庄稼烂在地里”。

教师的专业自主，是从改革后可能带给学校相对的安静而言的。没有校外各类考试的干扰，少了常规汇报填表，是不是就安静多了？开放灵活综合能力培养方面，是竞争重心，必定有课程教学评价创新的深入研讨会议，那就及时把会议过程传送到云平台共享。想想，力量在当下，好的研讨刚结束，身心都处在兴奋感动中，及时把可以共享的也应该向上级汇报的过程录像等重要数据传到云平台。上级各个部门要统计报表，让各部门工作人员到云平台去收集、整理数据报表，不要再找学校，更不要心血来潮地命令下级把几年的东西翻出来迎检。这样，不就把那层层级级伸向学校的检查指令干扰切断了吗？学校不就又安静许多了吗？

这个想法，一开始只是在咨询报告中提及，2016 年 10 月应李淑芳老师支教岛的邀请，在青岛白天活动后，晚上和李淑芳、卢宝山校长几位提起这个想法，受到肯定，在锤炼咨询报告摘要时，意识到要在摘要中把它突出为“一箭三雕”中的一雕。

改革是系统工程，需要扎根大地。2017 年 12 月 23 日上午《中国农村教育发展 2017》新闻发布会上听弋阳方华局长的报告，下午和方华局长带领的弋阳团队座谈，十分感佩。破冰扭转乡村凋零、城镇拥挤的痼疾，也是毫不回避趋利避害的驱动而成功疏导，一系列的区域教育制度重建，都是建立在洞悉人性的基础上。重中之重是对全员教师的专业培养，核心的核心是内在唤醒民间教师协会，带动教师群体专业成长，体验到对于教师成长，对于校风影响民风，氛围远比制度重要。县域教育系统改革带来 2000 多名学生返回乡村家门口的好学校上学的逆转，真是太鼓舞人心了！

谢谢您的问询。好像就在等这一问，很惊讶触发想通不少重点，而且和吴彦超老师在 2016 年 7 月问起类似问题的触发点几乎不重复，随着时间的推移，尤其是如果有机缘感受改革的发生，一定还会有新的触发点。感恩这一年来两次勇气更新活动中相遇大地生长的力量，切实体验到教育场域进化“超越性发生”的魅力。当然，这都只是一孔之见，是骡子是马拉出来遛遛，才见分晓。但是有没有机缘把理论上的论证在实践体验中加深理解，要交给许多力量，交给历史过程。至少有一点和您一样确信：心灵唤醒值得永远持续，认识自我、超越自我是世世代代人的难题。同时，重建合理的制度环境对于内心觉醒，其利泽千秋有如大禹治水、都江堰工程。

第四节　超越分离的研究结构，激活核心创新力

“减速齿轮”一箭三雕改革设想从2015年10月开始多方请求指导，专家和教师们的问询启发着我不断修改，2017年年初经由北京师范大学教育学部科研办提交咨询报告（本书第四、五章的内容是报告主体，有微调）。过程在附件中有真实记录。2017年7月始公众号推送咨询报告摘要，任伟先生看了后回应：“人的意识进化一定会带来制度组织的进化。”对此笔者确实体验深刻。2009年首次尝试直面集体困境思考，刚下笔则心惊肉跳，你以为你是谁？这么重大复杂的问题，大多数人摇头叹息，你也敢想？真叫自己先把自己吓死！十几年来有缘在勇气更新公益活动中相遇优秀教师群体的灵魂，最受益的是自己的意识进化，贴近“源头”而宁定，回归宁静清净才聆听到，意识和制度组织的进化，都栖居于“宇宙优雅和弦”与“心灵自在和弦”之间的和鸣共生中。

2017年8月13日在《中央高层拍板，从小学到高中即将面临8大变革！》[45]中，顾明远老师传达出教育体制改革的前瞻性信息：教育体制改革关系到诚信文化重建、国泰民安，解决环境污染问题迫切需要创新人才。从小学到高中一体贯通，考试制度改革、教育管理制度改革、教育均衡推进整体关照。明确提出：“中国教育体制迫不及待需要拔尖创新人才，拔尖人才的培养要相适应的教育体制和机制”“中国教育的大变革可以说是迫不及待，也时不我待”“相信即便有最大的挣扎也难撼变革的总方向”。是的，改革中即使出现冲突、反弹等新问题，也不用恐惧，完全有信心顺着自然平衡力，疏导趋利避害的角逐，牵住牛鼻子，这是基于对滋养中华民族几千年的传统文化之根的信心。但本土新兴复杂性危机也是空前的，在经历了“文化大革命”后，追赶型的现代化过程中人的趋利本能极度反弹，裹胁教育系统无视生命的深层人性，几十年来成了重灾区。而教育大系统要由失衡复归新的平衡，迫切

需要理性灵性互补，激活专业研究的核心创新力，应对本土教育新兴复杂性危机，但却被理性与灵性分离的学术研究结构一叶障目。

理性和灵性分离的研究结构，突出表现为外在标签评估牵动平庸泛滥，和基础教育的刚性标准集体捆绑一样，都把赢看得比什么都重要。外在指标排名靠前，意味着拥有优势积累，在竞争中产生优势积累。因此，催成果、排名次，利益格局中占据地位，学问中心的研究习性，捆绑研究者根本无法自由沉潜U底“源头”，灵性创造性枯竭，对教育领域的重大关切问题鞭长莫及。这就萎缩了教育专业研究的核心创新力，几十年来教育系统摆脱不了刻板竞争的苦旅，盛行理性和灵性分离的研究结构当咎其责。

理性技术这把双刃剑强化学术评估负面导向。发达的IT技术互联网，为发挥个体的特长、为提供各尽其才、各取所需提供了前所未有的机遇。但同时科技井架绑架各种评估排名也是空前便利，高校和研究机构排名挂钩物质和人才的优势积累，研究机构被卷入利益驱动漩涡，不惜着力打造形象工程，美曰聚焦重大关切问题却顾不上接地气。例如倡导研究争国际一流固然正确，却被卷进了利益角逐，结果花了钱，国人还看不懂科技成果，评价机制不鼓励教育研究沉潜推动本土优质教育去竞争世界一流，而是迎合国际发表的外在标准展开平庸竞争。

逻辑理性习性局限导致研究避重就轻。因研究重大现实问题面临难出成果的风险，甚至可能出台了政策但结果南辕北辙。例如20世纪末强行萎缩中师，21世纪初的“撤点并校”、教师培养一刀切学历化拔高，高考扩招一度刹车失灵，一刀切减负等，只是“下载”，不具原创性，失去知行合一的改进行动力，反而乱作为。知行合一需“源头”滋养，原创洞见来自至善宁定，远非功利、躁动所能及。学术评价只要仍然延续外逐平庸标签，切断“源头”，宁静致远就是纸上谈兵，摆脱平庸也只是“老虎吃天，无从下手”。

教育研究迫切需要从平庸泛滥中突围，教育研究机构领导核心是否遵循大道，先天下之忧而忧，对教育事业的影响生死攸关。循大道，意味着尊重研究灵性，研究灵性需要靠教育中的生命灵气滋养。灵性智慧引领理性逻辑，而非理性逻辑一统天下，才可能在改进教育现实的探索中摆脱平庸，极大释放出每一位研究者的创造潜力。平庸，意味着灵性枯竭，失去跳出趋利漩涡的领导力，催赶整个学术机构盲从外逐竞争，尤其在适龄学生人口低谷处在高等教育阶段的当下，失去了机构的优势积累就意味着增加本机构的失业率，就更容易迷失于为机构勤恳谋小利。

没有自我警觉就不可能有改变。只有当意识到，国家民族教育的核心创新力量被集体捆绑，师资培训专业资质制度客观上阻挡民间充盈灵性智慧的师培原创探索普惠教师群体，一味地按照外在标签奖惩，再怎么公平公正实质上也在压制人性慧根善性，而实际上，只有灵性滋养善性，理性道德说教压抑善性。当自我意识到一种悬崖：集体捆绑专业学术研究平庸泛滥，离“德不配位，必生祸害”只有一步之遥，才可能悬崖勒马！

U 型理论一针见血，对现实重大关切问题域，要想突围危机困境，联结上正在生成的最佳未来，只能沉潜触及“源头”，借助这一容易成为盲点的重要社会维度，空白画布前的灵感对于探索突破点至关重要。如米尔斯指出的：“（社会科学家）所代表的——尽管并不总是那么明显——是人对人类处境的自觉。目前几乎所有重大问题的解决方案也都正有赖于人类自觉的层面。”[12] 208 确实，改进现实重大关切问题方案的原创，需要敏于自我觉知、灵性洞察，需要社会学的想象力在不同的抽象层面自由穿梭。

研究的核心创新力永远依靠自由研究精神，国际顶尖大学信任每一位专业研究者的创新潜力，也是在一度迷失于超理性主义的困境、解构了真理来自对已有文献比较评述的神话之后，才信任灵性“源头”滋养真正的创造力。面对新兴复杂性危机，作为高层决策智囊团的专业研究一旦自缚于功利平庸，社会更可能危机四伏、乱象丛生。假如在战争年代，外敌入侵烧杀抢掠，战争危机一定会先冲破捆绑大家固守平庸的制度，因为挽救生灵涂炭需要冲锋的战士，更需要优秀的指挥官，但和平年代却在任由温水煮青蛙。

如何“不忘初心，牢记使命”，以人类福祉天地格局冲破现行利益格局，只有靠教育研究接地气，融入大地生长的城乡教师群体成长的深厚土壤中。如本书第三章描述的，谁都会是赢家，没有任何人需要输。当研究者开始谦恭地聆听教师群体，自然会敬畏滋养卓越教师成长的“源头”，自然对中华传统儒释道精髓、对深层人性、对长养教育生命的常识常理会发自灵魂深处地虔诚谦恭。一旦挣脱自缚的研究习性，自然会意识到，没有人愿意身陷漩涡，每个人心底都渴望回归心灵，研究者对于教师群体成长大有作为。

相信教育专业研究者中的大多数，都深切关注重大教育问题，谁都愿意虔诚聆听教师的真实交流，谁都自警不要好为人师，但现有体制下，专家和中小学教师相处，要么是作为主讲嘉宾，要么是作为专家进行课题指导，主动创造机会聆听教师的少之又少。现实中大量的课题或有偿社会服务，乃至专家和一线校长教师互补的研究共同体中，理性取向的专题研究占主导，关注开放养心氛围唤醒教师真我活力、聆听每位教师发出真言的比较少，从教师群体正萌发的生长中汲取卓越教师的智慧，探索教育制度改革突破口、对症大系统失衡集体困境论证可操作的制度改革顶层设计的，更是凤毛麟角。而从头脑识见到心灵洞见，需要亲证体验，向无形无相的“源头”开放，敏于灵性智慧洞察实相，宁定安住于清净本心，探索知行合一突破口。这需要慢功夫，显然不合流行研究习性，起步就可能被权威封杀。

本书捕捉教师叙事探究与心灵成长形神相生的氛围，试图贯通心灵—场域—制度，重构社会图景，尽其可能贴近实相，其研究却是弥散性的、渗透性的、无预设的，过程中的生发往往出乎意料，没法线性因果归因或比较，显然不符合习性的理性研究规范，在学术刊物都找不到对应的栏目。升学考试制度“减速齿轮”改革“一箭三雕”设想，更是不按套路出牌，相对淡出了文献综述比较分析，直接针对本质的羁绊回应原创对策。这些也决定了十几年来只能依靠人心向背推动，只能游离于学术标签之外。

“减速齿轮”改革设想是否能够促成我国教育大系统自然平衡，开放城乡教师叙事探究与心灵成长形神相生的氛围？是否能推进教育U境场域进化、奠定教育大系统持续平衡良序发展的基石？“场域氛围”养心对教育和生命意味着什么？交给实践和历史验证。

更需要刨根究底：为何扭转过度刻板训练的集体捆绑所需要的核心创新力缺失了几十年？应对重大危机的原创对策，是来自围绕概念碎片文献综述严谨、统计逻辑推演，还是深入聆听现实，宁静沉潜U底触及创造性“源头”？信任U底“源头”滋养真正创造力的深层依据是什么？对这个至关重要的问题，值得从本体与方法上进行深度理论论证。

笔者2014年10月刚接触夏莫的《U型理论》一书也是被U底“源头”

深深吸引又心存质疑。顺着作者提供的线索扩大研读后才清晰，作者已经认定对U底“源头”贡献巨大的是东方传统文化，但没有展开阐述。接下来深潜“源头”，探微U境教育场域发展阶段，依靠本体上吸收东方大智慧，方法上吸收现象学原理，对上述重要问题进行深度理论论证。

第七章

深潜U境“源头”：改革的本体基础

夏莫U型理论最独特的亮点是，把U底灵性“源头”置于核心地位，使其纳入理性理论体系，但没有从本体和方法上展开U底“源头”，只是指引了理解“源头”的重要路径——从东方传统智慧中汲取“源头”营养，滋养U境创造机制。

夏莫借鉴了哲学家肯·威尔伯（Ken Wilber）《意识光谱》中把灵性与理性有机整合的方法，认为:“威尔伯的‘所有象限，所有层级’的方法包含了前现代、现代和后现代的重要真相，并将这些真相整合在一个综合的整体框架内，……主要贡献之一是使精神或超越个人的维度在科学、学术和教育领域合理体。……开启了一扇通往更加全面的语言方式的大门，包括了现实中可能会被边缘化或者彻底排斥的更加微妙的方面。”[6] 96-97

U境“源头”深微广袤，易成盲点又极其重要，深潜觉知，靠汲取东方传统大智慧，为贯通“心灵—场域—制度”，推动U境教育场域进化，奠定本体基础。

第一节　亲证U底“源头”的智慧：东方传统

夏莫认同南怀瑾的洞见，认为人类所有的危机归根结底是“物质与心智的重新整合”问题[6] 50，把其作为U型社会场域关注的重点，并把儒家《大学》中的“知、止、定、静、安、虑、得”与U境对应。整个U境过程，从注意力场结构趋向“源头”的变迁（知、止、定），到不断从“源头”获取智慧滋养创造行动（安、虑、得），可意会难言传的“源头”（静）被置于核心地位。[6] 15-17“源头”对应社会科学元范畴“超主体性”，对应东方传统的天人合一境界。夏莫指出，有关“源头”的本体论和觉知“源头”的认识论，是20世纪的“盲点”，胡塞尔和海德格尔晚年都转向“源头”，面对新兴复杂性的21世纪，深潜U底是重大课题。[6] 100-101

夏莫还指出，社会科学元范畴的关注重心，从关注客观性到关注主体间性，还必须转向关注超主体性，超主体性才是联结着创造性、道德行为和自由的根基系统[6] 92; 94；知识范畴也从关注显性知识到关注隐性知识，其关注重心也在转向自我超越性知识，即联结“源头”的知识，才能敏于“感知和把握正在生成的未来机会”[6] 64-65。本体论上觉知超主体性，方法上获得自我超越性知识，是进入U境的关键。夏莫还指出，威尔伯的《意识光谱》是借东方传统的亲证智慧显现U底“源头”。

威尔伯在《意识光谱》中综合了东方和西方理解意识的各种途径，试图提供一种解释宇宙万物的框架。他借助物理学、科学哲学、精神分析、瑜伽学派、荣格学派、吠檀多学派、格式塔疗法、密宗、心理综合学以及类似的学问，把可能无穷多的人的意识区分为“自我阶层”“存在阶层”“大心境界阶层”三大类，[46] 6-7 认为：“大心境界”阶层“是一种无穷无尽、更加丰富、更加自然、更加圆满的意识状态……例如吠檀多或者禅宗，这样的东方理论并非理论、哲学、心理学或者宗教，相反，它们从本质上是在该领域有着严谨科学意识的一系列实验。……任何到达大心境界的人都亲证了自我阶层和存在阶层。也就是说，他深深确信大心境界从某种程度上比其他阶层更加真实、更加基础，而且更加有意义”[46] 13。而且指出，各种宗教存在阶层产生分歧，而在“大心境界”阶层趋于同一。例如西方的“自有永有”，印度的“梵我同一”，中国的“天人合一”。[46] 258

U底“源头”在威尔伯的《意识光谱》中即“大心境界”，也视为“亲证”或“非二元意识”，既不是主观的，也不是客观的，在亲证每一件事情时都不会将它与任何事物分离。触及“大心境界”就是心灵成长。而且，大心境界层次不是深藏隐蔽，相反就是我们意识当下的普通状态，它无边无际、无所不包……为个人赋予了深刻的平静中心，深藏在最糟的抑郁、焦虑和恐惧之下。……正因为心灵无处不在，无时不在，试图找到它到达它抓住它不可能也没有意义。永远无法获得也永远无法逃离它。[46] 80；263；290-291 因此，“你的日常意识就是道”[46] 291。

“二元意识”就是受小我局限的主客分离、心物分离。认识自我的重心就是警觉这一局限，自知其无知，自知只有超越“下载”习性层面，活在当下，触及“大心境界”，才能日常意识亲证“道”，成为真正的自己。

日常意识亲证“天人合一”，就是亲证联结“源头”的真我意识状态。这虽然对大多数人来说显得“玄虚”，却正是儒释道文明的精髓。古往今来建功立业的伟人或一代宗师，多为儒释道全通并亲证大智慧者。儒释道文明是当下中国滋养社会主义核心价值观的最深厚精神根基，也是“教师心灵成长—教育场域进化—教育体制机制改革”三者良性循环的精神根基。

下文冒挂一漏万之风险，从新灵性重创造力“源头”，淡化信仰而注重亲证的视角，简要勾勒这一博大精深的宝库，汲取儒释道“有生于无”之精髓，显现U境“源头”的创生潜力。试图论证唤醒个体和团体“有”和“无”联结的意识敏感性，是发育U境教育场域、助益意识转化、再生诚信文化的突破口。

第二节 “有生于无”显现“源头”

U境“源头”在老子的《道德经》中就是“道”①。[47]“道”，万物本始，幽隐的天地万物创造之源，天地万物的本源、始源（十六章），其本性纯任自然（二十五章）。这种形而上实存永恒之“道”，无名，无形，以“无”“有”指称。“无，名天地之始；有，名万物之母”。（一章）“天下万物生于有，有生于无。”（四十章）。“无”，蕴含着无限未显现的生机，蕴涵无限之“有”。“道生一，一生二，二生三，三生万物。”（四十二章）“道”一层层地由无形质落实到有形质，内化显德创生。

实存之“道”自无入有，生物成物，“有无相生”，“相反相因”（二章），“上德若谷”，“大象无形”（四十一章）。人是宇宙间道、天、地、人“四大”之一，“四大”皆“道法自然”（二十五章）。形而下的人生修身之“道”，无为不争（五十七章），贵身恬淡，“专气致柔”（十章）。察微见明，持柔为强，智慧内敛（五十二章）。“知雄守雌”（二十八章）。敏于接收“道”滋养的奥秘是：返本复初，归根守静，“致虚极，守静笃”（十六章）。心境定静，空明真朴，才可能导出深厚的创造能量。繁忙躁进足于扼杀一切创造心灵。这些深邃洞见影响深远。《中庸》开篇“天命之谓性，率性之谓道，修道之谓教”[48] 152，强调真正的卓越源自率性挚爱，教育要遵循人的天赋秉性，按照道的原则顺应天性修养；《大学》的“知止而后有定，定而后能静，静而后能安，安而后能虑，虑而后能得”[48] 138，把道家融入到儒家修身之精髓中。

老子的“万物生于有，有生于无”深微玄妙，其思想来源《易经》，也颇显玄虚隐晦。《系辞》曰：“一阴一阳之谓道。”“《易》与天地准。”“范围天地之化而不过，曲成万物而不遗。”其中深刻道理自古研究者众多，然而

① 以下有关“道”的记述均出自此书。

少有人能够亲证“有生于无”中非凡的创生原理，迄今尚未见诸口耳相传或文字留传的系统证明。而民间的乞灵弄神长生炼丹等，却容易和老道纠缠不清。玄虚隐晦或容易误解的根本原因，是大多数人感受不到“天人合一”的境界。因此，有没有实存意义的“道”或“无”，一直是千年谜团。而西方自古希腊以来的逻各斯中心主义，依仗其清晰的逻辑思辨和知识论推动着现代科学技术的发展。一直到颇显“东慧西来”的当代，中国远古的灵性智慧——“道”作为极重要的形而上学问题，才在相关研究中开始由“玄虚”显实相。

学者王俊龙历时25年进行开创性探索，对“无”“空”的实存真相有自己独到且严谨清晰的理解。他开发《易经》中数理逻辑的潜质，参考西方经典的建立在{0，1}基础上的布尔代数，依据太极阴阳思想发现了具有哲学意义的数理体系——太极代数，发挥数理逻辑有关推论的基础理论优势，深研佛老思想，综合佛学的“真俗二谛”，以空、无{Φ，0}对应真谛，以阴、阳{-1，1}（有或存在，是分阴分阳）对应俗谛，形成“空、无、阴、阳”太极代数四元逻辑，并在扩展的实数（既含0又含 Φ）对称结构基础上建立广义太极代数。[49]

王俊龙分别对“空、无”为元素的二元集合、“空、无、阴、阳”为元素的四元集合，“阳、阴”为元素的二元集合，“阳、无、阴”为元素的三元集合，在其上定义布尔加法和布尔乘法或补运算，进行太极代数运算。结果发现：最简单的、完备自洽的逻辑体系，要么是空和无{Φ，0}的二元集合，要么是“空、无、阴、阳”{Φ，0，－1，1}的四元集合，证明了“空”和“无”具有不以阴阳的存在为前提的先在性、绝对性和唯一性。同时发现：“阳、阴”为元素的二元集合{-1，1}，“阴、阳、无”为元素的三元集合{-1，1，0}，都不能建立完备的逻辑体系。其中，阴和阳的交集（合取）为空，表示阴阳非此即彼对立，证明阴阳矛盾在逻辑上不能成为一个统一体。阴和阳的并集（析取）为无，表示阴阳的统一，证明阴阳矛盾的存在是以空无矛盾的存在为先决条件，阴阳只有融于空、无之中，才能成为统一的逻辑体系。空和无先于有，（阴、阳）的存在是以空、无的存在为前提。空和无是独立于阴阳的绝对存在，有和无、有和空都不是矛盾关系，空无矛盾是先天的，阴阳矛盾是后天的。这些发现吻合并显现了老子的“有生于无”的思想。

他挖掘论证“无”“空”实存的更深层本体意义：数学结构是文化类型的深层结构。自古希腊文明以来的西方单向度文化建立在数的偏序结构基础上，即任何数，包括0，依照大小排成一个无首无尾的稠密线性序集，容易驱动人们热衷于比较大小的竞争。而吸收东方远古《易经》智慧的广义太极代数，是含有无（0）和空（Φ）在内的对称结构。“无”：其大无外，是全有，无所不包，一无所现，大象无形；“空”：一无所有，其小无内。对称结构的太极代数尽管数的无穷性仍然保持，但是，数已不再是无首无尾直线分布比较大小的“量”，而是毫无例外地成为存在于无（0）内的所有潜在的“质”。一切有生于无，滋养有的无是绝对实存的，从“无”中创生的“有”，也不是直线型的，而是分阴分阳，“孤阴不生，孤阳不长”，阴阳平衡才生机勃勃。

如其所言，作为理性思维成熟的标志，亚里士多德的形式逻辑体系到19世纪把形式逻辑数学化产生了布尔代数，视其为人类理性思维完全成熟的标志，并随现代化过程传播到全世界。然而，创生万物的“无”被遮蔽，“无”作为唯一的物质之源、意识之根被质疑乃至否定。他的这项研究，试图为“无”正本清源。[50]

广义太极代数的发现，用逻辑充实太极哲理，用数学论证显现“无”的本体地位。“有生于无”的“无”，由不可言传变成可用简明的数理逻辑语言传达。这样，和“大心境界”相融合一的“无”，U境的核心“源头”，由颇为玄虚变得清晰而可理性表达。这项研究在整合理性逻各斯和东方灵性方面的突破，让公元前500年左右相伴觉醒的灵性和理性，在现代可以平等对话。

郭永进在《道德经的智慧与应用》一书中，把显相“名 / 有 / 色”的源头看作是：即无显相的“道 / 无 / 空”比喻成生命呼吸的空气，“道不可须臾离，可离非道也”。“心灵是无形的道之体”，属于“空、无”这一部分，“道”就是支撑生命存在的本体。这些真理不需要你信，认出这个实相就好。认出这个“源头”，就会品德、个性、脾气逐渐改变，认不出就没有找到心灵的家，就会惶恐不安。和“源头”脱节就会我是、我能、我慢，就会生嗔心、攻击性、自卑，就会背道而驰，天灾人祸不断。[3] 59; 57; 304; 246; 46; 77; 221

修行回归初心，推开众妙之门靠“致虚极，守静笃”[3] 131。用客观、清净、童真的心灵品质如实地看，没有方法的方法是最快速有效知行合一的功夫。把所有的成见预设、习以为常的论断、判断、审判、运作模式都清空，感受静谧的广大无边，认出真理实相是那么宁静、平凡、平实，和道合一。从平凡平淡的世界去看大自然的智慧、奥妙、慈悲，看懂无字天书，了悟生死大事，万物负阴抱阳生生不息，至柔驰骋至坚，宇宙和弦与心灵优雅和鸣。每天呼吸、吃饭、喝水会不由自主感恩天地父母的长养之恩，见贤思齐学习天地父母无条件无所求地奉献回馈。人越感恩，世界就越祥和、越少灾难。[3] 131-134; 228; 190; 5; 107; 43; 224-225; 88

越认出明了“道”的浩瀚伟大，越谦虚感恩，越内外祥和、身心柔软，越能超越人我相，超越头脑识见，超越虚妄分别。空无起妙用，身心不再分离，清醒明觉活在每一个当下，“无”滋养创造灵感，发心越广大，所作所为越惠及更多众生，呈现贯穿时空而存在的阴德。[3] 92; 239; 304

擅长把天地大道活用于教育教学的于树泉老师，十分欣赏郭永进先生妙解老子的灵性智慧，提到中华诗词学会副会长易行先生在送他的一本个人诗集中有一首题为《老子》的七言绝句：

老子

易行

出关仅著五千言，后世文评似涌泉。

千注万疏无二致，全凭文字解非凡。

于老师说，易行先生认为，千百年来，诠释《道德经》的书数不胜数。但是，几乎所有的诠释，翻来覆去，都是下的文字功夫，而不懂老子的“非凡”之处。于老师认为郭永进先生的《道德经的智慧与应用》“勘破真理似涌泉，虚极静笃无二致，拨云见日解非凡”[51]。

灵性智慧原本离童真最近，老子的大智慧自然吸引着孩童纯净的心灵。李虹霞老师说，小学三年级的孩子们借助陈琴的素读本拼音有节奏地诵读，再学习郭爷爷十分贴近生命生活的智慧讲解，学生们会结合生活情境理解，师生很自然地体验“专气柔致，能如婴儿乎？”（十章），这也是李虹霞老师的幸福教室让生命蓬勃发展的无敌奥秘。因此毫不奇怪，《道德经》能在世界文明程度很高的德国走进千家万户。

第三节 “空性无我”亲证“源头”

中国儒释道传统以“静”作为理性联结灵性、“有”联结“无”的奇妙枢纽。儒家注重修身治世，内圣外王，道家倡导无为而治、道法自然，归根守静，“不出户，知天下；不窥牖，见天道。其出弥远，其知弥少”(四十七章)。佛家则以“相由心生”深微显现“有生于无”，劝导明心见性，福慧双修。可见，儒释道皆崇“静能生慧”，天人合一，亲证体验“源头”。这也正是远古佛陀亲证的人类精神突破性成长的核心精髓，并获得现代量子物理研究的支持。

佛陀在两千多年前向内探求，洞察“空性无我”“相妄性真”“自性清静”。俯瞰整个宇宙及所有生灵，讲人心、人性、生命、世界的本源。“一切众生从无始来，迷已为物，失于本心，为物所转，……若能转物，则同如来。”[52] 认为初始虚空与真我一体。众生真我与虚空一体，众生亦一体，皆有佛性。人与人、人与动物、人与他跪拜的佛菩萨、人与万物，都是平等一体的，人人都可以通过不断修行成佛，获得大智慧，引导自己、认识自己。没能成佛是因为“无明”，即迷已为物，失于本心，为物所转，不能认识自己到底是谁，误将虚幻的肉身认作自我，从而错失真正的自我。认识自我难在破“我执”，99.99% 的人连“我”都搞错了，就别说“我是谁”了。认错“我”的后果很严重，执着于“小我”的贪嗔痴，一切为肉身打工。

心能转物，自在利生的奥秘，就是觉知与虚空一体的真我，明心见性。佛家为引导人认识真正的自我，劝导悟本体，持心戒，修大定。依据不同人的不同根性，有“戒定慧”等八万四千法门，由戒得定，由定生慧。[53] 引导放下这个会生老病死的肉身和世俗的享乐，体验纯然的本体喜悦，内心安适自在，这才是做真正的自我。体验到真正的自己会很安静、祥和，自然闪现灵感智慧。这就是生命的大智慧，敏于联结创生万物之源。

现代科学证明，空间上分离、没有相互作用力的事件其实是相互联系的，宇宙万物存在深层次的内在联系，世界就是粒子在时空中的运动传播。这就不仅抛弃了主观与客观、灵魂与肉体、精神与物质之间假想式的划分，借助爱因斯坦的发现，还抛弃了空间与时间、能量与物质，甚至空间与对象之间的二元论。现代科学发现了关于身体及所有物质的最终实相：看似坚固、实在的身体是由许多亚原子粒子和空间构成的。一个亚原子粒子存在的时间，比一兆分之一秒还要短暂，持续不断地生灭变化，存在又逝去。这个被当代量子物理验证的实相，佛陀两千多年前是靠专心向内，亲身验证了“空性无我”真相，为众生迷失而无尽烦恼点化解脱之道：“破执”大智慧——身体和物质世界是快速地生灭变化的粒子振动之流，清醒觉知自身和万物的这一细微实相，敏于相融于万物，悦纳生命的无常变化，就能自然改变习性，智慧畅通，心能转物，行必益己益人，远离“无明”痛苦。[19] 32-41; 75-76; 93-94; 114-115; 175 这正是超越“造化三性”的意识转化之道。

佛学在向大众传播中，以借假修真指导人生意义。基于“空性无我”，“空”是真谛，体上真相是当下即空性；“假”是俗谛，身体相万物相皆幻相；用是“中”，指领悟到“体是空、相是假”，认真做事而不争，内心清净光明，一尘不染，跟空性体完全相应，明心见性。[54] 可见，佛家显微“有生于无”，其精妙在于：平常心出智慧，创新灵感缘起于性空，“源头”滋养空性智慧。陷在“下载”竞争中，试图创新也只是瞎折腾。

佛学帮人们从内心隐微处解纷导滞，复归宁静光明。佛学本土化的过程中，影响深远的是禅宗的不立文字、直指本心，体现在以心传心的体悟型教学，用场景、故事、对话，贴近心灵的柔软处传递体验。佛学在我国隋唐时期发展鼎盛，又经宋明理学融会儒释道，佛老辅佐儒学建构形而上基石，形成中国哲学发展的第三次高峰，沉淀中国儒释道一体的文化。

第四节　有无之境“致良知”

我国历史上真正彰显儒释道大智慧的是诸多大儒。心学大师王阳明融会儒释道精髓于一身，居困养静，龙场悟道，危难中彻悟“致良知”说，把孔孟仁学作心学解释，处危不惊，活用“动静皆定”大智慧，亲证“天人合一”境界，是后人推崇的中国历史上唯一没有争议的立德、立功、立言三不朽的圣人。[55] 封面

这里从 U 型理论视框吸收王阳明“致良知”的主旨。王阳明的天泉证道四句教为：“无善无恶是心之体，有善有恶是意之动；知善知恶是良知，为善去恶是格物”[56] 111，自视为他的心学宗旨，“致良知”之精髓。此四句圆融儒释道精华，又站在以“有”为重点的儒家立场。第一句道“无”，后三句论“有”，渗透“有无相生”。“无”是体，靠“有”呈现，“有”是用，靠“无”引导。[55] 255; 260“致良知”为核心贯穿之。这里把天泉证道四句教贯通 U 境对应“知、止、定、静、安、虑、得”，阐述“致良知”之精髓充盈于 U 境场域，乃灵性觉醒与知行合一相融。

“无善无恶是心之体”主要指心体的境界。他认为“人心本体原是明莹无滞”[56] 111，“常常是寂然不动，常常是感而遂通的”[56] 116，“天地万物与人原为一体，其发窍最精处是人心一点灵明”[56] 101。心物连通，万物一体，静宁自得的无我之境，即儒家追求的“天人合一”境界。无善无恶之境界，乃本然良知、至善功夫的灵根，“生植灵根，自生生不息”[56] 95，“无善无恶，是为至善”[56] 27。形而上良知也即心体之“无”，“良知之无，便是太虚之无形。……圣人只是顺其良知之发用”[56] 100。但世人少有能直觉感悟“无”之引导。“利根之人，直从本源上悟入。……一悟本体，即是功夫，人己内外，一齐俱透了。”[56] 111 显然，心体无善无恶，连通天人合一境界、形而上良知、至善功夫，贴近 U 底的**“定一静一安”**／**“放下一源头一接纳”**。

“知善知恶是良知”，相对的是形而下的“良知”，是不虑而知、不学而能，无论圣愚人皆有之的是非之心。[55] 216 和儒家的仁、义、礼相对应，包括恻隐之心、羞耻之心、辞让之心，是人之为人的根本。良知遮蔽了，就不能致知。“良知昏迷，众欲乱行；良知精明，众欲消化。”[55] 263-264 对《大学》中的“格物致知”，王阳明改为“格物致良知”，认为世儒“舍心逐物，将格物之学看错了，终日驰求于外”[56] 28，不应对外格物穷理，并非格尽天下万物才能领会道的真谛。明确提出“心外无物，心外无事，心外无理，心外无义，心外无善”[57]。显然，在U境中可把“**知**”改为“良知”，即：“**知**”要能觉知到停止“**下载**”，只能靠“**良知**”启动，明觉良知，一循天理，把握大处，心体不累以欲。[56] 27-28

“有善有恶是意之动”，指在天人心物的深厚联系中，“其虚灵明觉之良知，应感而动者谓之意”[56] 45，意动联动形而下良知，有善有恶；“意动”更受到“理静”的主宰，“诚意只是循天理”[56] 28，天理即明德，即形而上良知，“吾心之良知，即所谓天理也”[56] 43。理（天理）即心，即性，即良知，都是意之主宰，“身之主宰便是心，心之所发便是意，意之本体便是知，意之所在便是物”[56] 6。可见，天理 / 心 / 性 / 良知，通过“意动”的中介，作用于“物”。“意动”受心性、良知、天理的指引，一循天理，不以成见裁量事物，不动于气，不作好恶。[56] 28 即不错把小我情绪欲望当成自己。这些睿见，和U境中的“**暂悬**”，和现象学之主旨，异曲同工。相应，“**止**”即“知止”，了解事理当止之处，知止而后定，动静皆定，自然联结U底的“**定**”“**静**”“**安**”。

“为善去恶是格物”对应U境右上行的“**安、虑、得**”。是侧重知行合一的行动创造，而非对外逐物。[55] 116-117 首先，强调专主天理才能知行合一，格物致良知。格物“是去其心之不正，以全其本体之正。但意念所在……无时无处不是存天理，即是穷理。天理即是明德，穷理即是明明德”[56] 6。“圣人之心如明镜，随感而应，无一不照，这就是主一功夫。”[55] 169 “主一是专主一个天理”[56] 10-11，“不务去天理上着工夫，徒弊精竭力，从册子上钻研，名物上考索，行迹上比拟，知识愈广而人欲愈滋，才力愈多而天理愈蔽”。用功只求做减法，日减人欲，日复天理。[56] 26-27 其次，知行合一的前提是为善去恶。“一念发动处，便即是行了。发动处有不善，就将这不善的念克倒了。须要彻根彻底，不使那一念不善潜伏在胸中。此是我立言宗旨。”[56] 91 “循理便是善，动气便是恶”[56] 28。再次，知行合一致良知。圣人身心之学在于体悟实行，“行之明觉精察处，便是知；知之真切笃实处，便是行”[56] 192。“人须在事上磨炼做功夫乃有益”[56] 87。总之，知行合一即整体连通灵性，万物皆亲和我，千难万险皆玉成我。这显然是最理想的U境创造过程，是“源头”滋养改进现实的创造行动。

王阳明“致良知”心学是他自己创造性人生的结晶，龙场居困养静悟道：“圣人之道，吾性自足，不假外求。”[55] 65 其精髓乃道器不离，道心专一，“无”引向良知明觉之境，身心空静，亲证“有生于无”。从本体到功夫，诚意尽性，明德就是亲民，亲民就是明德，知就是行，行就是知，知行合一，万物一体。呈现“终日有为而心常无为”的圣人景象，流芳后人立德、立功、立言三不朽人生。[55] 169; 260; 292

老子“有生于无”，佛学“空性无我”，经阳明心学显微“有无相生”，为U境创造机制注入儒释道的厚重底蕴。有无之境“致良知”，明觉本体（U底“源头”），精察修身功夫（U境左下行），本体“无”创生滋养“有”（U境右上行），其知行合一功夫源于灵性觉醒。正如雅斯贝尔斯有关轴心期的洞察，人类一直靠公元前500年左右“轴心期”一批伟大思想家所产生、思考和创造的一切而生存，渡过重大危机。[58] 阳明心学，对于唤醒受轴心期思想滋养的人类精神转化的潜力，意义不言而喻。

至此，有必要进一步从《U型理论》中概括出U型过程的核心脉络，与《大学》中“知、止、定、静、安、虑、得”相参照、对比反U空间（内在敌人）的要害，比较中贯通“有－无”联结的奥妙（见下表中的比较对照）。

可以看出，U型过程的核心U底“源头”和我国传统静文化对应，和帕尔默的《教学勇气》一样，都关注言传无形“源头”的魅力，依靠联结“源头”暂悬淡出小我的评判、嘲讽、恐惧。《U型理论》没有展开的U底“源头”、自然流现等，缺乏体验难以理解，没有深层的困惑就没有理解的需求。借助本章亲近的儒释道大智慧，老子“有生于无”，佛学“空性无我”，经阳明心学显微“有无相生”，让U底“源头”厚重、饱满、灵动，充盈着灵性

《大学》精髓、《U 型理论》核心脉络、反 U 空间内在敌人三者对照表 [6] 16-17; 11; 13; 42; 44; 52; 53; 64; 223; 232; 235; 255; 287-338; 208-209; 191; 326

《大学》	注意力场结构	注意力源头 （U 型空间的力量基础）	反 U 空间 （内在敌人）
	U 型左侧下行（共同启动，共同感知）		
	下载（我中我）	习惯（停止下载是进入 U 型过程的前提）	下载
知	觉醒（它中我）	打开思维 （客观聆听，停止下载，需智商 IQ） 客观聆听：原来是这样！能关注新奇相左事实	无视 / 失明 （评判之声）
止	暂悬	打开思维（暂悬习性反应，全新观察）	失察 / 固化 （评判之声）
定	转向（你中我）	打开心灵（同理聆听，深潜，转向从场域感知自我、他人、整体，需情商 EQ） 同理聆听：哦，是的，我明白你的感受	着相（嘲讽之声）
	U 型底部（共同自然流现）		
静	自然流现 （当下我，从内心深处向外观察，即感知我们未来最高层次的潜力，并据此展开行动。）	打开意愿（生成聆听，放下小我接纳大我，穿过针眼，与真实存在、灵感、直觉、想象力的初始源头产生联结，觉知正在生成的最高未来，需灵商 SQ） 生成聆听：无法言传感受，更安静、更当下、更真我，从正在生成的未来场域聆听	刚愎自用 （恐惧之声）
	U 型右侧上行（共同创造，共同进化）		
安	结晶	接纳（澄清、结晶愿景和意图）	操控（盲目行为）
虑	建立原型	具化（联结头脑、心灵和双手，共同创造战略性的微系统原型，体制模式和结构的变革原型）	自欺 / 施暴（只反思无行动）
得	执行 / 运行	实施原型（联结微观和宏观层面的领导力，战略性微系统原型、体制模式和结构原型的实施、维持和发展创新）	毁灭（不与源头和行动联结的空谈）

创造力，为 U 境创造机制注入儒释道传统的不竭活力。

显然，U 境整合了理性与灵性，呈现有无相生，尤其揭示了只有灵性智慧能真正创造战略性的微系统原型、体制模式和结构的变革原型等远见。一切实质改变都取决于注意力源头，即内在心智状态的变迁。假如一再滞留在“下载”层面，盲目外逐，永无出路，甚至堕入反 U 空间。

重建升学考试制度“减速齿轮”改革顶层设计能否影响现实改变，取决于是否生发贯通于“心灵—场域—制度”的良性互动，否则再合理的制度改革设计也会失败。教师勇气更新叙事探究在相遇许多内在觉醒教师成长团体中水珠汇海，正在体验夏莫的洞察：我们共同意识中唯一能完全控制的部分是行动时集体觉察我们实时的内在状况。确实，开放教师叙事探究与心灵成长形神相生的氛围，唤醒自我觉知的意识，如其所是呈现真正的自己，不把情绪、身体、念头当作自己，唤醒内在改变，这种交流文化氛围，感染共同意识注意力的源头改变，即注意力场结构趋向“源头”变迁。U 境进化过程在教师们本真丰富的线上线下读书叙事中体现，在客观聆听、同理聆听、生成聆听中体验。而体验“有－无”联结触及“源头”意味着什么？大多是似曾意会却难以言传，下面尝试从现象学原理寻求“没有方法的方法”突破。

第八章

“有–无”联结：改革的方法突破

为何人类历史上像王阳明这样立德、立功、立言的千古大儒凤毛麟角，而能够领悟王阳明“有无之境”、体验“天人合一”境界者也是少之又少？关键是人类意识水平的局限。

古希腊先哲确定理性至尊，期望依托理性永恒锁定真理，却暴露出大脑演绎理性容易迷失方向的致命弱点。脱离了处于文明源头的灵性母体，原本擅长显现事物意义的理性，蜕变为单一追索客观规律和科学真理的孤僻语言。以致现代科学奇迹、知识经济、制度化管理等理性魔力，合力交织成恢恢权力知识网和科技井架，盘错膨胀为人类异化心性罪魁、教育迷失之根。人，原本是自我真正本性的谦卑守望者，却在宇宙万物面前忘形超拔理性。[2]3-4

“无”在现代更是严重被遮蔽，致使人类意识水平难以提升。而学校教育，如夏莫的尖锐批评，对割断学生从小触及“源头”的机会，负有极大责任。“减速齿轮”改革直面的直接危机是教育被平庸争分集体捆绑，深层的病根是诚信文化不足，贪嗔痴三毒逼迫更多人陷入恶性竞争，教育被裹胁成了迷失真我的帮凶。当师生生命被严丝合缝围堵于“下载”竞争，新生代就被割断了滋养生命的“源头”，任何未来的“王阳明”都可能被扼杀在摇篮。

第一节　学术研究超越意识局限：从现象学原理寻求方法突破

这些危机的实质是意识上难以超越物质与心智的分离，教育研究尤其容易被困在疏离于实相的二元意识层面，加速这种分离。威尔伯尖锐地指出：人类真正面对的问题和危机，“并不能通过阐述什么是更加详细的、更加‘科学’的、更加可靠的，或者更加精确的符号化地图来解决”[46] 33。一切反映被观察对象的概念及概念体系，哲学上争论唯物、唯心，虽然并没有什么错，但显然都是二元分离，都不是亲证知识，只是符号知识，是地图，是幻相而非实相。一旦停留在“下载”层面，被思想、符号深深包裹，就很难触及“大心境界”。这必定会导致与别人分离，与自然分离，最终与自己分离。[46] 29；44；306

因此，二元分离的研究，演绎的立足点再高，阐述角度再完美，概念再标新立异，批判再尖锐，关系阐释再逻辑严密，工具方法运用再精巧严谨，再怎么满足同行评价的学术习性，本质上仍然只是符号化地图。而对于改进现实而言，如果研究者不心存敬畏，对创生万物之“无”或“空”浑然不觉，或讳之莫深，陷于外逐躁动，枯竭了触及灵感洞察力的“源头”，只会平庸不作为甚至乱作为，不断加深物质与心智的分离，失去重新整合的真正智慧。即使是王阳明的心学智慧，也会被二元意识当作空洞的思想符号“下载”，而发挥不了改进现实的活力。要避免王阳明600多年前预言的“知识愈广而人欲愈滋，才力愈多而天理愈蔽”的恶性循环，人类意识敏于“有生于无”“日常意识就是道”，是突破口。

“无”已经被泛滥的思想观念遮蔽，诸多思想家也曾告诫这种危害。托利警告：“对于大脑和有关大脑的知识而言，它们在日常生活的实际领域中占有一席之地。然而，当它控制你生活中的一切层面时，包括你与别人以及与自然的关系时，它就会变成一种可怕的寄生虫，如果不加以控制的话，最终它会结束地球上的所有生命。”[18] 52

犹如这个真相，基础教育评估僵化的集体捆绑还未能突围，高等教育评估的集体捆绑接踵而至，被外在排名裹胁舍本逐末，破解教育体制机制困境的核心创新力集体萎缩，任由僵化的制度负罪子孙。为了释放教育专业研究在复兴中华民族教育大业中的核心创新力，必须在众多障碍中清除最致命的一叶障目，在应对新兴复杂性的高挑战中，这个障碍足以在起点上扼杀专业研究创新国家治理能力的探索。这就是流行的学术研究习性阻隔了贴近现实的实相。对此笔者曾有篇小拙文：

智库建设不是制造概念符号地图[59]

国家智库的期望，赋予人文社科研究者的挑战是，不仅仅做学问，更要对现实重大复杂的问题，提出贴近真相、能够带来实际改进的行动方案。

众所认同，现代社会活动本质上的反事实特点，现代社会生活使个体的行动乏力，现代性对个体自主性的无法抗拒的剥夺，现代制度创造的机遇与高风险后果混杂的环境（吉登斯语），所有这些决定了人文社科研究者要想提出贴近现实真相有现实改进行动力的方案，困难是空前的。

困难不仅来自现实问题域牵涉面广，极端复杂，更来自学术研究习性滞留在理性概念的逻辑建构层面。人文社科的学术研究文章要能够发表，必须围绕一个核心概念集中深入阐述。但任何核心概念，在现实极端复杂的问题域面前，只是能触及真实问题域外围边角的小碎片，毫无力量透入深层真相。

但是，研究成果却是依学术评价习性才可能发表，包括研究规范，如文献综述基础，研究方法论证，发表物依同行评价口味竞争获奖，任职资格、待遇、专业晋级、奖惩等，都基于此。时下躁动的“国际一流”，驱赶人文社科的研究精英追逐国际刚性标准——一套同样被现代科技井架控制的学术习性，加上成果数量的刚性要求，迫使研究者无暇顾及对本土现实复杂困境进行具有改进行动力的原创性研究。

米尔斯在60多年前洞察到：宏大理论家们实际上是在构造一个概念王国，“系统”一旦被确立，就不但很稳定，而且是内在和谐的。无法有效地表述冲突的思想，结构性的对抗、大规模叛乱、革命等，容易抽空问题，成为毫无实际意义的空中楼阁。抽象经验主义也死抓住研究程序，盛行方法论抑制，以及体现这一抑制的研究体制，不考虑问题的真相。两者都逃避社会科学的使命，都不能通过把大众议题与私人困扰结合为社会科学问题研究的方式，来解决这些困扰和问题。而这需要一种视野开阔得多的经验主义，一种轻松而有条不紊地在不同抽象层次间穿梭的能力，而这是富于想象力和系统性的思想家的显著特点。

想象力、创造性需要的直觉洞察力，只会闪现于宁静的心灵，系统性要求通过逻辑理性的严谨建构，把面对复杂问题域直觉洞察到的改进想法，阐述成能落实的行动方案，并给予严密论证。这是一种让理性哲思贴近真相建构的观念体系，具有灵性觉醒知行合一的创生动能，而短平快的线性逻辑建构却只是在制造概念符号地图，远离真相。

因此，国家智库建设需求必将反逼调整学术评价，倡导宁静的研究氛围。如果不尊重直面重大问题的人文社科研究需要想象力创造性和系统性论证，不鼓励研究者忘我专注宁静致远，尤其是当创造力旺盛的年轻人因谋生压力不敢摆脱刚性标准束缚时，一味强化理性逻辑概念建构的“竞争”习性，足于让世界和生命的真相不重要，系统、观念却变得重要，塞满内外空间，人类必定在空无一物的抽象世界迷失方向。（威尔伯）当生命被围堵在“下载”竞争导向的制度架构中，即使是有价值的专题研究也缺少转化传播空间。当学术机构恐惧排名压力而只认刚性标准时，追逐排名也会欲速而不达，专业研究必然避重就轻，平庸泛滥，社会进步失去核心创新力。当平庸“成果”进入智库，影响决策，盲目的政令就可能殃及芸芸众生。

谁是始作俑者？学术评价刚性标准吗？让各类排名太容易的信息技术吗？不是，其实是盲目认同科技井架的心魔。科技井架本身是永远不会认账也没有能力认账的。

人文社科的研究局限于头脑识见的习性，各类排名驱赶学者竭尽全力围绕概念碎片进行理性逻辑建构，而大系统的紊乱失衡，仅仅靠头脑识见又根本无力应对。灵性缺失导致真正的创造力萎缩，只能被这些乱象进一步裹胁。乱象裹胁则私欲更加无孔不入，灵性萎缩，道德必定滑坡。

国内高校自本世纪初用外在标签捆绑研究者追逐发表论文数量及刊物档次，发表物很难实质影响重大社会问题，大多消耗在对已有文献的研读比较、分析评判中，或量化研究规范程序，或愤世嫉俗指责弊端，失去了接地气实质改进现实的原创创新力，却用引用率之类的标准衡量虚假的社会影响，导致发表好像只为进一步发表被引用，名曰知识创新，却隔断创新土壤，被堵在平庸“下载”中你追我赶。

克里希那穆提一针见血地指出：“在以往发生过的各种危机中，主要都是对物的利用，对人的利用，现在却是对观念的利用，这更为有害，更为危险。因为利用观念是相当具有破坏性，相当具有毁灭性的。……这就是目前全世界的现状，人并不重要，系统、观念变得重要了。人不再具有任何价值。”他还指出，背负观念和方法的头脑，无法了解那真实的、不可思量的境界，也就错失了自己未知的直觉洞察力。而“无意识比意识反应更快。当你的意识在静静思考、倾听和观察时，无疑是在处于更活跃、更警觉、更敏于接受的状态”[13] 123; 43。

应对重大危机的创造力，是来自文献综述围绕概念碎片严谨程序逻辑推演，还是深入聆听现实，宁静沉潜U底“源头”，与现实同频，洞察能实质化解困局的原创对策？即使认同后者，沉潜笔耕中的研究者也会自我拷问，是在平庸地利用系统、观念吗？也必定是无法用外在衡量，只求内心宁定。因为任何面对重大现实问题的原创研究，其重构的发展愿景都是这样，是否能与现实中正在生成的最佳未来相联结，而不是事与愿违，必定要有一个历史过程才能显现。而学术评价大多等不及社会现实的发展，而只是依据引用率、发表档次、主观偏好等。何况，现实的发展永远是多因多果交织，尤其试图应对重大关切问题的改革顶层设计，要能积极影响现实，必定需要许多专业领域各自发挥优势，合力实现共同愿景，这些都远非研究者所能及。而研究过程心安定静，向心灵深处、思想深处、历史深处扎根，才可能相遇教育系统尊重真我生命活力的超越性发生。过程中的无比丰富虽然都在学术评估法眼之外，但足于确信，有如非洲的尖毛草，根部一直养精蓄锐，蓬勃劲长必定无可遏制。

假如在安贫乐道的20世纪90年代中叶及之前，高校或研究机构的专业研究者肯定有擅长理性的，也有敏于灵性的，教育研究就不会都被堵在理性“下载”层面你追我赶，一定会有愿意沉潜联结“源头”，对重大关切教育问题提出原创性破解对策。但仅仅不到20年，专业研究者大多成长于灵性缺失的时代，高校失去了深微、宁静的儒雅研究氛围，在重大关切问题研究上立项目砸重金不难，破解重大教育危机的核心创新力却集体萎缩。而对人性、对生命越洞察深刻，越如其所是呈现真我的力量，才越有智慧破解教师的困顿，引导觉知真我，满足教师成长的刚需。

在微观或中观领域，明智的教育学者善于从一线校长、教师的原创探索中汲取营养，如同从本专业领域的原创成果中获取启迪一样，形成具有推动现实改进力的成果反哺教育，在线上线下的教师成长共同体中辐射传播，但现实中，外逐标签式学术评估和聘用挂钩，严重阻隔教育研究接地气，一方面，接地气的专家受欢迎但不多，教师培训主要靠一线同行高手，好学校更重视好教师的薪火相传和氛围养心，只忙于应试顾不上吸收的也大量存在。另一方面，在全国师资成长的巨大需求面前，优质培训资源显然僧多粥少，国家重视师资培养，国培资源持续追加，体制内大量发生的教师培养，却可能占据时间精力又让教师们昏昏欲睡。

民间由下而上的教师研修探索，近乎在夹缝中依靠抱团取暖生存，受欢迎却传播有限。为何顺应人心向背却处境困难？原因之一是得不到教师培养经费的支持。而诸多市场导向的师资培训，或追求满足成长内需、刚需以吸引教师用低微的收入交学费，或公关谋取公章支持。林林总总的角力场中，如何吸纳民间积淀的优质培训资源，合法普惠教师群体成长，专业研究机构和研究者是最重要的转化枢纽。尤其是要为城乡教师群体成长雪中送炭，要学习如何弯腰从民间拾宝，主动创造唤醒真我活力的教师交流文化，依靠教师交流养心氛围强大的渗透力，而非仅仅靠靶向型输送优质资源。这也正是开放教师叙事探究与心灵成长形神相生的氛围，自然促进教育场域风清气正不可替代的意义。

但“下载”竞争充满诱惑，比如，当某位教育领导除了国培资源还想为本地教师成长从地方财政切块蛋糕，制度就要求必须与高知名度教育专业机构合作立项，邀请专家有偿服务，这样，一些师范大学中的教育专业教授自嘲成了教师培训的班主任也就不足为奇。在这种繁忙中，研究者要淡出外逐标签的评估压力，暂悬轻车熟路的学理研究，向贴近生命的灵性智慧开放，自我唤醒教育研究的灵性潜力，谈何容易？

研究者如何推开灵性之窗，让意识敏于洞察？理性观念能否为“有－无”联结服务？法国著名哲学家马里翁（Jean-Luc Marion）认为：“‘我思我在’不是此在的反例，而是此在必须夺得的地基。因为此在要想显示自身，绝无其他的地基可以提供给它。”[60] 180 难点是如何让理性哲思成为艺术，贴近真相建构观念，从而抵制滥用观念的危害。

上一章深潜U境“源头”，从本体上论证，人类的险象丛生或盛世平安，源于是否获取到了滋养自我生命的“源头”。极端重要的社会维度“源头”，隐藏着启迪人类不要迷失的往圣绝学。它之所以容易成为盲点，皆因为“有”与“无”的联结可意会不可言传。如老子的“有生于无”，佛学的空性无我，神传“无－有”联结，简明如神启，但对芸芸众生却朦胧如远山。“减速齿轮”改革如若开启U境教育场域进化，联结“源头”滋养意识转化，还必须借助理性哲理言传灵性智慧。

西方哲学传统长于理性逻辑，但“随着黑格尔（G. W. F. Hegel）哲学的瓦解，逻各斯（logos即理性）和存在之间的自明的符合关系最终被摧毁了”[1] 286。寻求理性思考与存在实相之间的联系，提升人类的存在意识，成了现代诸多哲学家关注的重点，现象学的影响深远与广泛最为重要。海德格尔（M. Heidigger）依照希腊词词义，关注到现象（自在显现自身）和逻各斯（指示性让看见）之间的内在联系，据此解释“现象学”：“让从自身显现自身的东西如它从自身显现自身那样被看到”[61]，**把现象学方法视为让事物从自身显现自身而被看见的科学**，以此表达“回到事物本身”之精髓。逻各斯的指示功能，也突出要让看见的必须是从自身显现自身。而逻各斯的原始力——言谈，是领悟人生的存在的家，支配着人类的生存方式和意义空间。“思服从在的声音，就须寻觅言词，以便使在的真理得以表出……思者道说存在，诗人命名神圣。”[62] 应对现代性危机的关键，是谋物质与心智的整合，弥合言谈与实相的分离。开放教师叙事探究与心灵成长形神相生的氛围，是一种回到事物本身的尝试，试图改变注意力场结构，触及“源头”贴近实相。

现象学的相关研究，关注到超越存在论，哲理的触觉更多伸向“有”与“无”的联结境域，再自然不过。下面把现象的显现置于U境中理解，寻求“有”与“无”联结的突破口。

第二节　现象学显现"有"与"无"的联结

接下来主要依据马里翁《还原与给予——胡塞尔、海德格尔与现象学研究》中的主要观点，阐述现象学原理对显现"有"与"无"联结的贡献。借助U型场域直观呈现"有"与"无"之间联结的显现方式，进而建构三个隐喻图，呈现三种"有－无"联结的意识敏感状态，显微U境教育场域的进化纹理。据此表明，要让升学考试制度重建与诚信文化再生之间良性循环，大多数学生在改革中受益，必须让"减速齿轮"制度改革、U境教育场域的进化、"有－无"联结意识的敏感这三者之间良性互动。而开放养心氛围才利于三者之间良性互动，心灵成长才敏于"有生于无"的日常意识，这"没有方法的方法"才是突破口，是贯穿所有思维、研究或行动的方法之灵魂。

马里翁在深入研究胡塞尔（E. Husserl）和海德格尔的文本的基础上，剖析两位现象学大师的思想交锋和冲突张力，阐述两位在还原活动中的不同重心，认为胡塞尔是以超越论自我的方式，海德格尔是以此在的方式。胡塞尔开创的现象学方法关注"回到实事"，马氏欣赏海德格尔将"回到实事"引向"回到存在"，穿过现象学的认识论直达存在之思的本体论，而非仅仅回到客观性。[60] 3 指出，吸引胡塞尔倾注毕生的突破"源头"——"经验对象与给予方式的这种普遍关联的先天性"[60] 49，被海德格尔正确理解为"存在就是给予"[60] 339，"存在就意味着显现"[60] 126，关注让事物从自身显现自身。他还提出，回到实事的还原条件规定了被给予的程度，对胡氏的超越论还原、海氏的生存论还原，力图推进到纯粹形式的存在境域的还原。[60] 348-349 其哲理极其深奥复杂。这里仅关注书中高频出现的"还原""给予""关联""显现"四个核心概念，从中借鉴宝贵的思想启示，借用U型理论视域直观呈现，为难以言传的"有－无"联结架起哲理桥梁。

马里翁认为，胡塞尔通过现象学还原回到实事本身之精粹，就是回到

“独一无二的原初的被给予性”。[60] 53 显现本身不设想为“来自意识的被给予物”，而是设想为实事本身向意识（甚至通过意识）的被给予活动。按照胡塞尔的说法，这些给予活动，是在意识的直观、意向等维度中以显现的方式进行，事实本身的被给予性不断照亮直观、意向等才显现出来。[60] 50

按照胡塞尔的说法，现象的显现方式即现象性，是对现象的结构进行展示或关联的方式。[60] 81-82 当用现象学的方式关联“意向相关项-意向活动”，需要反自然地不把对象视为实事本身，而要求关注作为对象之基础的行为——诸如接受原初地、直接地给予我们直观明见性的感知（如对阳光的直观明见性感知是光明和温暖），让实事本己的被给予物作为意向体验呈现。[60] 9 这就必须悬置人与人、人与物关系中的先入之见，把容易带有先入之见的自然态度引回到超越性的意识生活，敏于内在觉知意向性体验，打开意向性体验的空间。[60] 107

这样，意识通过直观明见性和意向活动，把对象人为构成具有生成意义的意向发生结构或现象关联方式。意识对对象的这种人为构成性成了现象性的关注重点。在意识的体验流中捕捉意向性体验的转化，靠意识让直接在场、直观明见、体验验证来规定现象性，现象学就这样把构造的对象给予了自我，证明自我这个奇点。纯粹意识（自我）具有绝对的优先地位。[60] 348; 265-268; 90

马里翁还从海德格尔的批评中捕捉到胡塞尔思想的独特亮点。一方面尊重海德格尔的批评：胡塞尔关注现象学方法的应用点（意向之物）却错失了存在的意义。认为，现象学方法是服务于超越本体论的方法 [60] 73，是提供方法让人思考存在方式 [60] 333，而不仅仅是从给予性的意识出发阐述现象学的认识论意义 [60] 110。海氏还批评，还原过于强调意识的优先地位，抵达显现是从体验的内在性出发，而不是从对象本身的显现出发，这种还原会把现象的存在方式都还原掉了。[60] 88-90

另一方面，马里翁又超越海氏这一批评，捕捉到胡塞尔的独特亮点：现象学原本关注还原性和构造性，但却打开了“自我”优先性的潘多拉盒子，面对可能会释放出的魔性，出路是彻底的超越论还原。认为，自我的还原在实事上和原则上都把自己超拔在存在论之外。既然就实事本身而言，要返回的是要超出存在者的存在之外，那么胡塞尔根本没有错失什么，反而是直接跳跃到了存在王国之外——存在的未规定境域。[60] 273-274 因而，最严格意义上的现象学为了实现自身，自我是不存在的，是超越存在论的。[60] 267-268

马氏还指出，超越存在论也是海德格尔的事业：现象“就其自身显示自身者，公开者”，涉及现象从本己的主动性出发，从可能的遮蔽地带进入可见性之中。可见性在意识之上，因而不只是仅仅还原到意识在场。[60] 93-95 这就超越了从客观性引回到存在者的还原，即超越了把存在者自身的亲身被给予性视为唯一正确的生存方式。[60] 90 因此，马里翁指出，海氏沿着存在者之存在的方向解释存在者，一直返回到现象性存在——其对存在者如其所是的显现过程起作用。[60] 105 而这种现象性存在，“本身非直接被给予而是主动给予的”[60] 115，这也正是胡塞尔和海德格尔都关注到的“一切奇迹中的奇迹”的显现。[60] 276

显然，马里翁作为现象学的第三代代表人物，运用现象学的方法推动超越存在论，试图更有力地突破胡塞尔震撼性发现并毕生探索的“显现和显现物之间的相互关联”[60] 49-50。显现作为将要显露出来的被给予物而存在，可无限贴近“无”；显现物是现实存在者，是“有”。可联结两者的是上述现象的明见化过程。这些思想为笔者在 U 境中阐述“有”与“无”不同程度的联结，探索“减速齿轮”改革对开启 U 境教育场域进化的作用、U 境教育场域进化力量对改革成功的深远意义，提供了重要的思想启迪。

第三节　U 境呈现“有 - 无”联结

上述现象学相关原理贯穿的“有 - 无”联结意识，安置在 U 境中，结合 U 底“源头”，融汇东方传统大智慧，可直观呈现“- 无”联结的理性桥梁。下面尝试结合 U 境从三个方面勾勒“有 - 无”联结：一是“现象学的关联方式”，结合 U 境中左下行的“下载—暂悬—转向—从场域中感知—放下—源头”来理解；二是“存在的给予方式”，结合 U 境中心纵轴“内在开放的思维—开放的心灵—开放的意愿—源头”和右上行“源头—接纳—具化—实施”来理解；三是“现象的显现方式”，置于整个 U 境背景来理解。显然，这只是笔者人为的区分，是为了从特定角度更好地体现三者的内涵和彼此整合一体的实质关联。

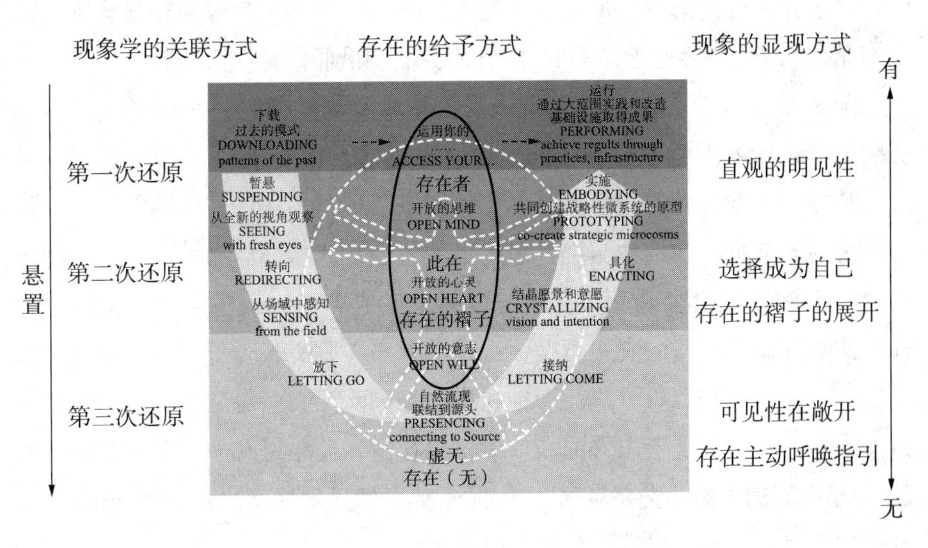

图 1　从现象学显现看 U 境中“有”与“无”的联结

对上面图 1 的讨论，笔者选择了马里翁阐述的现象学重点要素，从这三方面更直观地呈现“有 – 无”关联，触摸现实中新灵性觉醒之后深层的理论发展脉络。

一、现象学的关联方式

下面选择马里翁的相关观点，置于 U 境“左下行”注意力场结构趋向“源头”的变化中，理解“现象学的关联方式”。如图 1 左列所示，其精髓是悬置。暂悬习性反应不仅仅是停止“下载”的前提，而且现象学研究的三次还原，突出了悬置是贯穿于整个“有”趋向“无”变迁的灵魂，也是“有 – 无”联结意识唤醒的前提条件。第一次还原是胡塞尔把客观对象还原到意识，悬置了把对象作为实事本身的自然倾向。第二次还原是海德格尔在存在论意义上向独一无二的存在者（此在）还原，不仅悬置了力图依靠意向性返回客观性的意识优先，而且一直把此在的意向性还原到存在者整体。存在论层面的还原后，又瞄向超越论还原——所有的存在者向存在整体的还原。第三次还原悬置了存在的信念，普遍悬置了整个世界。[60] 338; 274; 119 这种普遍悬置，贴近 U 底“源头”，相通于佛学的“空性无我”“借假修真”大智慧。

随着 U 境注意力场结构下行，现象学体验流的视野越来越扩大，更彻底的悬置意味着习性被更加彻底地拆解和超越，“有 – 无”联结的意识更敏感。从停止下载，悬置习性反应，到转向全新视界，从场域中感知放下，每一步都需要悬置小我的贪嗔痴，净化场域氛围，才能开启深微、舒缓、纯净的意识空间，体验客观聆听、共情聆听、生成聆听，敏于接收“无”的滋养。这是现象学关联的真正意义，也是笔者多年聆听教师勇气更新共同体叙事探究、叙事体验和心灵成长形神相生的氛围深深吸引每位参与者的真正理由。当“悬置”相通于东方的“放下”大智慧，还原更有力，更需要轻灵心态，敏于觉知洞察，“去妄显真”。因此夏莫一针见血地指出：不要分析麻痹，觉察比反思更重要，要警觉分析麻痹。[6] 326

二、存在的给予方式

“存在的给予方式”更直接体现“认识自我”的大智慧。重点关注“此在”的存在意义，每一次选择成为自己，如其所是给出本己，与众不同，朝向天生我属，甚至向死而在。[60] 165 如海德格尔的界定：“此在，就是被先行给予了我们的，我们每一次所是的存在者”，并且把此在的直接被给予物回溯到存在的主动给予上。[60] 115 正是在第三个现象学还原更加彻底的意义上，把虚无也囊括到现象的明见化过程。存在就是主动给予，存在就意味着显现，存在恰恰作为显现而展现自身，现象的真正意义在于显现，在展现自身时所依据的总是现象学的方法和回到“事实本身”的原则，在亲身被给予性中迎接作为现象的存在本身。[60] 125-126 “虚无”，视为一种非存在者整体，往往会在陷入触发性情绪中被体验到——如“畏”“深度无聊”“爱”“喜悦”，或者退避于“迷人的宁静”，如东方禅修，在体验中主动给予自身，敏于向“无”敞开。“无”的本质，在指向运动中显现出自身，作为某种指引，在畏中簇拥着“此在”。[60] 120

笔者把“存在的给予方式”对应U境中的内在空间“打开思维—打开心灵—打开意愿”理解，从“有”到“无”的联结节点有“存在者—此在—存在的褶子—虚无—存在（无）”。“存在者”打开思维，暂悬小我的思维习性客观觉知；“此在”打开心灵，心灵回到每次都成问题的实事重新自我定向 [60] 79，识别认领超越恐惧阴影；“存在的褶子”打开意愿，在存在者和存在之间的折叠处展开 [60] 160，体验放下与接纳，“有”得到“无”滋养的空间开启。

“存在的给予方式”也同时对应U境右上行“有生于无”的创生过程，意味着此在通过在世中操心而回溯到其超越性。[60] 349 “此在”必须亲自言说，每一次如其所是给出自己，此在只有把自身投入到与存在之间的生死攸关的运动，即存在的褶子的展开运动，才能亲自说话。[60] 160; 177 可理解为，此在只有在创生过程中加深体验“有－无”联结，体验知行合一创生，“无”滋养“有”的空间才愈发可能“超越我们的愿望和行动与我们一起发生”。如教师勇气更新共同体在叙事探究与心灵成长形神相生的氛围中体验的“超越性发生”原型，运行到升学考试制度改革与诚信文化再生良性互动的大系统中，同样可能具有强大的“超越性发生”原型动能。

作为“超越性发生”原型，存在的褶子在心理治疗大师荣格那里，是从治疗约八万患者的体验中，从许多发挥出蓬勃创造能量的人们身上，发现心灵需要复归内在平衡、和谐、连贯，通畅意识和无意识领域而充盈创造性和丰富性[14] 5。在帕尔默的《教学勇气》中，存在的褶子是贯穿全书的灵魂：自身认同和完整；存在的褶子的展开运动，帕尔默表述为共同体的四个发展阶段：个人内心不再分离重获“自身认同和完整”，形成志同道合共同体，共同体走向公众，共同体的发展获得精神奖赏。这些正在被教师勇气更新共同体体验，正可望步入“教师心灵成长—教育场域进化—教育体制机制改革”三者的良性互动，在持续“超越我们的愿望和行动与我们一起发生”。

三、现象的显现方式

“现象的显现方式”，在U境中显现存在者自身（有），也显现U底“源头”（无），后者显然极其困难。“源头”（无）相当于海德格尔的“存在现象”，胡塞尔的“存在之外”。“有”和“无”之间隔着“虚无”深渊，按照海德格尔可以否定表述为“非存在者整体”，可体验为处于存在现象整体内的存在者的核心。“非存在者整体”同样通过自身并且从本己的可见性出发而给出自身，这种可见性，处于一切明见性之上，因而也处于一切意识之上。可见性不再现自身，而是呈现自身。[60] 94-95 从“虚无现象”回溯到“存在现象”，依靠的是意识敞开接收到存在本身主动的突显——存在的“呼声”的主动直接召唤[60] 317; 338-339，“存在现象”的显现表明为一种纯粹的指引关系。

因而，“现象的显现方式”在整个U境中表达“有”和“无”的联结，显然是双向的。从“有”向“无”，主要是内在意识空间向“无”敞开：从直观明见性到选择成为自己，再到存在的褶子的展开运动，意识空间向“无”敞开；从“无”向“有”，则主要是存在（无）主动发出指引召唤，“无”滋养“有”的创生过程。这个双向过程被许多发心慈悲、灵心纯净、富于创造建树的人们体验。用于理解教育大系统的自然平衡过程，就是“减速齿轮”改革挣脱了过度刻板训练的捆绑，进一步开放教师叙事探究与心灵成长形神相生的氛围，唤醒教师群体挣脱“下载”习性，注意力场结构趋向“源头”变迁，把真我活力带入教育教学，滋润学生的生命蓬勃发展，成长更多卓越老师和优质学校体验U型过程。

从“无”向“有”的过程可以这样历缘对境理解：教育大系统失衡复归平衡的改革思路，得到“无”的指引，“无”滋养完善教育体制机制的创生过程。“减速齿轮”改革设想尝试寻找能四两拨千斤重组平衡格局的敏感点，自然需要“无”的指引，静沐其指引，滋养漫长的探索。但是直面长期的集体捆绑，任何改革设想都伴随高风险，本设想只能是抛砖引玉，为引来更多更强大的力量静候空白画布前，向“无”敞开，百花争鸣，完善更富于洞察力的可望理顺失控乱象的顶层设计，依靠众力规避改革风险。

马里翁的相关阐述隐约表达，在这种指引关系中，海德格尔和胡塞尔都关注到“奇迹中的奇迹”。胡塞尔认为，“一切奇迹中的奇迹是纯粹自我和纯粹意识”[60] 276。这个奇迹是无法把握的，而以科学问题形式出现的问题域是可以把握的。在解决问题时，以理性的方式被加工为可概念化和已经概念化的东西，恰恰是这个非概念化之物。[60] 274 显然，指引关系是如此关键地影响到理性的概念化和真正的创造性。而且，显现“无”的问题，极端重要又非常困难，按照海德格尔，也同样和显现“有”一样，都可以通过“从自身出发在自身中并从属于自身的方式”显现自身。[60] 303 这就是为什么胡塞尔和海德格尔晚年都关注到U底“源头”的根本意义。而马里翁站在两位巨匠肩上的研究，加强了“有”与“无”之间联结的逻辑哲理桥梁。

这样，U境中的“开放意愿”，可以理解为意识向“无”滋养“有”的指引关系开放，个体和集体意识敏于联结创造“源头”。而且，“无”无处不在，当“无”滋养“有”，指引穿越恐惧，亦滋润“有”之间的联结，万物之母则阴阳平衡，生机勃勃。如帕尔默的生动描述：“人类的灵魂在不断地呼唤联系：‘啊，别分离……’通过把我们自己沉浸在这呼唤中——这呼唤正徘徊在我们恐惧的前前后后——我们就能够进入那个本来就存在于我们之中的圆环。”[5] 53-54 但也要接纳一个事实，意识向“无”滋养“有”的指引关系开放，影响到真正的创造性，极端重要又不像科学问题可把握，因而，至少从古至今，人类的意识水平还只是学者多大师少。

第四节　亲证体验“有－无”联结

前述远古东方灵性智慧，广义太极代数整合西方理性逻各斯和东方灵性，现象学显现“有－无”联结，这些深微洞察，试图在本体和方法上论证，只有唤醒“有－无”联结意识，尊重意识的直观觉察，“减速齿轮”改革借助U境教育场域进化的力量，才可望促成意识转化和诚信文化再生。而且，这些深微洞察，并非深藏在哲学家的思辨中，而是体现在现代化断裂新兴复杂性挑战人类的危机中，灵性觉醒正以其知行合一的优势，深远影响到当代“有－无”联结的亲证体验。

日常意识亲证体验“有－无”联结，对开放教师叙事探究与心灵成长形神相生的氛围至关重要，是启动“减速齿轮”改革优化教育系统生态、唤醒教师群体成长、教育系统自然复归平衡的造血机制细胞。下面权且一斑窥豹，显示日常意识亲证“有－无”联结，体验到“源头”滋养，和提升改进现实的行动力之间密切相关。联结U底“源头”的真我意识状态，是生命中可体验又最值得守望的生命活力。

帕尔默在《教学勇气》十周年纪念版中指出，20年前，（马里翁《还原与给予》于1989年问世），北美学术圈对于灵性与教育的关联还感到陌生，而近十年间，各种会议、发表物和权威调研报告显示，美国高等教育领域正在发生重新协调职业和灵魂的巨变，关注大学生的内在景观，让高等教育的工作充盈灵性走向公众。[5] 180-183 20世纪末问世的《教学勇气》，不仅让许多中小学教师和管理者受益，而且已吸引了很多非教育界的读者群，包括医疗、法律、政治、慈善、宗教服务，或组织领导等方面的读者。[5] 前言6；例如，影响到美国医学教育评价委员会（ACGME）高度依赖医生的内心生活质量，对8000多名住院见习医生进行提升、监测和资质鉴定。从2002年始每年颁发给10位住院医最高规格的“教学勇气奖”。[5] 184-186《教学勇气》十周年纪念版更深入阐述“尽己所能地谦卑的教学之道”，诠释谦恭是迎来生命转化的奥妙[5] 前言 3，内中渗透着中西传统灵性智慧的影响，散发 U 底“源头”的魅力。

两年后，2009 年问世的夏莫的《U 型理论》，收集诸多领域意识敏于“有－无”联结、触及创造“源头”的故事，对容易成为盲点又极其重要的 U 底“源头”，主要从以下三方面阐述。

一是亲证体验。综合现象学、对话、合作性行动研究，体验知识、现实和自我的融合。夏莫通过访谈当今世界 150 位最杰出的思想家和大师们，就战略、知识、创新和领导力对话，从大量亲证“源头”的体验素材中，觉察有关“源头”的洞见。[6] 17; 19

二是新灵性兴起且影响日广的现实。他指出，在当下人类生存危机新兴复杂性背景中，创意阶层崛起驱动新灵性的兴起，美国大约有 3800 万人或 30% 的劳动者属于这个阶层。心灵的复苏正横扫美国公司。研究发现，员工参加灵修项目会带来巨大的产能提高，而且离职率会大大降低。40% 的美国人声称正参加一些提供支持和关心的集会或小组。[6] 83-86

三是明确把灵性（spirituality）定义为创造力的源头。认为它不同于宗教信仰，因为它关注体验而非信念，并且是可能集体触及“源头”。因而，明确反对怀旧和固守宗教信仰的原教旨主义。[6] 85

苹果的技术创新跨越国界满足客户需求击败微软的垄断，乔布斯的创造性恰恰受惠东方禅文化；华为于 2018 年 8 月 31 日宣布“中国芯麒麟 980”问世，成功摆脱网络强国长期“缺芯少魂”的危机，再一次向世人证明东方大智慧滋养的中华儿女惊人的创新潜力。这类颠覆性改变世界的核心技术创新体验启迪我们，教育系统的自然平衡必须激活教育过程的自主创新机制——开启 U 境教育场域进化旅程，滋养个体和团体心灵修炼，鼓励教师宁静致远，日常意识向创造“源头”敞开，尊重和等待学生认识自我，选择天生我属，开放迎接学生未知的创造潜力。

东方大智慧本体上和现象学方法上的理论论证，配合亲证体验，说明唤醒“有－无”联结意识、尊重意识的直观觉察，“减速齿轮”改革才能“装上飞轮”，借助 U 境教育场域进化的力量，促成意识转化和诚信文化再生。

然而，竞争重心转移，减轻死记硬背负担，增加灵活综合能力竞争，这一减一加，多数人将要面对新的竞争恐惧，U 境教育场域的进化力量足于缓解这种恐惧吗？换言之，U 境教育场域进化中的个体或团体，有信心警觉小我迷失，敏于“有－无”联结，觉知真我，“下载”日减，创造日丰吗？新制度环境和 U 境教育场域进化能够良性互动，呵护大多数人成为最佳的自己吗？这需要深入探索 U 境教育场域的进化纹理。

第九章

U境教育场域进化探微

对考试竞争重心转向运用高级心理能力的恐惧，实质上是恐惧——即使U境教育场域进化的力量在某种范围层次能够被体验到，但“源头”滋养的超越性发生，一般只有极少数人有缘体验到，怎么可能让更多人自我超越相遇未知的真我呢？只有当场域进化真正有力量唤醒大多数，综合运用高级心理能力的竞争可以促成多元人才脱颖而出，才不用恐惧多数不适应。

本书前三章阐述的重点是，U境教育场域唤醒大多数，主要依托开放教师叙事探究与心灵成长形神相生的氛围，滋养个人和集体接收“无”的指引的敏感性，内在收音机只收到“伟大的人”的声音。这样，自然疏导散乱强大的变性能量转向悦性，灵性觉醒知行合一。因而，洞悉变性能量转向悦性的内在纹理，遵循U境教育场域进化原理，才能推开“心灵成长—场域进化—制度改进”三者良性循环的大门。

第一节 探微 U 境教育场域进化脉络

U 境教育场域进化的内在纹理，其核心是 U 底“源头”超越性发生原型的深层原理。深潜 U 境“源头”，本体上吸收东方大智慧，方法上吸收现象学原理，是理解场域进化内在原理必要的理论根基。夏莫提出 U 型社会场域的三个基础：意愿基础，决定情境质量最重要的变量是最不可见的意愿，直觉质量决定与最高未来可能性的联结；关系质量，社会场域是一种不言而喻的联结媒介，是可以融入并培育的集体共鸣实体，需要比任何人都能更好地聆听整体的领导力培育；真实基础，U 型底部一道小小的“虚无”裂缝，是联结放下与接纳的地方，是大我“针眼”。[6]338-342 这三个基础，也为理解场域进化发展阶段提供了重要视域。

下面在 U 型理论视框中，尝试用高脚杯、蘑菇、葫芦三个隐喻图（本章中的图 1、图 2、图 3）表示一种自身具有内在联系的有机整体，直观示意教育场域的不同进化状态，呈现“有－无”联结的不同意识水平，阐述“减速齿轮”改革和 U 境教育场域生成之间的互动联系。

三个隐喻图中，左上角是“分离”，左下角是“联结”，两者之间连续的不同点表示意识在不同程度上的联结或分离状态。意识的联结和分离受到“有”与“无”关系的影响。“有”是否受到“无”的滋养，决定着“有”作为万物之母衍生的物质与精神之间联结的性质。

右上角是“有”，也即存在者，右下端中间是“无”。“有”和“无”之间，在靠近“无”的右下角，是“虚无”，表示现象“有”与“无”之间的隐性连续。“有”和“无”之间隔着“虚无深渊”，尊重了以下事实：从存在现象的角度抵达不了“无”，然而一种敏于联结的意识是可以向“无”敞开的，接收到“无”主动发出的呼唤，是联结放下与接纳的大我的“针眼”。在“虚无深渊”隐蔽的可见性，其显现是指意识上的，往往潜沉于宁静，或相伴某些极端情绪，潜藏着精神转化契机，诸如畏、极度无聊或痛苦、喜悦、爱。

意识能不能联结到“无”，取决于意识对“无”的主动呼唤是否敏感和敞开接收，而意识敏感度又取决于社会场域培育的氛围质量。“联结”和“分离”作为存在者的意识状态，在联结的一极，是心灵觉醒对“无”敞开的状态，在隐喻物中，呈现为透亮；在分离的一极则完全相反，在隐喻物中呈现为暗，表达内心极度分离无明无助；在隐喻物之外的U境内，表达意识的待醒状态，处于不同程度的分离（或联结）状态，但可能产生精神转化，转化有一定难度，反复无常，图中用淡暗表达，并点缀几点星光。在U境中用明、暗、淡暗表达觉醒状态、无明状态、待醒状态的消长变化。越亮，表示“有”联结“无”的意识敏感性越高，“有生于无”越显现其现实意义，呈现“道生一，一生二，二生三，三生万物”的创生万物生机。获得“无”滋养的“有”，也就越充盈物我相融、阴阳平衡的联系。

“高脚杯”“蘑菇”“葫芦”三个隐喻，总体上表达了U境中“有”与“无”联结触及创造“源头”的三种不同进化状态，其目的是探索性表述U境教育场域进化脉络及发展阶段，“有生于无”的意识敏感性、“减速齿轮”改革、诚信文化生成三者之间，依靠U境教育生命场域的自然进化，而产生良性循环，从而明晰“减速齿轮”改革对于教育疏导超越“造化三性”，释放出情感能量作为变革运动引擎的意义。[5] 196-197 因此，三个隐喻意图意在探微“造化三性”中变性转向悦性的内在纹理。

三个隐喻图，适合教育场域，亦适合社会场域，通过明、暗、淡暗的变化，总体上直观比喻“有”和“无”联结意识觉醒的三种进化状态，象征教育作为引导超越“造化三性”的艺术发挥不同程度的作用。隐喻物“高脚杯”“蘑菇”“葫芦”内的透亮、深暗，隐喻物外U境内的淡暗，也分别对应“造化三性”。透亮表示悦性（纯真 / 光明），深暗表示惰性（暗 / 无明），淡暗点缀星光表示变性（忧 / 激情或情绪）。直观呈现于本章图 1、图 2、图 3 中。

教育作为引导超越“造化三性”的艺术，就是引导每个人成为真正的自己，获得自身认同和完整，拥有自信而平和的精神内核，让个性和独特才华自然舒展。这样的教育，意味着纯真（光明）占了上风，不再迷失于变性和无明，而是不断吸引变性转向光明。对“造化三性”的超越，对顶尖精英也好，对一介村夫也好，都是平等的。当教育能发挥U境场域的力量，场域氛围自然熏染超越“造化三性”，教育的民主平等价值才真正能够惠及众生。好的制度环境是通过促成U境教育场域发挥作用，坚守教育的民主平等价值。

第二节 “有－无”联结意识薄弱的常态（高脚杯型）

从社会场域（亦适合教育场域）来看，隐喻“高脚杯”反映的是常态下绝大多数人内心分离的阶段。高脚杯型只有薄薄的杯底是透亮的，高高的杯脚就像阻隔的瓶颈，淡淡的亮只能透入到瓶颈一点点，杯子主体全是暗，象征相当多的人大多数时间把情绪、身体、念头当成自己，迷失昏庸。“高脚杯”外U境内的淡暗表示的是待醒状态。

高脚杯型如实反映出小我先天容易迷失真我的常态，绝大多数人内心分离，没有意识到“有生于无”的联结需要，只有极少数人唤醒了“有”联结“无”的意识，内心不分离。待醒状态带有零星星光，表示只有少数人处于潜在的内心不分离状态，有待一触即发相遇未知的真我。如图1所示。

显然，高脚杯型阶段场域的联系是疏离的，大多数都堵在“下载”层面你争我夺，暂悬习性的概率很少，注意力场结构没有关注到“源头”，没有形成U境教育场域，对于引导个体或群体超越“造化三性”，场域没有力量起到作用。

高脚杯型也是教育场域或社会场域潜伏高危的敏感阶段。当芸芸众生被围堵在“下载”习性中不能自拔，成为断了精神“源头”的“空壳”，“空壳”家长又必然推波助澜，催促学校的“下载”竞争更加扭曲、惨烈。当学校更紧迫地批发制造“空壳”人，无明昏庸者更多，社会贪嗔痴三毒必更嚣张，更加速毒害人类自身和生存环境。教育如果一再助虐枯竭生命“源头”，必将致命地加速人类堕入集体毁灭，如过度的应试摧残居然压向幼儿——极度反生命的危害。

像夏莫描述的，就像U境创造机制一样，反生成性的黑暗空间作为一种破坏机制，每个循环也有自我强化的动力（比如二次世界大战）。[6] 254-255 这就像人体潜伏的癌细胞，一旦生命强基固本的根基堤溃蚁穴，就可能突发恶性肿瘤，吞噬整个生命。而迷失于或超越于“下载”习性，就是高危爆发或转向光明的敏感点。

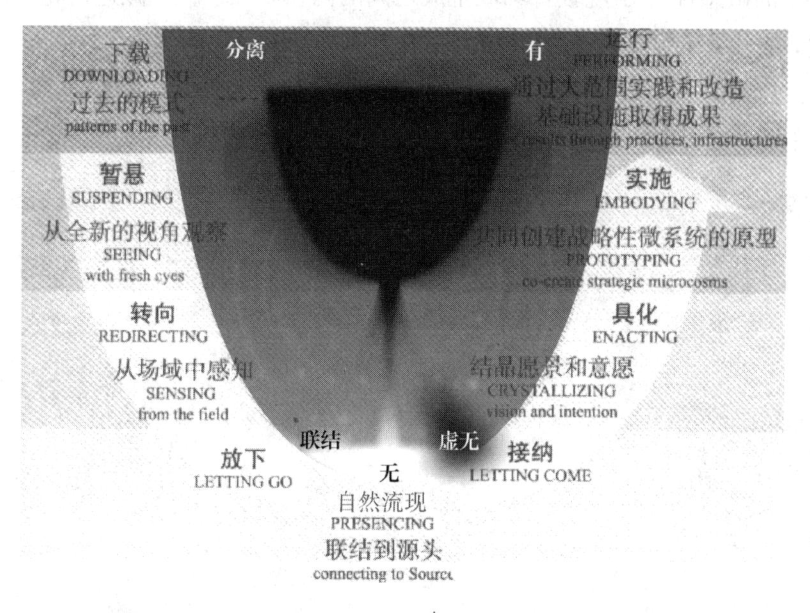

图 1 “有生于无”意识薄弱 U 境场域未起作用的常态①

在高脚杯型的教育现实中，研究者要推动任何变革，必须清醒意识到这个悬崖：当制造概念符号地图的“竞争”习性塞满内外空间，人类必定在空无一物的抽象世界迷失方向 [46] 33；当作为社会核心创新力的专业研究平庸泛滥，平庸“成果”联手集权决策，盲目的政令就可能殃及芸芸众生。本世纪初躁动的一些教育改革：撤点并校，萎缩中师，师培学历化拔高，高校扩招质量失控等，余痛犹在。而时下，躁动的“国际一流”，驱赶人文社科的研究精英追逐国际刚性标准——一套在相当程度也被现代科技井架控制的学术习性，迫使研究者无暇顾及针对本土现实复杂困境的原创性研究，亦是把双刃剑。

① 图 1、图 2、图 3 由易大中设计，其背景 U 型引自［美］奥托·夏莫 . U 型理论——感知正在生成的未来 [M]. 邱邵良，王庆娟，陈秋佳，译 . 徐莉俐，审校 . 杭州：浙江人民出版社，2013:37.

高脚杯型揭示的高危潜伏状态，也警示了一条变革路径：迷失于或超越于“下载”习性，是教育系统高危爆发或转向光明的敏感点。“有－无”联结意识的敏感性与U境教育场域生成之间的内在联系，让“减速齿轮”改革优化教育生态，呵护生命的觉知力，成为促进意识转化的关键一步。

第三节 “减速齿轮”改革促成U境教育场域进化（蘑菇型）

“有－无”联结意识敏感是U境教育场域生成的重要条件，需要教育体制机制改革松绑过度刻板训练的集体捆绑，教育生态相对安全、无恐惧，让意识相对轻灵警觉——停止匆忙的“下载”竞争，暂悬习性反应。这是“减速齿轮”改革的初衷，是进入U境场域的前提条件，也最具挑战性。

夏莫警示，告别旧我生成新我，停止“下载”习性模式，是相当了不起的当下内在革命。停止“下载”必定引发冲突，因为现实中个人积累的所有成就和小我的力量有好有坏，小我的既得利益和安全感通常难以割舍，因而小我与大我的冲突是最激烈的。“多数人大部分时间都忙于下载”“90%的专家都有可能成为‘下载’的世界冠军”，众多聪慧者被囚禁在柏拉图比喻的洞穴，内心被穿梭在墙上的影子占据。[6] 324; 153-154

因而，“从习惯性地看世界重新定向到关注世界的源头——我们的盲点。我们要联结到这个源头，方能同频至想要生成的未来”[6] 53。内在意识良性转化，心智与物质的整合，自我超越做真正的自己，是大多数人面对的终生挑战。而只有大我意识提升，才最有潜力扭转“体制性的失败随处可见”的危机，为社会变革带来联结最高未来的转化。[6] 152; 324

当能够自我警觉暂悬习性，深入U境的关键是注意力场结构开始趋向“源头”变化，日常意识开始向“无”敞开。如果场域氛围是充满竞争恐惧防御的，日常意识不可能向“无”敞开。因此，“减速齿轮”改革本身需要U境教育场域进化的推动，教师缓解内心恐惧，开放教师叙事探究与心灵成长形神相生的氛围，感染日常意识向“无”敞开，开启深微、舒缓、纯净的意识空间，自然接纳他人和自己的内心，鼓励此在，如其所是成为自己，呈现自己，联结自己正在生成的最佳未来。

唤醒“有－无”联结意识，场域中体验安全、无恐惧的养心氛围，是蘑菇型觉醒的重要标志。蘑菇型发展阶段，意味着U境教育场域开始生成，积极影响到个体或集体心灵觉醒（如图2箭头所示），觉醒者增多，蘑菇肥硕的茎部透亮起来，虽然和无明者相比，觉醒者还是显得少些，但是已经占有相当的比例了，当然，待醒者仍然是多数。进入到蘑菇型阶段，个体“有－无”联结的自觉意识和U境教育场域共同意识觉醒之间形成良性循环，“减速齿轮”改革开始依靠U境场域进化的力量，深入影响到意识转化、诚信文化再生。

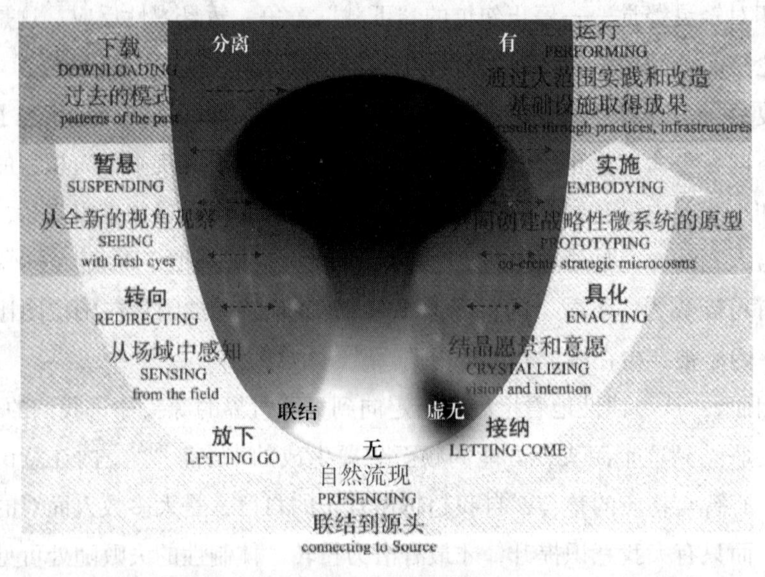

图2　U境教育场域开始生成（蘑菇型）

在制度的刚性标准控制下自我超越，戴着铐链跳舞，锻炼了大批修炼教育内功的卓越教师和校长，他们孕育的U境教育场域，生长在教室、教研组、年级组，学校、跨校读书会、区域行政推进的共同体、民间公益组织共同体、类似教师勇气更新共同关注心灵丰盈生命力饱足的共同体，线上线下，几乎星罗棋布，不断超越性发生。帕尔默关于共同体相互重叠、循环往复、可逆有时交替进行的四个发展阶段——独立个体发自内心决定“不再分离”；挣脱机构宰制寻找志同道合的共同体；共同体走向公众；获得精神奖赏调整改变组织机构——几乎都初露端倪。可以初步判断，我国U境教育场域开始呈现初级的蘑菇型心灵觉醒态势，为“减速齿轮”改革与U境场域进化的良性互动准备了现实基础。现实蓬勃生长的力量显示蘑菇型阶段初期发展方兴未艾的势头，详见第十章。

初级的蘑菇型教育场域在现实中表现为，在同样的制度捆绑下，越是心灵觉醒的校长和教师，越善于从“源头”汲取营养，活用传统大智慧；越对于开放和吸收场域的养心氛围敏感，越基于自身认同和完整而有勇气为新生代扛住制度压力，坚守教育的核心价值。但在经济和教育不发达的地区，屈服于制度捆绑高压，甚至行政驱动雪上加霜、严丝合缝地圈养生命的应试机器学校，还大有市场。

下面笔者用一份口述——一位985高校大一学生简述自己2012—2014年就读西部某高中的极度应试压制状况，问询其他大一新生。结果显示，来自23个省3个自治区3个直辖市的309位同届同学，只有11位（3.6%）回答完全符合，其中多是来自县、镇、地市的中学，西部多一点，没有一位是省会或发达城市的。有79位（25.6%）回答完全不符合，其中多数来自直辖市、省会城市或发达城市。而且，令人颇受鼓励的是，这79位中有10.1%来自镇中学，多分布在中西部，也有东部的，说明现实中教育核心价值的守望者如星星之火，即使是西部的乡镇中学，也可以有定力摆脱考试机器的命运。

这项小调查还显示：高三每次考试按前次考试排名进不同楼层考场的占40.1%，一周只有半天不在教室上课或做题的占25.2%，无暇兴趣的占23%，所有活动都被学校取消的占15.8%，题海战术的占22.4%，家校合围严管追逐分数的占23%，校长要求从各方面设法追逐分数的占6.9%。这是能够考上北京985高校的部分新生就读的高中情况，那些主要为寒门子弟考二本的考试机器式高中的情况一定更严酷。这个严酷现实，在线上线下教师们的真言交流中也是不争的事实。

新制度经济学代表人物诺斯（Douglass C. North）认为，制度框架根本性地改变人选择的集合，而人在制度框架内提高组织运行效率的改变，也在适度调整制度的框架，甚至对制度进行整体性重构以达到自身利益最大化。当制度演化可能面对良性或恶性循环两极悬崖时，在危机事件或社会矛盾积聚的激烈变动中，路径替代常常是政府主动采取的新的制度规则。[63]“分类考试、综合评价、多元录取”是应对高考困境的新政策，“减速齿轮”改革试图遵循这个大方向完善教育体制机制。通过减少死记硬背，竞争重心转向高级心理能力，鼓励生命发展向最佳可能性开放，整体重构升学考试制度，协调公平与效率的新格局。这必将根本性改变个人和团队选择的集合，开启U境场域进化，悦性吸引变性，光明照亮无明，促进蘑菇型觉醒阶段进化更成熟。

2013年至今，中国的长足发展举世瞩目，教育领域也在奋力发展，尤其国家和社会各界力量援助乡村教育、乡村教师在加大力度、提高质量，教师勇气更新公益探索有限的相遇，被大地生长的力量鼓舞。犹如那个故事，小男孩把被海浪冲上海滩的小鱼一条一条地扔回大海，但是待救的小鱼太多了，还有不断被冲上岸的，但他仍然坚持着扔回一条算一条。慢慢地，许多人加入，把小鱼扔回大海，加入的人又呼唤更多人加入。如果把“扔小鱼回大海”视为个体唤醒初心，许多人加入就像诸多类似教师勇气更新的共同体走向公众。但是，如何应对海洋被污染的危机？终于，出现了改变海滩和水域环境保护鱼的人们，就像诸如沪江互加美丽乡村网络课程和青椒计划，惠及数万名乡村青年教师和乡村学生，同时北京方庄教育集群在大都市、江西弋阳在基层县域、支教岛都在进行系统改善教育生态环境的先驱探索。有了众多力量的觉醒，才有基础尝试如何尊重洋流潮汐的水文规律，构建人与自然的命运共同体，综合治理海洋污染。这就像试图激活教育体制机制的造血功能，生发完善升学考试制度、完善教育管理体制机制、优化教育系统生态呵护教师心灵之间的共生机制，以促进教育场域进化的蘑菇型发展日益壮大。“减速齿轮”改革能否“一箭三雕”地健全教育体制机制改革，归根结底取决于开放养心氛围滋养人的意识觉醒、“个人心灵觉醒—教育场域进化—教育体制机制”三者之间的良性循环。

第四节　开放养心氛围：U 境教育创造场域生成（葫芦型）

在目前 U 境教育场域蘑菇型初步觉醒阶段，“减速齿轮”改革有没有可能通过改变人们根本性选择的集合，顺势推进蘑菇型进化阶段更成熟，逐渐发挥 U 境教育场域创造机制的作用，进而让场域内“超越性发生”原型充分发挥作用，进化到理想的葫芦型 U 境教育创造场域？

理想的 U 境教育创造场域葫芦型觉醒特征如图 3 所示。

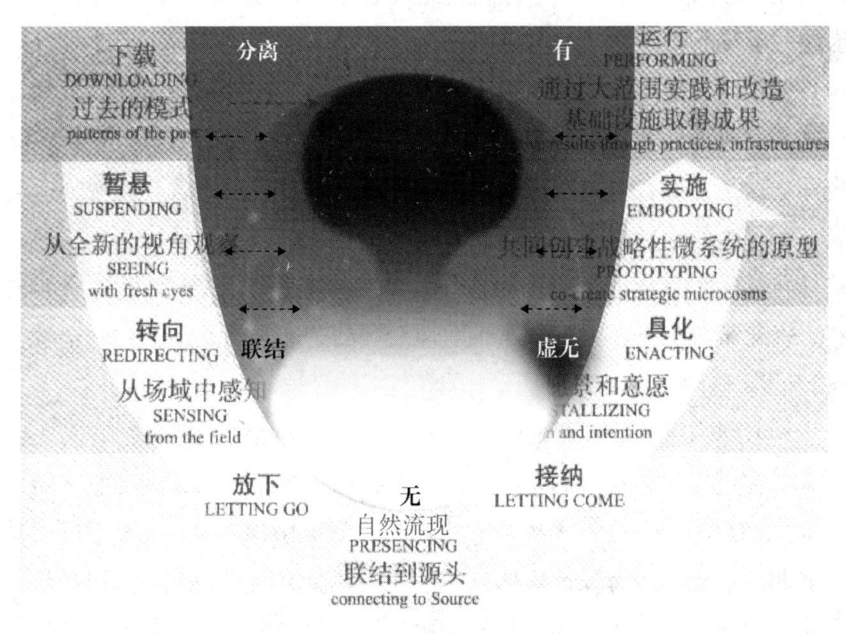

图 3　U 境教育创造场域（葫芦型）

在葫芦型 U 境教育创造场域，大多数个体自在体验超越“造化三性”，变性转向悦性，和“源头”相联结的最佳自我充分显现，U 境教育创造机制发挥，即“源头”滋养的“超越性发生”的原型运行畅通。如夏莫的阐述，整合头脑、心灵和双手，行动探索不是预设最优，而是觉知“源头”启迪，知行合一创生，生成最佳未来。即使生命中暂时陷于极度无聊或痛苦，濒临“虚无深渊”，也因场域养心氛围浓厚，容易接收到“无”的指引，经由恐惧痛苦拔节成长。

夏莫强调，U 境创造场域根植于本土，又联结到宇宙生命循环整体，是个人或集体与最高未来联结的媒介，是可以融入并培育的集体共鸣实体。[6] 340 在 U 境创造场域，人们的日常意识、所思所想所为、天地人我联系，放下中增能真我，感而遂通，敏于摆脱无意识中的负面羁绊。在 U 境创造场域影响的共同意识进化中，个人和集体的能量和觉察得到提升，更明确当下真我和共同创造的发展方向，带来职业和生活的显著成就。[6] 4

在 U 境教育创造场域，觉醒者第一次超过了无明者，这种共同意识的进化，在良序制度呵护人性，好制度让人变得更好的背景下会自然出现。“减速齿轮”改革能促使制度朝向呵护人性的方向改变吗？葫芦型 U 境教育创造场域只是理想还是有可能成为现实？取决于本书前三章阐述的开放教师叙事探究与心灵成长形神相生氛围，滋养教师把真我的生命活力带入教育教学成为现实。这是促进教育场域进化的造血机制，是对于激活教育场域创造机制最具有渗透力的活性细胞。教师群体线上线下发出真言的话语权，安静聆听顺势转化的大智慧，谦恭的教学之道，就是“减速齿轮”改革竞争重心成功转移、优化教育生态、大多数学生适性发展的芝麻开门咒语，是健全教育体制机制的沃土。

索甲仁波切（Sogyal Rinpoche）指出：“人类的所有精神导师都教导我们，人活在世上的唯一目的是证悟和体现我们的真正本性，走智慧之路。如果其他事情忘记了，这件大事没有忘记，丝毫不用担心；……要想保存受到内外威胁的世界，没有任何事情比遵循发展智慧之路更为迫切和困难的。虽然历史上只有少数人才能踏上精神转化之路，而当今对大多数人，精神发展不是奢侈品，而是生存必需品。”[64]

可见，问题的关键是如何积极影响人们踏上精神转化之路，并把精神转化需求作为生存必需品。教师叙事探究与心灵成长形神相生的氛围，是教育体制机制改革和教育场域进化之间良性互动的灵魂。“减速齿轮”改革舒缓过度竞争压力，摆脱盲目“下载”，争取开启U境教育场域进化的相对自由空间；U境教育场域氛围唤醒更多人的“有－无”联结意识，U底“源头”意义显现，场域道法自然不断进化到蘑菇型觉醒；当更多人在U境教育场域感到自在无恐惧，教师群体受到养心氛围的滋养，教育生态就在呵护每个人的适性发展，为每个学生接受公平、有质量的教育提供体制机制保障，U境教育创造场域自然开放。当葫芦型U境教育创造机制发挥作用，芸芸心灵敬畏天地父母的长养之恩，场域氛围更加祥和、纯净，“源头”更自然地滋养创生万物，个人和共同意识更容易与正在生成的最佳未来联结。

用高脚杯型、蘑菇型、葫芦型三个隐喻勾勒教育场域进化的发展阶段脉络，其本质取决于人们在场域内的自我觉知，“有－无”联结意识的敏感。三个隐喻形容个人或群体超越“造化三性”的三个发展阶段：

高脚杯型阶段：多数还迷失在“下载”层面，其后潜伏着反U毁灭危机。

蘑菇型阶段：进入U境教育场域，注意力场结构开始趋向“源头”变迁，养心氛围滋养共同意识进化。

葫芦型阶段：进化到U境创造场域，U底“源头”散发强大的创生能量，吸引大多数有无相生。

从未来葫芦型进化阶段看现在蘑菇型进化方兴未艾阶段，我们已经从卓越教师群体中感受到葫芦型U境教育创造场域的强烈召唤。习近平总书记在十九大报告中提出中华民族伟大复兴的战略部署，从2020年到2035年，在全面建成小康社会的基础上，再奋斗15年，基本实现社会主义现代化。从2035年到本世纪中叶，在基本实现现代化的基础上，再奋斗15年，把我国建成富强民主文明和谐美丽的现代化强国。建设教育强国是中华民族伟大复兴的基础工程，已经提上议事日程的2020年国家完善教育体制机制，无疑是教育强国基础工程中决定着教育生态环境质量的最重要奠基，如教育部部长陈宝生强调的，高考招生制度改革牵一发动全身，是居于龙头地位的改革。显然，从国家教育发展愿景中，从中华民族伟大复兴的历史发展脉络中，更能感受到葫芦型U境教育创造场域在不久的未来在向我们招手。

第十章

教育场域进化蘑菇型阶段初期方兴未艾

如果你只是接住自己抛出的东西，
这算不上什么，不过是雕虫小技——
只有当你一把接住
永恒之神
以精确计算的摆动，以神奇的拱桥形弧线
朝着你抛来的东西，
这才算得上一种本领——
但不是你的力量，而是某个世界的力量。

——（奥地利）里尔克（Rainer Maria Rilke）[①]

① 转引自［德］汉斯－格奥尔格·伽达默尔．真理与方法——哲学诠释学的基本特征（上卷）［M］．洪汉鼎，译．上海：上海译文出版社．2004：扉页．

第一节　迎接新生儿——为了完善教育体制机制呵护教师心灵

管杰校长在演讲稿中有这样一句让笔者触动的话:“方庄教育集群的起源是一个自下而上的过程，后来得到了教委的支持，成了一个自上而下的过程。我想，拥有这样完整的过程，才是最具有生命力的组织。”这让笔者想起，本书对于考试制度改革的设想，是贯通“心灵成长—场域进化—制度改革”三者之间的良性循环进行论证。教育体制机制改革要纠偏几十年的痼疾，事关千秋，自下而上再到自上而下周期很长。本想完成论证就和自己无关了，机缘巧合，2017 年 11 月教师勇气更新方庄教育集群超越之旅的活动，正好应时《关于深化教育体制机制改革的意见》(2017 年 9 月 24 日由中共中央办公厅、国务院办公厅印发)，将坚持顶层设计与基层首创探索相结合的精神内化于心外化于行。况且，教育体制机制改革自下而上贯通到自上而下，2020 年是关键，酝酿的教师线上精神家园正好在 2019 年春节诞生，或许勇气种子们一把接住永恒之神抛来礼物的天赐良缘到了：自下而上的最后关键一年，顺势水珠汇海，助缘 2020 年国家健全教育体制机制改革。

一、迎接呵护教师心灵的教育体制机制变革

帕尔默批评:“我们社会那庞大而复杂的机构制度，对于外部压力的反应越来越迟钝，即使在少有的消息灵通、组织有序、公众要求变革的场合也是如此。”同时睿智地指出:“想一想任何伟大的社会变革运动：美国的黑人解放运动、捷克斯洛伐克的天鹅绒革命、南非的消除种族隔离制度、遍及全球的妇女运动，全是依靠那些被剥夺一切外在权力的人们所激发推动的。但

恰恰是这些表面看似无权无势的人们，依靠人心的力量——这是谁也剥夺不了的力量，依靠严格操守和献身精神移山除障、排除万难。”[5]193-194

教师勇气更新十几年来无名目、无经费、无全职人员，却十几年来随缘发生公益活动。我们捕捉到开放“教师叙事探究与心灵成长形神相生的氛围”是教育场域进化的活性细胞，教育大系统的自然平衡要激活自身的造血机制，归根结底需要激活这个活性细胞。如此重要，却在现实夹缝中微若游丝。阻隔万千，主要是因为头脑到心灵路漫漫，心灵缺失。

沪江互加青椒计划“万师互教众师成长”，万千青椒们线上学习氛围纯净、蓬勃向上。诸多微信群学习社区也惠及许多城乡教师，这是在借助互联网能量互换，大规模为教师赋能，屏幕后更重要的是生命的内在觉醒。

教师勇气更新唤醒教师把真我生命活力带入教育教学，线上开放养心氛围是关键。教师自主创造线上精神家园的邀约发出后，相遇优秀教师虔诚与《教学勇气》对话，分享自己与学生生命、与学科、与教师共同体深层联结的体验，带来最大鼓励。

如汪琼老师不仅自己分享体验，还组团共读分享，文字源源滋养灵魂自信平和；罗朝英老师的分享带来心灵照亮专业的震撼，让人感到，越是有足够的心量功底与《教学勇气》对话，分享的体验就越专业，视域越厚重广袤，越自然散发喜悦轻安，越充盈灵动智慧。感谢“三人行班主任工作室联盟群”群主丁柏恩老师对“邀约”第一时间支持，在群里荐读《教学勇气》，让教师的精神家园一诞生就结缘新鲜出炉的灵魂文字。

相信，各地涌动回应的勇气种子教师亦是蓄势待发。优秀教师如此敞开灵魂与《教学勇气》倾心对话，必定相互加持，汇聚正念，释放正能量，唤醒无数教师“成为照亮自己的光”，惠及城乡教师群体成长，为教师专业成长打开新鲜而开阔的天地，参与国家健全教育体制机制移山除障的千秋变革。

教师勇气更新虽然在现实夹缝中微若游丝，却不无渗透，人我心物连通，向超越性发生开放。然而，线上勇气种子汇聚的能量，要助缘2020年国家健全教育体制机制以呵护教师心灵，还需要借力多方自下而上的原创探索。因此，笔者设想2019年线上精神家园不同阶段的重点，必须借力于随缘相遇的原创变革力量合作，以不同方式在适合的节点顺势借力发力。

二、线上教师精神家园2019年不同阶段的关注重点

第一阶段：勇气种子自由分享，和青椒计划勇气读书共生

2—4月勇气种子们线上自由分享，心有灵犀，一个故事激活另一个故事，话语同频养心，触动心灵的柔软处，相互温暖。相信无论是渗透心底的触动，还是从心里涌出的言语分享，都能开放心量，畅通智慧，百花齐放。

在活动中，对分享风格海纳百川。这里简单介绍两种风格。

一种是深思熟虑后的分享，如上文提到的罗朝英老师、汪琼老师及她团队中郑丹老师新鲜出炉的分享。需要分享者按照自己的节奏，不求数量，关注质量。如诗人里尔克所描述的："发展跟每个进步一样，是深深地从内心出来，既不能强迫，也不能催促，一切都是时至才产生。让每个印象与一种情感的萌芽在自身里、在暗中、在不能言说、不知不觉、个人理解所不能达到的地方完成。以深深的谦虚与忍耐去期待一个新的豁然贯通的时刻……"

叙写，把诸多豁然贯通的时刻联结打通，与心灵导师对话（有外部的心灵导师如帕尔默，有自己内部的心灵导师）形成文章。用公众号或其他形式原创推送，以保护知识产权。在群里分享时，敬请引起阅读悬念，或概要，或问题，促成群里的自然对话。

另一种是类似面对面的倾心交流。话从心底流出的分享氛围，是教师勇气更新叙事探究活动中最珍贵的体验。记得笔者萌生提出组织线上精神家园想法后，对于接下来2018年10月要发生的方庄教育集群教师们的叙事探究活动格外期盼，果然氛围温暖自在，喜悦轻安，智慧流动，更感到值得把养心氛围延伸到线上，无时空限制地和城乡教师群体结缘。

主动分享又能唤醒尚未分享的老师即学员，当感到不吐不快时，就加入了主动创造的勇气种子行列。学员用心感受勇气种子与《教学勇气》的对话，感悟丰满完整的心灵，生命联结的艺术，深微灵动的智慧，一点触发则整体融通。对接自己的体验，记录真切感悟的豁然贯通，打开自身认同和完整的明净空间。因此，每位群友是平等的，在主动创造者和学员之间自律切换。

3—4月，青椒计划的勇气读书会会直播导读《教学勇气》。青椒们分享

阅读体验、勇气种子们和《教学勇气》对话、帕尔默的洞见，这三者之间自然会产生一些联结，借助不同阶段教师的阅读体验品味《教学勇气》，在群里分享（直播或回放）。

相信任何教龄阶段的勇气种子内化帕尔默思想的体验，都容易走进教师的心里，让帕尔默的思想鲜活起来。所以，自然会邀请勇气种子教师进行导读，城乡经验教师和乡村青年教师之间形成共生关系。

借力支教岛的支持，让正受支教岛爱心援助的基层区域的局校教育领导入群观察感受，不管用什么方式（邀请入群或推送分享），使他们有机缘感受种子们的分享，品味其氛围、智慧以及对学生成长的意义，追问心灵叙事话语系统和基层学校工作话语系统的不同，以及不同后的深层原因。

第二阶段：晒出内心的恐惧，借助支教岛平台让不同话语系统相遇

李淑芳老师领衔的支教岛有勇气迎难而上，持续支教 14 年，召唤过万名志愿者支教，支教点遍布多省。目前支教岛聚焦于基层区域教育整体提升，决定首先改变基层区域领导，带动整个区域改变。

5 月请支教岛支持，邀请基层区域的局校教育领导主动分享，直面基层现实实相进行交流。晒出内心的恐惧，清晰什么样的改变助益穿越恐惧。分享正在经历的改变或冲击、正承受的张力、遇到的困难，形成改进现实的原创对策等。

同时，邀请为乡村教育崛起变革破冰的勇士分享体验，如互加计划平台凝聚的网师、助学、助教团队等。再请基层区域的局校教育领导结合实际情况讨论其意义，对帮助乡村青年教师成长的价值，本土可行的空间，准备付诸的行动。把自身工作场域的话语与勇气种子们和《教学勇气》的对话作比较，把基层教育实况与勇气种子创造的教育过程比较。让人逐渐理解，只有被唤醒的心灵能不断自主学习专业和生长教育智慧，而开放养心氛围才能内在唤醒教师，扶正心灵。

21 世纪教育研究院副院长方华（曾任江西省弋阳县教体局局长）在《让教育理想在当下发生》中提供了一些基层区域的现实实相：

“到处都形成负能量埋怨的闭环，你怪我，我怪你，最后谁都不买账。

到了教育不好的地方，从上到下，从左到右都是埋怨的。…… 教育局的人在座谈会上讲县里不重视，要么是校长不作为，要么是现在的老师难管。你去校长的座谈会，他们觉得教育局没有作为，老师难管。你到老师那，他们觉得是因为不懂教育的人当校长，不懂教育的人当局长。我说把你们三波人放在一起就要打架了！大家并非以我们的真实现状来评价，原因是什么？**大家的价值不在教育上，而是自己本身的利益阶层上。**”

基层领导的分享有可能会直面“负能量埋怨的闭环”的现实。勇气种子团队平和感受现实实相，也可自愿晒出自己内心的恐惧。经过第一阶段，相信勇气种子有定力与恐惧和平相处，晒恐惧不带情绪，抽身旁观，分享拥抱恐惧、穿越恐惧的故事。

6 月，群交流的重心是凸显线上精神家园对负面现实负能量的包容力和转化力。

如果有可能，邀请在领导基层县域教育整体改革成功破冰的人士进行讲座。

如果有可能，邀请方华副院长在群里作讲座。基层县域整体变革的局长加上研究者身份，变革中体验到氛围比制度重要，就两种话语系统的交锋对破解“负能量埋怨的闭环”的意义，发表独特见解。

如果有可能，邀请支教岛李淑芳在群里作讲座。分享充满爱的支教体验，回应群里呈现的两种心态，两种话语系统的交锋，引导基层领导唤醒内在心灵导师。

请谨记，线上精神家园对现实实相的包容力和转化力，持续依靠勇气种子们当下守望生命真谛，不断回归心灵妙境，养心的话语同频共振。

鼓励继续分享好书，尤其是启迪找到自己的心灵导师的好书。

此外，教育体制机制改革成败的分水岭，是教育大环境是否鼓励大多数学生达到自己所能及的最佳状态。读懂大多数学生需要汇聚一个时代优秀教师的智慧。因此，为了完善教育体制机制，分享逐渐聚焦理解学生和敬畏生命的无限可能性。

是什么让我读懂了学生？什么在阻碍我懂得学生？

共读好书中（或……中）迎来学生们的成长惊喜。

一把钥匙开一把锁，不同学生带来什么不同启迪？

是什么对学生产生了心灵引导？学生的什么素质让心灵引导得以产生？

回应上述问题需要心灵修炼，觉知的敏感，联结生命的艺术，相遇自己心灵导师的指引，好书的启迪等等。

我遇到的学生中大致有哪些类型，生命的个性和通性有哪些？

回应这个问题显然有挑战、有风险，却对健全制度很重要，需要在心灵修炼基础上深入探索。

总之，这个阶段现实实存的两极体验在群里相遇，给勇气种子们超越张力、开放心量的契机，有利于更深层地理解心灵导师的洞见，理解心灵引导如何得以产生，让分享交流更真实、自信，举一反三带来启迪，更引人共鸣，激活历缘对境挑战的智慧，生发知行合一的改进行动力，也自然吸引更多教师焕发未知的学习力。

第三阶段：开放线下活动养心氛围，延伸到线上关注大多数

7—8月，开放线下活动养心氛围，延伸到线上，关注多数教师的心灵健康，提供大多数教师自我内醒的机缘。

8月江西省弋阳县举办教师勇气更新公益活动是重心。目前初步确定了活动关注的三个重点：为关注大多数，组织全员参与的小组叙事，每一位均有机会分享体验，感受养心氛围，交流生命联结智慧；课堂伟大事物魅力（包括美丽乡村网络公益课程带有普惠破冰动能的伟大事物魅力）及原理研讨；弋阳县本土系统优化区域教育生态的变革和教师群英分享。这三个重点，都聚焦区域教师群体成长的生态优化，开放教师勇气更新养心氛围。

十分感谢弋阳县教育领导在区域优化教育生态的系列变革中关注教师勇气更新理念，班主任专委会邹晓平主任鼎力支持，主动组建团队，设计方案，得到局领导的支持接纳活动，勇气种子们有机缘线下线上汲取弋阳县域教育系统破冰变革的正能量。

和线上精神家园相契合的一个好消息是，对组织好全员参与的小组叙事，弋阳团队有经验解决好每位参与教师分享录音的文字转录问题，形成活动营养库，便于智慧共享，选择精要重点，梳理问题，活动后延伸到线上继

续深入交流。

第四阶段：尝试研讨“呵护教师心灵的教育体制机制”

9—10 月，进一步与好书对话，贴近现实和难题，关注理念转化落地为现实改进作出贡献。

9 月结合新学期起步，关注分享进一步改进的行动计划或方案，实施中顺势调整，破解困境改变现实的智慧等。分享范围有区域系统优化生态的，有学校教师交流氛围改变的。

勇气种子与好书对话，不断感受精神成长打开的新空间，永远是群分享的主体。

10 月，不带情绪、平和描述遭遇不合理制度扭曲心灵导致心灵缺失的现象和体制性障碍的深层本质困惑，哪些是依靠个体心灵定力可以转化的，哪些是集体困境需要对症破解对策的。

11 月，专题研究团队成员聚焦自己擅长的领域，讨论教育体制机制改革的方向，顶层设计，破解集体困境的对策，遇到的难点，以及如何突破难点。清晰理念落地实践改进空间。

12 月，各团队锤炼提升研讨成果，形成健全教育体制机制呵护教师心灵的改进行动力的原创对策。尊重首次提出原创改进对策者，团队进行理性归类锤炼时，如实标注首创者（或同时首创者）。也请每位首创者自己注意收集保留。

如果有可能，酝酿 11 月举办线下“呵护教师心灵的教育体制机制研讨”，为国家 2020 年健全教育体制机制开放对话空间，由下而上锤炼呵护教师心灵的教育体制机制改革原创性探索。建议第一阶段就围绕这一重点思考、研究选题，利用暑假深度研究。①

① 本阶段重点设想于 2019 年 2 月 4 日建“教师勇气”群时推送。事实上，弋阳县教师勇气更新公益活动增加了一个重要专题“完善教育体制机制呵护教师心灵”的初步研讨。并且领导支持冬季北京师范大学教师教育研究中心主办该会议。6 月 22 日，笔者在麦迪逊拜访了帕尔默先生，转达了领导回应本人和教师们的心愿——请帕尔默先生出席本会议的邀请。李淑芳老师 7 月中旬和山东曹县师训处处长精彩对话，方华应邀会出席冬季在北京召开的“完善教育体制机制呵护教师心灵”的大会。

三、千百份力量互相持衡，迎接新生儿

教师线上精神家园的创造者——勇气种子，汇聚在大家庭中散发出无比珍贵的灵性觉醒力量，共同推动中华教育的复兴崛起，心灵突围奠基制度突围，意义无价。

每个人最佳的创造就在于自然散发真诚的关注和温暖。上线即从容心静，全神贯注于当下，对话坦诚深微，让生命安住于清明自在，回归自由活跃的真我，向心灵深处敞开，向大自然敞开，向天赐之福敞开。自然，文见其人，文涌心泉，静水深流，智慧灵动，仁慈温润，如至清倩影般妙不可言。

如里尔克的禅语："从生命最轻妙的芬芳到它沉重的果实的厚味。这里没有一件事不能被我们去理解、领会、经验，以及在回忆的余韵中亲切地认识；没有一种体验是过于渺小的，就是很小的事件的开展都像是一个大的运命，并且这运命本身像是一块奇异的广大的织物，每条线都被一只无限温柔的手引来，排在另一条线的旁边，千百条互相持衡。"

是的，滋养教师回归心灵的勇气更新氛围，尽管尚在现实夹缝中微若游丝，但多次体验了"很小的事件的开展都像是一个大的运命"。形成本拙著，也经历了重构制度过程：面对散乱强大的能量流，依托心灵的宁定尝试牵住牛鼻子，"很小的事件的开展都像是一个大的运命"，在书稿贯通"心灵—场域—制度"系统论证的基础上，把顶层设计环环相扣落地现实的设计余波，就是现在汇聚勇气种子迎接教育体制机制呵护教师心灵的使命上！记住我们是谁，我们是正在体验"以天下之至柔，驰骋天下之至坚"大智慧的中华儿女，我们正在——

依靠被编织起来的千百份力量互相持衡，迎接新生儿——完善教育体制机制呵护教师心灵完整而崛起的中国教育！

第二节　线上开放养心氛围能让大多数教师受益吗?

在线上教师精神家园启动阶段，笔者推送了《“梦想”和“真实”》(一)(二)两篇文章。第一篇呈现了勇气种子们围绕“真实”“让学生真实又自信地说话”“伟大事物魅力”线上交流深微、纯净、宁静，开始出现所期望的养心氛围。第二篇的探讨更重要，**少数勇气种子教师同频汇聚，何以影响城乡教师群体成长?**

本书第三章的主题是“开放城乡教师群体成长氛围”，从中可以看出，“梦想”和“真实”之间关联的探讨极其重要，在用勇气种子教师的线上原味互动确定了线上可以出现期望的养心氛围后，就必须直面更重要的问题：线上养心氛围能否对接大多数教师的内在需求?

这似乎是“难以上青天”，但只要对勇气种子线上自主开放养心氛围的全方位渗透还有信心，就值得试一试。因为完善教育体制机制的改革最恐惧的是大多数教师不适应怎么办。

一、问题：少数可能渗透、影响多数吗?

在“教师自主创造线上精神家园邀约”发布后，丁柏恩老师给笔者分享了一段荣格的话：

在所有个人身上产生的效果，人们都希望看到它的实现。然而这种效果在几百年之内可能不会发生，因为人类精神的转变往往要经过几个世纪的漫长岁月，而且任何理性思考过程既不能加快它的实现，也不能令其停滞不前，更不用说在一代人之中产生什么效果了。不过就我们看得见、听得着的许多个人的变化来说，相关的人们有机会或者有能力创造机会，在他们所熟悉的小圈子里影响那些和他们有相似观点和心理的人。我这里的所指，并不是劝服与说教的工作，与之相反，我在思考这个众所周知的事实：能够洞察自己的行动，因而找到了通往无意识之路的任何一个人，都在不自觉地对他周围的环境施加某种影响。随着他的意识的发展、深入与拓宽，他也常常产生出一种原始人称之为“威望”的效果。这是一种对别人无意识心理的不知不觉的影响，是一种无意识的威望。只要不受有意识动机的干扰，这种威望的影响作用将会永远持续下去。

——荣格《未发现的自我》第七章“关于自我知识的意义”

这里不可回避的问题是，少数能否渗、透影响多数？无意识影响如何发生？

这是教师成长永恒的难题。应该承认一种历史实相：“历史上只有少数人才能踏上精神转化之路。”那么，认为“当今对大多数人，精神发展不是奢侈品，而是生存必需品”是因为现代生态环境危机，人类要生存下去就不得不反逼智慧觉醒吗？

从教师成长看，反逼成长确实会出现在入职的适应阶段或特定应激状态。从中可以确信，教师内发的学习力、生长力无可估量，但又可能短期激情燃烧难以持续。

而一直在少数卓越教师身上鲜活地体现的是：生命内在觉醒持续保持旺盛的学习力、生长力，能内在挣脱刚性评估标准和狭隘利益格局，把真我生命活力带入教育教学取得卓著成效。这种持续地像滚雪球般的内生发展，非反逼成长或短期青春燃烧可比。

期望大多数教师也持续遵循智慧发展之路，显然非指大多数同样卓越，而是指只要是人，就有潜质为优质教育保持生机勃勃，不断学习生长，达到自己所能及的最佳状态。但现实中不少教师职业倦怠，躲在舒适区，一方面可能是应对外部刚性评估的伤害，或狭隘利益争斗中的自我保护，另一方面也要看到，是大环境缺失了无意识地给心灵提供内在唤醒的机缘。

线上交流刚始于“真实”话题，勇气种子老师就从各自丰富的体验带来一种确信：**只有让教师心灵恢复生机，教育中才能激活真实的心灵引导。而学校文**

化氛围鼓励“每个教师真实又自信地说话”，能为心灵内在唤醒提供丰富的机缘。

二、相信养心氛围不无渗透

敢于面对“少数何以影响多数”的难题，是信任无形氛围的正面影响。

教师勇气更新十几年来，无名目、无经费、无全职人员，却随缘发生、渗透入心。线上线下的教师共同体中勇气种子随处相遇，给本拙著带来了极大启迪，帮助捕捉到了贯穿全书的核心：开放“教师叙事探究与心灵成长形神相生的氛围”是教育场域进化的活性细胞。教育大系统的自然平衡要激活自身的造血机制，归根结底要依靠激活这个活性细胞。

线上汇聚勇气种子教师话语同频，灵心妙笔，散发养心氛围，发挥无不渗透的优势。这对于有缘相遇的勇气种子，自然就“蓬生麻中，不扶自直”。待以时日，则能惊喜发现自我能量提升了，灵心妙笔散发养心氛围也在不经意间水到渠成，而对于年轻的潜力股，更相遇了无可估量的内生空间。

多年来，笔者一直相信，教师的体验和与好书（如《教学勇气》）对话，明净真诚深微，自然散发让心灵通透宁定的氛围，是对大多数产生无意识正面影响的关键，也能给大多数带来“蓬生麻中，不扶自直”的成长机缘。

心灵引导何以真正发生？显然需要领悟无意识的影响。如帕尔默睿见，心灵引导是相互的过程，不仅要问导师本身的素质，还得问询学员：“你本身具备什么素质，可使得心灵引导得以产生？”

不难发现，那些使得心灵引导得以产生的学生素质，无论是因为导师和学生的性格、兴趣、特长相投，还是导师的真情真心触动了学生的真情真心，或是师生之间说不清道不明的缘分，或是可遇不可求引发了学生的激情、成就动机、领悟力、灵性慧根等，所有这些在心灵引导过程中都在发挥实质性作用。

当生命潜能发挥出来时容易被人们认识。而心灵引导恰恰需要认出潜伏的素质，相信这些素质都是普通人拥有的自然天赋宝库。相信每个人拥有的自然天赋用进废退。

教师中的大多数，和勇气种子分享的体验相遇，感受开放心灵重获力量和无形氛围的影响，比说教和强迫控制容易让人受触动，不再让自身天赋宝库闲置，容易相遇打开自身宝库的机缘。

不再在舒适区懒散，不再恐惧，不再过度防卫，这些说易行难。只有氛围养心，才可能自然而然触发当下精神转变，进而勇于开放自我，体验天道酬勤，相遇未知的最佳自己。

生命体验喜悦轻安是在全神贯注投入的状态，生命最恐惧的是心灵支离、无聊、压抑。显然，相信少数召唤多数，可融汇拉近多数，是基于对深层人性的理解。谁不愿真正活着呢？谁不愿心安自在、舒展自信有力量？谁不愿有定力摆脱形形色色的小我控制？谁不愿摆脱标榜为“集体精神”“合作意识”或“无私奉献”的却实际上封闭在狭隘利益格局中权势控制？

当教师回归自身认同和完整，教育成为自己倾心的工作，因热爱而享受付出，因倾心付出而赢得学生的成长，又有多少人可以割舍教育中真正的生命意义呢？

养心氛围的不无渗透，如罗朝英老师，处于一种内在觉醒的状态，和《教学勇气》深层对话，让平时记录的体验成了一篇篇有灵魂的文章，线上交流进入深微纯净，和与《教学勇气》对话有关，和勇气种子的文章自然在发生影响也有关。

例如，张晓军老师是听完本人在“好老师”的直播后主动联系笔者的，她分享了一篇读《教学勇气》的体会，我能从中感受到她对教育的热爱和真心，但触动心灵的力度还不够。于是我把罗朝英老师新鲜出炉的文章给她看，2 月 14 日下午 3 点提示她和《教学勇气》的对话进入深微。7 个小时后，她传来一篇体会让我刮目相看，原来勇气种子遇上火星就能“成为照亮自己的光”。

我回复她：张老师，太棒了！教师深微真实纯净的内在灵魂展现，自然照亮人心。感恩孩子们能遇到你们这样如此热爱教学、迷恋生命成长的好老师。感到罗朝英老师的分享一下让您的文字开窍了，能吸收帕尔默的思想点亮文章的灵魂。

热爱教育教学的教师，体验极其丰富，一旦和《教学勇气》展开深层对话，深微表达生命成长的丰富微妙复杂，就是在助益教师在教育中穿越恐惧，回归心灵，重获勇气再出发。这就是自然展现教师内在灵魂的叙事能唤醒人心的秘密。

罗朝英老师看了张晓军老师的两篇文章后，也提到校长感受到了触动心灵深微分享的价值。2月15日这样回复我：

阅读了您分享的张晓军老师的文章，看到有很多老师走在我的前面，正好学习他们有我没有的东西。越来越感觉到从内心寻找勇气比借助外力更能够照亮自己和他人。

今早，校长打电话给我，说阅读了我的分享，感到了力量所在，鼓励我将内心的能量尽可能多地分享给同事们，期待我和同事们共同提升。有了学校的支持，工作就好开展了。

我由衷地高兴："能量场升起来了！话语系统改变，文化更新，无不渗透！领导谁不想教师优秀？感受到了好，就会吸收改变。政府感受到了互加计划扶助乡村教师和乡村教育的破冰力度，就会调整教育的国家战略。"

线上传达一种养心氛围，显然让主动创造营养的勇气种子相互加持，吸引更多勇气种子加入主动创造者的行列，同时借助勇气种子身边面对面的交流，持续助缘线上汇聚越来越强大的能量场，更大范围影响线下交流，影响更多教师面对面交流文化的更新。这才是一种活性细胞，为教育场域进化激活造血机制，是任何健全的教育体制机制的根基。

灵心妙笔确实要有天赋，但勇气种子的分享话语提供内在唤醒的机缘，会让更多教师相遇始料未及的生长空间。和心灵导师对话，找到自己的心灵导师，文笔也会随着生命的喜悦轻安而灵动活泼。勇气种子创造教师精神家园、散发养心氛围的潜力无可估量。

三、"最好的老师就在身边，最好的教育就在身边"

"最好的老师就在身边，最好的教育就在身边"，交流中这句话吴虹校长脱口而出，因为这是对她领衔的沪江互加团队公益援助乡村教育乡村青年教师的体验的总结。

伏彩瑞先生在“万师互教众师成长”会议上讲道：“人以群分”是经典的大道至简，最重要，任何教育都是社群教育。而任何轻松都要靠发自肺腑的努力拼搏，为了让几万青椒在一个学习社群轻松愉快地学习成长，让好的内容在一大群人的推动下不断推广，沪江也经历了极大挑战。

现实中，互加计划平台不仅在联结优秀教育资源援助乡村教育上能量惊人，更重要的是在唤醒乡村教师和学生的内在生命活力，对复兴乡村教育、培养乡村教师开始逆袭破冰，无可争辩地证明大多数教师渴望成长。

笔者捕捉2018年12月在“万师互教众师成长”会议上受到的一点冲击：和沪江互加合作夏加儿网络艺术课程，为村娃们开设网络艺术课程超250节，班级播放超15万次，导师团队一百多位，展示村小教室的学生作品，作品透着故事、情绪和村娃们的喜悦、惊讶，夏加儿学院包燕院长演讲中的禅语让人刻骨铭心：“心之所向，脚步就可以到达。心到不了的地方，脚步永远无法抵达”。山里红美术，晓野老师引导乡村孩子美术创作，原生态线描的生命神韵令人惊叹，他信心满满，准备带村娃出国交流。季晟康老师发起的“百班千人”阅读课堂两年三个寒暑假153个夜晚，数百位名师为爱阅读的孩子们领读、指导写作，影响超30万人次，2016年以来百千阅读点燃30个省、市、自治区，现在每期超2500个班级报名，受惠学生十几万。时朝莉老师领衔的彩虹花和阅汇，晨读、整本书共读、好玩数学、创意写作、童诗创编等课程，汇聚优秀教师为导师团，课程吸引许多乡村孩子，唤起孩子们的创作热情，诗配画的作品被助学老师铺满简陋的乡村教室地面，在会场挂满展板，一年多来小打卡给彩虹花和和阅汇记录了15个圈子362万次访问，建立了1018个主题，圈子用户2.4万。

这么广泛的生命联结是如何发生的？时朝莉老师说读《教学勇气》共鸣绵长，相信把自己的故事和帕尔默对话，可以唤醒更多教师。于是，她分享了一篇文章给我：

和马云一起直播的女孩[①]

有一天半夜，我接到了明镜的电话，她说："时老师，很抱歉，我明天上不成直播课了。"她说的直播课，是第二天七点半就要准时开启的彩虹花晨读。当时，我心里很有些恼火，我想，这个明镜，怎么不早说，让我也能提前有个准备。转念一想，作为乡村老师，她也特别忙，一定有什么不得已的理由。我就安慰她说："不要紧，我们有团队，别担心了，我来安排。"第二天早上，我五点起来备课，如期完成了直播，这件事很快就过去了。

过了一个多月，我让明镜准备一下，给彩虹花导教团老师们做一个"雁行的启示"的分享。她最初给我的材料里有这样一段话："有一天，我们镇刮大风，把线杆都刮断了，全镇停电，我做好的晨读课件没有办法上传，手机也没有信号。我走了两个多小时的山路，爬到了山上有信号的地方，给时老师打通了电话，我以为她会责怪我，但我没有想到，她对我说，别担心，我们有团队……"

看到这里，我忍不住泪流满面并深深愧疚：我无法想象，那么大的风，那么小的小姑娘，是怎么找到有信号的地方，给我打了这个电话的。想到我之前还有那么一点恼火，真是无地自容。从此，这个场景牢牢记在了我的心里，并时时提醒我：人人都有不易之处，在你不了解事实真相的时候，不要贸然下结论。谢谢明镜，给我上了难忘的一课。

从此，我待人接物更宽容，也更体谅，更感恩。对彩虹花导教团的每位成员更感恩，更珍惜。

彩虹花和阅汇导教团像明镜这样的老师还有很多。我们的核心成员多是来自乡村一线的老师。她们在完成自己的本职工作之余，利用课余时间打理彩虹花和阅汇各项事宜：管理小打卡、备课、磨课、上网络公益课，克服困难、默默付出、不计回报。

我经常在深夜看到他们为公益事业而忙碌，但是，每每我说心疼他们付出的时候，大家的回答异口同声："因为热爱，所以愿意。"我们热爱彩虹花，

---

① 原文：时朝莉:《和马云一起直播的女孩》，网址：https://mp.weixin.qq.com/s/paAWUDA6KDW_eWfQKqMHZw，[2019-1-15]。

非常乐意成为彩虹花的一员。当我敲下这一行字时，眼前浮现的是一幅幅场景，一张张面庞，很多还素未谋面的人，眼睛热热的，心里酸酸的。

时老师捕捉了这个难忘的场景，“真实”呈现，屏幕后唤醒的大批生命能量在涌动，通过相互信任支持，深层联结、同心协力，让大批村娃受益。乡村教育在长期凋零后开始逆袭破冰，归根结底依靠屏幕后大批教师的“因为热爱，所以愿意”。

2019年2月15日，时朝莉老师的朋友圈又传来好消息：

南疆小胡杨双师课堂2019年上学期八门总计216节课程已经悄然出现在了课程计划表里。这是在互加计划统筹下，多团队跨区域协同作战的结果，也是网络援疆新时代的开启：就在昨天，欣闻上学期坚持参与小胡杨双师课堂的莎车地区韦利君老师班级的孩子们期末考试语文成绩99.13分，位居全县第一名，同区域没有参与双师课堂的班级跟她们班差别极大。……

我更百感交集。从2018年3月在忐忑中开启网络援疆第一课，从刚开始孩子们参与南疆网络双师课堂，听不懂网络老师的话，跟不上已经放慢许多的课堂节奏，老师不适应这样的参与模式起步，一路不断摸索和调整，南疆小胡杨双师课堂的教学目标越来越明确：扶智通语；……扶智先通语，教育精准扶贫中，这是迫切而艰巨的任务，国家高度重视并投入了巨大的人力物力，力求得到更好的突破。

而参与南疆国语双师课堂开拓和建设的我们这群人，在大的洪流面前微如芥子，却在探索着一条独特而有效的低成本、大面积、可复制的网络援疆、援疆教育精准扶贫之路。

很多人不相信，仅仅是通过网络授课，就会产生这么好的效果。毕竟，这是一个浮夸喧嚣的时代，华美硕大的肥皂泡让人眼花缭乱的同时，也让人心生厌恶和质疑。……

这是最难的，也是最关键的：利益驱动的高速运转时代，有哪些人愿意纯公益重投入零收益的同时，步履坚定地几年如一日走下来且取得了不菲的成绩？

除非亲历其中，否则没人相信：怎么可能，一定是炒作或者另有所图。

是呀，精明的人太多，疯子、傻子才做这样的事。推动社会或大或小变革的，可能就是常人眼中的疯子或傻子吧……

这段话拥有何等强大的力量！我把时老师的分享转到群里，大家马上积极响应。

微信群“教师勇气更新”的聊天记录如下：

——2019–2–15——

吴虹 上午 10:52

@吴国珍 我们网络援疆老师昨晚看到期末考试成绩很激动，喀什地区通考，巴楚县一位老师的班级语文成绩均分为 99，是跟着网络同步坚持学习的老师，不曾谋面，却能一起成长，**互联网颠覆了课堂、颠覆了学校、颠覆了传统援疆模式，更颠覆了人与人之间的交往方式，只要相信，最好的老师，最好的教育就在身边**。

时朝莉 上午 10:56

@吴国珍 @吴虹 **一个全新的世界，一个未知的世界，起点只是一个看似不起眼的改变，却不知终点通向何方**。

吴国珍 上午 11:01

我写了又删，不知道如何表达心中的感受和惊叹！这才是中国教育系统正呈现的伟大事物，不无渗透地通达于心灵天地城乡万物。

如此强大的感召力联结力，谁会相信吴虹校长的互加团队成员不过 10 人，还多是入职不久的小青年，却靠互联网平台把许多像时朝莉老师团队这么强大的能量场联结起来。感到吴校长的定向正确联结上了城乡一体发展正在生成的最佳未来，即：**能量交换中大规模为教师赋能**。这点对我的启发太大，直接影响到我梦想线上教师精神家园。

@吴虹 @时朝莉 是，起点是一个看似不起眼的改变，却四两拨千斤，引发一系列惊天动地的变化。这也正是我在面对考试集体捆绑困境，试图突围，一直寻找的。

吴虹 上午 11:25

勇气不是一个概念和定义，行动中才能感知自己的力量。

吴国珍 上午 11:35

@吴虹 教育研究却缩在概念定义的笼子里。感到生发改进现实的行动力和话语频道构成的文化氛围有密切关系，只要一读吴虹的文字，我这老人也像打了鸡血一样。

这是在乡村教育凋零后，众多生命鼎力复兴乡村教育伟大崛起的故事。乡村教师群体，在互联网社群开放的滋养心灵成长的新文化中大批内在觉醒，真实发生的心灵引导史无前例地以“万师互教众师成长”的面貌出现。

美丽乡村公益网课解决了长期以来乡村教师学科结构性缺失的老大难问题，更促进了乡村学校教师学习文化更新。当孩子们受到艺术类课程的熏陶，整个身心和谐蓬勃发展，不仅本学科，其他非网课学科成绩也被带动起来了。秘密在于优质课程唤醒了师生生命的真谛，整个生命生机勃勃，自然发挥未知的学习生长潜力。

“人以群分”，吸引、唤醒一大群人，已在现实中真实发生。因此，开放城乡教师群体成长氛围，“少数融汇多数”的梦想亦拥有了真实的生发天地。

四、氛围渗透转化群类：让教师真实又自信地说话

互加计划美丽乡村公益课程联结许多爱心教育专业人士为村娃们公益授课，落实到村娃们惊人的发展上，深思其后的原理，归根结底是网师、助学、助教把真我生命活力带入专业公益课程，开放滋养生命生机勃勃的氛围，引导鼓励学生真实又自信地表达创作。

再进一步追问，是如何把大批人调整到一种自我唤醒状态的？

群交流刚起步时，分享对“真实”的理解，吴虹校长立刻点出重点，**比“学生真实记录”更加重要的是引导教师真实记录。**

微信群“教师勇气更新”的聊天记录如下：

——2019-2-7——

吴国珍 上午 10:13

（先分享《教学勇气》中涉及“真实”的几个段落）

勇气种子们的交流请聚焦“教导自己认识自我”，历缘对境深层地和心灵导师对话，对话进入明净、舒缓、深微，寻找自己的心灵导师。

可以先试着**就“真实”分享自己的理解**。

丁柏恩 上午 10:14

我最近两年引导学生坚持每天写成长记录，提高学生的自我认识能力，保持心灵的开放，效果还不错。我发链接给大家看一看。我要求每天的记录都写“真人真事，真情实感”，强调了真实。

吴虹 上午 10:25

@丁柏恩 青西新区 **学生写日记不难，难的是有人关注和引导，这是最大的力量所在。比让学生写日记更好的是让教师写作。只有教师每天自我对话，才有更深度的思考与能量关注和引导学生**。

丁柏恩 上午 10:29

老师首先养成这个习惯，从中受益，再引导学生就水到渠成。

如果老师没养成这个习惯，学生也很难坚持下去。

罗朝英 上午 10:30

@吴虹 教师写作并收集归类，**引导学生由外力推动到自发自愿写作记录**，推送博客，就可以持续下去了。

吴虹 上午 10:32

@丁柏恩 青西新区 其实很多孩子希望与同伴和老师分享！**我曾经坚持在初三年级让学生写日记，每天老师轮流批阅，最后毕业时，孩子们其他书本试卷都不要，唯独要留下日记本做纪念**。

罗朝英 上午 10:33

@吴虹 学生最想留下的最有纪念意义！我们也在记录！

吴虹 上午 10:33

@罗朝英成都英语教师 是的，自媒体时代，分享已经可以是一种打造超级IP的力量。

罗朝英 上午 10:36

@吴虹 真是这样，**借助自媒体，鼓励学生写作，发自内心地去表达，与自己对话，与自然对话，与世界对话，与未来对话，这也是一种心灵的引**

导过程，而且很容易发生！

吴虹 上午 10:41

@罗朝英成都英语教师 是的，对话自我，也对话万物！

2月16日，互加团队陈嘉谊先生在朋友圈分享了青椒们寒假的阅读概况："数十天的勇气读书是深度阅读、深度思维的成长记录，12本书、1123篇简书读书分享、8544篇打卡读书笔记，这里有深入碰撞的思想，这里有拔节般的生长，这里有制作精美的读书笔记，这里有每一位乡村教师的故事。阅读使人进步，成为更好的自己，这是一个需要不断奔跑才能待在原地的时代！"

年轻人处于小我扩张阶段，如果没有机缘遇见好书或心灵导师，很难体验向内心扎根。互加团队为了陪伴、关注青椒们的阅读，一个寒假都在奔跑。**青椒们读书感悟到内在奖赏无价，开始领悟到要慢读，重读，反复与体验对话，有了新的思路跃跃欲试，是多么巨大的飞跃。**哪位名师不是得益于早早悟到向内扎根的力量？

请看特级教师罗朝英是这样理解大家交流的"真实"的：

【读书笔记】《教学勇气》关于"真实"[①]

昨天，在群里与一大群热爱《教学勇气》的老师一起畅聊。在吴国珍老师的引领下，很多老师畅所欲言，让人很感动。有那么多勇气的种子在群空间里相遇、相识、生根、发芽。这些勇气的种子发自内心地与心灵导师帕尔默对话，对话进入明净、舒缓、深微的境地。当我们用"真实"投入到工作中，教师的内心世界就会鲜活起来，少了许多倦怠、抱怨，多了很多平静、安宁、接纳直到臣服。写到这里我想起了好多年前学校要求写论文，我毫不犹豫地写了一篇关于"臣服"的文章。如果我们没有真正的"臣服"，就不会用心地去做教育。吴老师提议：大家可以想象"真实"这个词在《教学勇气》中出现的语境，用自己的体验理解"真实"，放松细想。

① 详见网址：http://blog.sina.cn/dpool/blog/s/blog_3e58ead10102yisb.html?from=singlemessage&isappinstalled=0, 2019-02-08。

什么是“真实”？这么多年都没有问过自己，就这样一头扎进工作到现在，想着自己的工作轨迹，“真实”的一幕幕场景从农村走向了城市，再由城市走向农村，那到底什么是“真实”？仰望教育的苍穹，低头思索走过的痕迹，“真实”在我的眼中和心中应该是这样的：

真实就是有没有时间都想着它，

真实就是有没有闲暇都想做它，

真实就是有没有钱都愿意去做它，

真实就是有没有人关注你都会去做它，

真实就是有人抱怨，自己也在默默地坚持它，

真实就是有人远离，自己也要去拥抱它，

真实是写在心里的，做给自己内心渴望得到的幸福，

真实不是做给别人看的，是为了给自己的内心以交代，

真实就是默默地享受自己做的过程，思考与体验，

真实就是与自己对话，静心、安心、无争无扰地坚持下去，

真实就是耗尽自己的时间、精力乃至生命也不后悔的东西，

真实就是每一天真实地捧起一本书站在学生面前引领他们成长。

这就是我目前的真实！2019年我会将这一份真实带给学生！

其实，吴国珍老师的引领就是一份最珍贵的“真实”。她缓缓道来的言语，与帕尔默教授的对话，让更多的勇气种子去体悟书中的每一句话，去感悟帕尔默精神的精髓。读到其他勇气种子的感悟的时候，内心都在沸腾，在期待，在沉思，我想，这也是一份“真实”，一个人的“真实”，一群人的“真实”，一个空间的“真实”。

正如魏特里（Wheatley,M.J.）所说：“我们做好工作的能力源自对‘我们自己是谁’的认识。当我们坚定地立足于一种真实的自我意识中，我们就获得了虽然困难但有意义的工作所需要的所有资源。我们的心灵之旅使得外部世界的旅行更有价值。我们与自身独特身份的联系也让我们与他人相联系。”

致谢每一个勇气种子，致谢吴老师的引领。她在阅读了我的回应文章后，留下了鼓励我前行的这样一段话：“5日深夜，罗朝英老师发来回应我这

段话的体验，我一天都被里面真实的力量，也就是自身认同和完整的力量深深吸引。是多年和勇气种子优秀灵魂的相遇，感受到内心唤醒力量的无可估量，才有勇气建群和更多勇气种子相遇，宁静、舒缓、深微进入内心深处，调动专业功底，开放心量，和帕尔默对话，不知能普惠多少生命，汇聚力量参与优化大的教育生态。相信很多勇气种子都处在阅读对话状态。听罗老师的肺腑之言，真实就是优秀教师的灵魂，内外通透，充盈着整个生命。”

互联网提供平台神奇地邀请青椒们和优秀教师真实记录与自我的对话，与好书的对话，与万物的对话，把同伴和学生邀请到对话中，为大批老师赋能。被唤醒的生命，学习力、生长力潜滋暗长，产出力必定无可估量。

在传统课堂，培养一位优秀教师，受益的学生有上千人，在互联网平台更是呈几何级增长，学习社群推动一大群人相互持恒成长，受益学生无穷。

一定还有不习惯自我记录或不擅长写的，很正常。没有关系，当形成一种不断向阳生长的氛围，每位教师的成长自然会找到适合自己的方式，打卡记录外，也大有潜心阅读学习成长的空间，进而，可能会情不自禁地自我记录。

开放教师养心氛围，线上线下自然散发生命的喜悦轻安，不无渗透。可以从大多数教师结缘线上精神家园养心氛围的不同程度，乐观地预期现实中教师不同群类的转化方向：

潜力股种子被自然唤醒，自主推开灵性天窗，心灵拔节。

正承受或承受过内心支离的心灵更敏于被唤醒，重拾勇气做最好的自己。

用心教育教学却不擅长写的教师，会更确定自我而心安，更方便地从线上吸收教育智慧，在面对面的线下交流中，自然也成为开放养心氛围的创造者和受益者，不参与线上分享，成长空间也很大。

曾有激情但因遭遇不公平等伤害又有条件躲回舒适区的教师，当明白教育可以超越被盲力控制的机械无聊，也有概率接受美好教育生活的召唤，便不再懒散。

习惯迎合、能写会说，但是做老师却投机取巧者，一旦健全了教育体制机制，迎合式文章失效，会把精力用于正道。

习惯高压控制生命的领导或老师，也可能识时务顺风转收敛一点。

总之，少数唤醒多数的秘密，就是开放养心氛围让教师真实又自信地说话，无形地影响每一个生命真实又自信地说话，让生命拥有自身认同和完整的内核。

多年来，开放养心氛围显现在教师勇气更新叙事探究公益活动中，在支教岛温暖接纳乡村校长、教师的跟岗研修中，在优化教育生态的区域系统变革探索中，如引领江西省弋阳县区域逆袭破冰的前任教体局局长方华说，氛围比制度重要；如北京方庄教育集群丛林生态教育系列变革，组织教师叙事探究活动氛围养心受欢迎，这些亦是好学校体验到的时时处处的滋养。

但在不少学校，养心氛围似乎可遇不可求，在现实夹缝中微若游丝，究其原因，只因头脑到心灵路漫漫，心灵缺失。尤其当职场权势被小我掌控，和理性话语霸权合谋，萎缩灵性生发空间，容易放纵狭隘利益争夺，制造愚昧、放大恐惧，让善良正直的教师受伤害。

匆忙发生的教师培训中，即使认同呵护心灵的价值，也多数难以顾及给每一位参与教师机会，进行自在分享。教师无缘感受自在分享氛围，无缘觉知如何平和地在与恐惧相处中重生力量、转化困境，师生的内生空间就会萎缩。

当线下活动基本顾不上聆听每一位教师的真心真言，互联网借助极简技术革命却可以大规模满足每位教师线上的自在分享，真实记录教师与自己对话、与好书对话、与自然万物对话、与未来对话。这些对话打卡自然与同仁、学生分享，学生回应创作的作品，多么美妙的生命成长线上交响曲！

这一切都在真实发生，印证帕尔默的洞察：“如果我们想要支持彼此内心的生活，一定要记得一个简单的真理：“人类的心灵不想要被别人‘解决’，它只是想要被人看到和被人听到。如果我们想要看见而且听到别人的心灵，我们一定要记得另一个事实：心灵就像野生动物那样，坚强、能迅速复原，可是又有点害羞。当我们冲进森林大声呼喊，叫它快出来好让我们能帮助它时，心灵仍会藏在那里。但是如果我们安静地坐着去等候一会儿的话，心灵可能会现身。”

互加计划借助互联网平台，大规模为乡村教师赋能，推出的N师模式创新核心，是呵护屏幕后每位网师、助学、助教的内在觉醒和生命之间的联结。当尊重心灵愿意被人看到、被人听到，同时又享受独处内在更新，教师成长的质和量的可持续发展都远非传统模式、激情燃烧或困境反逼可比。

极简技术带来评估体制机制的革命影响将更加深远。自动记录学生的被吸引程度，呈现学生创作的作品，用学生的真实成长照鉴网课质量，衡量导师团队素养，意味着以吸引学生的广度深度和学生的作品质量来衡量，而不是用立项经费等来衡量。后者时下盛行，但却不幸地堆积形象工程。

一旦依据所培养的教师是如何积极影响学生的成长来评估教师教育的质量，且看实质的心灵引导，教师研修也必定以关照教师心灵强健为首要任务。诸多堆积形象工程泡沫的怪胎，也必定在无可抗拒的学生实质发展面前腐烂。

随着推动城乡一体教育的公益事业的发达和教育体制机制的完善，远程课程的低效泡沫必定无立足之地，利用技术平台和名师为工具捞取暴利也必定受制。

对于少数唤醒多数的问题，当教师们头顶蓝天，脚踏大地，不断把根深扎心灵，向阳生长，定会充满希望。

五、教育生态自然平衡会极大助益教师群体心灵回归

什么在阻挡教师真实又自信地说话，支离心灵，剥夺自身认同和完整？显然，我们都痛恨本末倒置、冰冷僵化的考试机器和管理机器。不得不自我拷问：唤醒了心灵更加痛苦怎么办？

本书系统论证“教师心灵成长—教育场域进化—教育体制机制完善”三者之间的良性循环。有关教师主动创造线上精神家园的“梦想”，年度阶段重点设想，最后落在由下而上地为呵护教师心灵完善教育体制机制，实质上是一直坚信：**心灵突围奠基制度突围，制度完善又可望呵护大多数心灵丰满。**

笔者的升学考试制度改革设想要落地，线上“梦想”是环环相扣设计中的必然有机组成部分，“梦想”和勇气种子教师们相遇，才有机缘赋能落地“真实”。

现代教育生态失衡的危机，是人类新兴复杂性危机连带出的危机，极度

挑战现代治理能力。这一教育危机日益逼仄生命空间，灵性被理性话语霸权萎缩，生命被挤在各种失控的刚性压力夹缝中。只有游刃有余的教师有定力守望教育的真谛，有足够的心量和专业功底，与心灵导师深层对话，寻找到自己的心灵导师而愈发强大。

依据笔者对于教育场域进化的理解，在小我散乱强大的趋利避害驱动中，如果失去精神家园的滋养，习惯高压控制者和钻营机构权力控制话语权者，更容易一时得逞，让所有正直明净者遭受伤害压抑。教育场域共同意识的进化，依靠心灵家园的氛围滋养。尤其，至简技术革命促使网上形成大规模社群空间，便捷共享精神家园，自然感染每种群类的正向转化，滋养大多数人堂堂正正做人，问心无愧做事，向心灵深处敞开，向天赐之福敞开。

当大多数人体验到小我转变自我超越的美妙，就开始一种质的飞跃，志同道合共同体的共同创造，尊重真我的志趣、爱好、梦想，群的品质和人的意识的提升，自然激活整个场域的创造机制。而整个进化过程，都需要精神家园滋养生命的觉知潜力，开启创造智慧。

呵护教师心灵完善教育体制机制，越是依靠大地生长的教育力量，由下而上献计献策，就越能为优化教育生态带来希望。相信教育体制机制的合理改变将极大影响人们选择的集合，城乡教师群体在呵护心灵的教育生态环境下，大多数人的积极向阳生长就水到聚成。

但这个“梦想”离“真实”有多远?

勇气种子教师极度关心健全教育体制机制的改革。虽然对此难题的研讨安排在最后一个季节，但群交流刚起步就触发了这个话题。

微信群“教师勇气更新”的聊天记录如下：

——2019-2-14——

丁柏恩 下午8:57

一方面，我们每个人因为各自的人生经历，无论是受到伤害还是激励，都会让心灵层层包裹。这将导致我们看待自我和世界都要首先透过这些包裹形成的透镜和滤镜。这个时候，我们看到的自我和世界，实际上已经变形变色了。

另一方面，我们的生命会因为这些经历，背负的越来越重，甚至导致生命不堪重负。

U型理论揭示的就是，尽可能排除透镜和滤镜对我们的干扰，看到真实的自我和世界。并且放下那些重负，让生命仅仅对自身负责，生命力会因此呈现出最活泼的状态。有了这样的当下，就有了最具希望、最可期待的未来。

以青岛地区物理中考的两道大综合计算题为例，每年中考结束，围绕这些题目的N种出题方式可能就会被初三老师穷尽，并带领学生全部进行强化训练。

为了应对老师们的破解，教研员在下一年度的中考时，不得不作相应的调整，这就导致试题的范围进一步扩大，学生要做的题目的数量就相应增加。

等到出题者在这个题型上黔驴技穷时，又会提出新的要求，开始新一轮的较量。学生们不但需要学会解老题，还得迅速掌握新题目的解法。

所以说，我们的中考和高考，可以看作是毕业班的老师带领学生和出题者斗智斗勇。

我们不否认这些考试题目能反映出学生掌握的知识和能力水平。但是，体现的主要是出题者的意志，学生的自主创造能力体现得很少。

在一定知识和能力的基础上，借助独立或合作完成的项目，充分展示师生的主体探索，才能保护师生的好奇心和自由，保证师生的创造力。这才是教育发展的方向。

我们不要做被蒙上眼睛拉磨的驴子，拉得再好也是围着磨盘转。

我们要做奔跑的骏马，在一望无际的草原上自由地驰骋！

显然，完善教育体制机制，让教育大系统自然平衡，是身处失控教育漩涡中的优秀教师最关心的。扎根教育大地、用心领悟教育真谛的教师专题研究，对于完善教育体制机制，撑起学生蓬勃生长的教育蓝天，呵护城乡教师群体回归心灵的空间，具有无可替代的生发力量。

完善体制机制呵护教师心灵的问题和唤醒教师群体成长的问题一体两面，能否互为加持，归根结底取决于教育场域进化造血机制的活性细胞是否被激活。这就是“教师自主创造线上精神家园”的根本意义所在。显然，对于教育体制机制如何呵护教师心灵的探索，需要吸收相关专家和勇气种子的智慧启迪。有多少干柴可以汇聚，在现代化的废墟中崛起心灵的力量？待看人间正道宏微众物转化机缘。

为何只是独自在关注启动阶段要回答的这两个问题："能否线上散发养心氛围？""能否助缘大多数教师成长？"勇气种子教师启动阶段的交流就在从各个方面无可置疑地肯定回应？且带入的启迪远非个人绞尽脑汁所能及！除了众人拾柴，关键还要有火种，火种就是打开了"教导自己认识自我"的宝库。是一遇火星就照亮自己、彼此照亮的力量在汇聚，促成教育场域注意力场结构趋向"源头"变迁，释放养心氛围滋养共同意识进化，促进教育场域进化到蘑菇型成熟阶段。

第三节　教师精神家园助缘完善教育体制机制

本来计划年底汇聚勇气种子的系列专题研究成果，就教育体制机制呵护教师心灵的重要主题再回应一篇，因受到20世纪教育研究院副院长方华分享的杨东平教授《减负并非“害了孩子，肥了教辅，误了国家”》一文的触发，又再读方华的《让教育理想在当下发生》演讲稿，3月9日，在线上回应下文。笔者关注教师心灵成长、升学考试制度改革和教育管理体制机制改革之间的共生，此文才开了点窍，对形成合力来说来说可遇不可求。

一、理想落实在当下需要开放养心氛围

本想既然惊动了勇气种子教师线上相聚，自己至少要回应三个问题：能否线上散发养心氛围？养心氛围能否助缘大多数教师成长？如何完善教育体制机制呵护教师心灵？对前两个问题的回应在启动阶段已经抛砖引玉。果然，首场汪琼老师带领安庆团队主持，就在大大加持教师自主创造线上精神家园的能量场，让笔者感到待以时日，在合理的教育体制机制架构下，可望汇聚教师心灵成长核反应堆，不可遏制地壮大为滋养教师群体成长的主导话语，反逼小我私欲暗自收敛。可以扫码阅读线上原味互动感受。

方华在文章中提到理想在当下，强调教育生态人文环境。少了风清气正的氛围，就会一片埋怨，教育就陷入心灵支离、充满恐惧的重灾区。无论何

方高人写文章如何描述教育应该如何，批评不该如何，都等于没说。应试教育和素质教育不要对立，没有错，但是现代教育的复杂性和挑战性绝对不可能回到刚恢复高考的安静应试而逃离过度应试的状态，所以即使为应试教育或素质教育辩护得再精彩，也落不了地，因为那只是概念地图式的理想，不是当下能改进现实的理想。

“理想在当下”，笔者认为，当下潜藏的最大改进现实的力量就是要想方设法营造滋养教师和学生心灵的氛围，完善教育体制机制有必要把这当作头等大事。而且，有必要觉知这一悬崖，凡涉及心灵能量的无形氛围，容易在两极之间转换，要么特别好，好到多数人不好都不行，要么特别糟糕，糟糕到卓越教师想要为教育、为生命守望真我活力，也要扛住来自各方面的很大压力。

面对班级的学生，面对家长各自的需求，优秀教师一般都对于这两极氛围敏感，善于开放光明的一极的氛围，尝到甜头就会想方设法规避陷入暗的一极，哪怕要扛住一些权威规范也在所不惜。只要还没有体验到如何主动开放养心氛围的甜头，必定极度地辛苦、辛劳却效果不好，久之倦怠，想方设法躲进舒适区。这也反衬出优秀教师线上汇聚主动创造精神家园散发养心氛围的深远意义。

这就自然引出了我原本想等年底再回应的第三个问题：如何完善教育体制机制呵护教师心灵？杨教授的文章直面教育体制机制改革的思考，触发笔者想起 2017 年 11 月在方庄教育集群召开的教师勇气更新大会上，受到方庄教育集群在京城和弋阳在县域进行区域优化教育生态系统改革的启发，只是提到升学考试制度重建和管理体制机制改革之间存在共生关系。现在对这一共生关系稍微有了点实操层面的思考，因此试着抛砖引玉，从教师群体成长和大多数学生的适性成长这一共生关系的立场，从心灵内在秩序和制度内在秩序的共生初步探析。

二、心灵的内在秩序滋养制度的内在秩序

杨教授一直力推教育公平，关注底部攻坚，痛恨应试地狱。他的这篇文

章在国际比较中澄清实相，揭示“谈减负色变”的荒唐。

关于高考改革，厦门大学高教所老师的著作淋漓尽致地揭示了被高利益捆绑的当代教育苦旅。相关高端项目，调研也罢、建议也罢，描述各种角力关系，最后只剩一句话：现阶段只能这样。这也可以理解，知行合一的原创对策谈何容易！佐藤学教授在一次演讲中说，真正能够带来现实改进的，是那些替神在世上做事的人。杨教授一直在尽力探寻可以改变的空间，令人敬佩。

为何政策规定“减负”，现实却按下葫芦翘起瓢，反而出现为应试“重负”辩护的声音？显然，硬性“减负”没有触及本质羁绊，只是简单对抗小我的趋利避害能量。不依据刚性标准则可能钱权关系交易优质教育资源，这个集体捆绑一直没有找到破解之策，其后家长望子成龙的文化又推波助澜，再其后又和精神信仰有关。

人的精神没有寄托就会惶恐不安。假如遵循传统大智慧扎根天地，生命底色就会淡定、喜悦些。天人合一是中华传统大智慧，但目前扎根天地者为数不多，西人信神的较多，但只是形式上信的也不少。时下国人多精神寄托于情感，尤其寄托于晚辈，教育系统就更容易被趋利避害裹胁。无视小我的趋利捆绑，硬性要求“减负”，出台了硬性规定，缩短在校时间和作业量，其理由众人皆知，题海训练、死记硬背有害身心健康，抑制创造力、想象力，但却不足以成为决策理据。体制机制改革，通俗理解，制度约束要遵循合理的原理激活长效机制。决策无根必定导致体制和机制两者分离，效果南辕北辙。

21世纪教育研究院的调研数据显示，才几年工夫，开放民办体制的区域，社会财团操纵民办和补习联盟，通过掌控小学初中的好教师、好学生，在小学掐尖，幼儿也被逼迫为应试长秃斑！那些“谈减负色变”的舆论，要么为盈利目的，要么忘了“极度机械应试”是一再给心灵制造残酷支离的祸根。

再看所谓的“快乐教育”“宽松教育”，一般针对应试压榨可接受，而自古以来比较先进的教育思想，无不主张身心和谐教育，同时又接受人性弱点，重视对抗训练，天道酬勤。从这点看，“快乐”“宽松”命名还是有失偏颇的。21世纪教育研究院正在鼓励的“全人教育”，命名上更合理。

从生命成长实相看，优质的学科学习、音体美等美感熏陶和生活实践锻炼，对于身心和谐、健康发展，整个生命生机勃勃，以活跃的心灵吸收和生成活的概念知识，十分重要。关键是教师优秀，课程优质，课程体系适合人的健全和谐发展，适合自由寻求天生我属。

地广人稀的乡村边远地区，长期音体美学科结构性缺失问题得不到解决。互加计划美丽乡村公益课程，大面积成功地解决了音体美课程结构性缺失问题，网课只有几门，却带动所有学科的学习，带来农村孩子们整个生命的改变，也显示出身心和谐健康发展对于生命成长的无价。

显然，任何学习成长过程，所有的学科学习，包括音体美、体力劳动，都是需要付出心力的，要真正成才成人，需要针对人性弱点进行对抗训练。优秀老师的真功夫是在学生的自我、教师的自我、学科生命之间深层联结，唤醒生命愉悦，生机勃勃地体验成长经历的痛苦与喜悦。

理念上阐述全人教育，课标大纲上阐述课程宗旨、目的、目标，体现教育理念，这是世界上许多国家启动课程改革容易发生的事情，但是难于落实到学生层面，尤其如何让大多数学生受益，在实践中太容易受到功利竞争冲击。

依据刚性标准的过度应试训练，在华人文化圈过于惨烈，明明知道刚性标准狭隘，危害身心健康，但也不得不屈从过度应试训练，被集体捆绑。只有少数好学校相对可以挣脱出来，靠好的校风吸引好学生、好老师，形成优势积累，但又往往会把好老师、好学生也约束在既定轨道上，习惯竞争追逐机器人比人还能胜任的东西。还存在不少学校出尽招数向生命压榨分数，顾不上音体美社团活动和生活实践锻炼。极度应试杠杆，能不从高中撬动到初中、小学，扩散倦怠的教师、恐惧的学生、焦虑的家长吗?

韩国的“自由学期”，显然是刚性标准抑制环境中呵护心灵内在秩序的高招。其实20世纪90年代末印度就有此类成功的学校案例，先自由放飞，再专门研究应试技巧在毕业班集中训练，效果比一味地应试训练好得多。现实中，教育家型校长多在用这一招，卓越教师也在扛住“一刀切”的应试规范，进行“不刷题成绩照样好甚至更好”的求真试验。

但也显然，在国家比较小，利益格局不容易波动反弹到极端甚至失控下，“自由学期”实行的情况会好点。在极度应试的泱泱大国，既有制度框架下教育家型校长基于本校优势积累在尝试并且走得更远。而制造高分神话的牛校，应对制度要求已经游刃有余，只要考试制度没有发生深层的本质变革，仍然会把励志奋斗、军事管理、刻板执行、题海训练放在首位，绝对不会理睬“自由学期”，优质大学位置有限，“高分神话”必定牵动相当的学校趁别人在自由放飞时，赶紧集中精力应试以占得先机。

因此，考试制度框架触及人性深层的本质羁绊，试图在趋利避害的盲流中牵牛鼻子，是必要的，也是本人关于升学考试制度“减速齿轮”改革设计的关注重点。虽然无法预后，至少主观上是尝试把心灵的内在秩序和制度的内在秩序紧密联系起来，前者滋养后者，把体制和机制合为一体探索，再以基于理论原理贯通现实实践的系统论证。以提供一个靶子，抛砖引玉。

三、教师线上精神家园助缘学校管理体制机制完善

下面以呵护教师心灵完整强健为基点，探讨如何完善教育体制机制，包括关注升学考试制度改革和教育管理体制机制之间的共生，以适合大多数学生身心健康成长。

现实中学术性竞争制度决定了只有少部分学生成绩优胜，可以上理想的研究型大学。这似乎决定了竞争注定是激烈的。除非出现以下重要转机：没能上研究型大学的学生能够找到天生我属，感到比上研究型大学还要适合自己，有信心在人类社会无数领域崭露头角，过丰富有意义的人生，拥有稳定满意的收入，生活安定幸福。

这种没能上研究型大学也拥有的生命富足感，在某一领域精益求精的成就感，不同于一些发达国家那样靠高福利带给芸芸众生的满足感，靠历史文化沉淀自然尊重教育价值的多元，让民众发自内心地认同，上名牌大学和组织一流的晚会都是自己的选择，都应该同样受到尊重。而是在缺乏这种尊重多元选择的文化沉淀，普遍急功近利驱动教育的背景下，试图依靠一种基于“心灵的内在秩序影响制度的内在秩序”的教育体制机制改革，奋力逆袭破冰，优化教育大生态。

这似乎是天方夜谭。但是只要广角镜集中在中华大地生长的教育力量上，又有信心寻求鼓励大多数教师和学生内在觉醒的教育体制机制，就有可能联结上正在生成的最佳未来。其中的关键是，尊重教师内在觉醒潜力的充分发挥，信任开放线上线下养心氛围对促进教师群体心灵成长的价值，就有可能让教育体制机制为适应大多数学生适性成长而日臻完善。

理想的教育体制机制改革，需要基于“心灵的内在秩序影响制度的内在秩序”，带来知行合一改进的力量。归根结底，要清晰教师内生的真正优秀能够给多数学生带来什么样的成长机遇，什么样的体制机制能够呵护教师心灵完整，让教师群体的大多数在相互学习中自然优秀起来。

下面把 3 月 2 日在群里交流的思路再明晰一下，以便抛砖引玉。

“教师自主创造线上精神家园”开放养心氛围，在不断交流中启迪探索，从三个方面逐渐清晰心灵突围奠基制度突围的重点：

（1）只有大多数教师内在觉醒自主成长，在减少死记硬背、题海战术负担的考试制度下，大多数学生才可能获得适性发展。换言之，减少死记硬背、题海战术负担的考试制度，让教师们可以尊重生命成长的节奏，舒缓、优雅、温润地与生命深层联结，体验到自身认同和完整的教育智慧与力量。

教师把真我生命活力带入教育教学，才能宁定谦恭，在教师的真我、学生的真我、学科魅力之间深层联结，教育教学过程畅通心泉滋养，学生生命才有更大概率被适合自己的伟大事物吸引，生命才更大概率相遇天生我属，痴迷探究中充盈本体喜悦，不断相遇未知的新我而令人生意义不凡。例如，电视剧《芝麻胡同》中酱菜做出绝美佳味，全靠老师傅的绝活——“听缸”，能听到封在缸里的酱菜有生命和自己对话。

这是我们老祖宗的大智慧，天人合一、身心合一，与万物神韵无界分。这也是各行各业工匠精神的精髓。精益求精的奥秘就是，无论做什么，所做的事情有内在生命和人对话，用它的身份优势纠正渺小人类的错误，吸引迷住人，但前提是人的心灵是完整、干净、丰满而谦恭的，只有这样的教师或家长可以滋养学生成为完整、干净、丰满、而谦恭的人，为学生启蒙崭新开阔的未知真我世界，干任何一行都能活出真我，听得懂伟大事物教自己如何精益求精。

那么，上述重要转机就出现了：上或不上研究型大学、作任何选择，只有一个理由，是不是找到了天生我属，是不是感受到了伟大事物的召唤。没有上研究型大学，也自然会感到比上研究型大学还要适合自己，同样有信心在社会无数可能的领域崭露头角。只有推动人类进步的生命教育的真谛，可以破解当代教育的集体捆绑。

（2）教育体制机制呵护教师心灵，才可以让大多数教师优秀起来。关于这一点，也随着“教师自主创造线上精神家园”开放的养心氛围，基于多方生长的力量阐述无形的养心氛围的强大生发性和不无渗透性，可以助缘大多数教师成长的空间，笔者对此作了肯定回应。

随着线上教师精神家园开始发挥自组织功能，第一位主持的汪琼老师和安庆勇气种子团队向心灵探索的倾情分享，十分成功地“线上呈现类似面对面的倾心交流，温暖自在，喜悦轻安，智慧流动，氛围养心”。有深度心流，心泉涌动，密集呈现灵魂晒太阳的强大磁场。

这是笔者在为邀约勇气种子鼓足勇气之际，都没料想到将迎来一次次如此丰厚的精神盛宴，没料到线上勇气种子话语同频，不用担心文字遮蔽，相互激活开放的能量场，居然可能会像核反应堆般超越性发生。因此，这给笔者很大信心，健全教育体制机制呵护教师心灵一定会从“梦想”走向现实。

（3）线上呵护教师心灵的交流氛围可以助缘学校管理体制机制呵护教师心灵。这一点是在给顾明远老师汇报的时候清晰的，在群里交流后，从勇气种子老师的回应中更感到了其迫切性。并且相信，勇气种子在身边或线上发展志同道合的共同体，可以助缘完善教育管理体制机制。

比如，可以鼓励学校领导建立呵护教师心灵的线上精神家园。学校在提出长远愿景和阶段目标的同时，坚信要达成任何阶段目标或长远愿景，首先要呵护教师们心灵强健。鼓励教师们围绕学校的长远愿景和阶段目标申请主持，围绕完成任务自主组团，团队内平等地相互呵护心灵完整，每个团队线下线上的交流学习重视开放养心氛围，调动每位教师的内力，合作达成学校的阶段目标和愿景。

同时关注设立学校级的呵护教师心灵的线上自组织，鼓励每位带领团队的老师申请主持人，把各团队线下线上的交流精华在校级的线上自组织分享，传播养心氛围。而且鼓励申请主持的教师越多越好，尽量把每位教师都推到挑战自我超越小我局限、极大发挥自己潜力的主人地位。这样，学校也就自然地在能量互换中为每一位教师赋能。

关键是要坚信呵护教师们心灵强健，教师才有勇气和智慧呵护学生心灵强健，才能达成学校的愿景和阶段目标。给心灵带来伤害的，往往是僵化、滥用权力、夹带私欲的行政管理。这往往又很难避免，因为管理者也是小我，会恐惧失控，一再强化刚性控制。只有文化更新能柔软小我僵化，制度规范可制衡小我局限。

当从完善制度规范上要求学校鼓励教师自主创造精神家园，健全呵护教师心灵的自组织，教师们是十分乐意投入的。线上自组织无需成本，只需要学校领导和教师都真心爱护，契合深层的人性需求。制度要求学校健全呵护教师心灵的自组织，制度也就契合了人性的深层需求。只要各级教育领导是真心想办好教育，把呵护发展好“教师线上精神家园自组织”作为头等大事，一定会助缘教育事业蓬勃发展，领导们谁不为教师们一个个自主成长，绽放真我魅力乐开花呢？

会不会现实中像勇气种子这样能够创造养心氛围的教师太少，而没有可行性？对于这个问题，可以反过来问：现实僵化的学业成绩评估标准捆绑和僵化、形式化、无效的行政管制，到底让多少教师心灵缺失呢？

三尺之内，必有芳草。其实每个区域都有勇气种子，草根精英，线上相聚，都可以慢慢生发成熟的勇气种子微信群，为教师们创造精神家园，连通各校的线上精神家园，在能量互换中为教师增能。相信养心氛围的不无渗透，会让越来越多的草根自主成长为专业精英。

本书受惠帕尔默《教学勇气》的指引，也得益于13年来助缘教师勇气更新公益探索，创造机会聆听教师真言，感恩相遇大地生长的教育进步力量，捕捉教师叙事探究与心灵成长形神相生的氛围，视其为渗透U境教育场域进化的灵魂，一沙一世界，透视城乡教师群体成长的生发空间，贯通“心灵—场域—制度”，探微健全教育体制机制的造血机制。研究中初步体验“真正走进部分才能真正感受到整体。穿过部分的同时即进入了整体，而不是后退一步进行总体观察”。

康永久在研究教育创新制度中引用了熊彼得（J.A.Schumpeter）的观点：“看起来微不足道或无足轻重的地方，蕴含着真正惊天动地的力量。真正的创新经常就是在这些细枝末节之中产生的。”[65] 全书对症现实困境可操作的改变有：创造聆听教师内生成长的场域文化，即让教师们可以安适自在地与内心对话、分享和聆听；“高考资格正确率”设计连通“减速齿轮”改革一箭三雕；健全题库配合严密组织考试，从根上让任何人作弊无下手机会；大数据平台当下共享，挡住多方伸向学校的检查干扰；扶持群主开放线上养心氛围；教师线上自主创造精神家园自组织助缘城乡教师成长；等等。虽然貌似微不足道却正在推开“开放教师叙事探究与心灵成长形神相生氛围”的天窗，试图牵住牛鼻子，疏导散乱强大的趋利避害能量良序运行，助缘深度生发“教师心灵成长—教育场域进化—教育体制机制改革”三者之间的良性循环，大道至简，自然平衡教育大系统。

上述愿景和现实生长的呼应，也确实让人相信，原创灵感才可能在细枝末节的改变中蕴含惊天动地的力量。夏莫指出：“正在崛起的是一种新形式的存在和力量，自发地形成于小型团体和社会网络。这是一种不同层级的联结，以一种不同的方式与对方同在当下，感受正在生成的未来。”[6]4 令人欣喜的是，本拙著落笔之时，这种崛起的新的存在和力量，在现实中果然透过小型团体和社会网络开放养心氛围，正在呈现出城乡共生、大地生长的草根精英老师自主探索教育体制机制呵护教师心灵的崛起态势，并扎根在我国天人合一的传统大智慧的深厚沃土中。

拙著尽力贴近实相。但实相永远在涌现和遮蔽中，文字亦有遮蔽实相之短，拙著亦难逃文字遮蔽之遗憾。感恩寻求真相中诸多贵人的指导和问询，感恩顾明远老师几年来关心指导本研究，当下流出的文字，有幸在汇报信件中有所保留，在笔者心中无比珍贵，敬请关注本书附录。

附录　请顾明远老师指导来往信①

发件人：“顾明远”

发送日期：2018-02-16 09:55:57

收件人：wu

主题：回复：顾老师春节吉祥！！

2018年春节，顾老师回复了上面有照片的新年贺卡，贺卡上没有时间，笔者心里跳出几个字“永远的祝福陪伴”，由此触发笔者开始整理2015年10月15日到2019年3月21日请顾老师指导的来往信件。

2015年10月15日开始惊动顾老师指导，已经87岁高龄的顾老师，正在贵阳、湖南调研，会多，百忙中16日即回信。

① 所有顾老师的来信都保留截图为证。信件保留了重要内容和时间，精简了问候语和姓名。

1. 起步阶段掌舵方向，提醒不要堆砌理论，淹没现实重要问题。

From: 顾明远

To: wu

Sent: Friday, October 16, 2015 3:00 PM

Subject: 回复：吴国珍问候顾老师和汇报

吴国珍：

你好！

好久没有联系，今收到来信，才知道你的工作情况。在当今世界，踏踏实实做一些事情很不容易。你能与一线老师合作，倾听他们的心声，研究教育改革的思路，我想是一件有意义的事。对于你提出的“减速齿轮”的理论，我还不太清楚，提不出什么意见。

顺祝秋祺！

顾老师：

您好！

我是吴国珍，冒昧给您写信，主要是汇报一件事情：

从 1996 年博士论文关注高考改革问题以来，19 年了，终于把自己认为可以为此做的事情完成了。

2014 年国家颁布的高招改革实施意见，确定了“分类考试、综合评价、多元录取”政策，真的是一大进步，其合理性也得到了国际经验的证明。但是，针对诚信文化缺失的困境，以及过度竞争的现实，还需要有本土原创性的改革思路，助益国家新的改革方案落实。

我自己有一个转化考试竞争重心的想法，想打磨一个升学考试制度“减速齿轮”改革顶层设计，相信它会带来新的可能性。

我的想法是不是有道理呢？感恩翻译帕尔默的《教学勇气》在教师们心中引起强烈共鸣，我从 2006 年开始结合对研究生的教学，每年在北京组织跨校教师叙事探究活动，每次十几个组的分享，一个组就能留下 3 ～ 4 万字的分享记录，多年就可以聆听到教师几百万字的真诚分享。我在这样的深度聆听中不断调整想法。

要特别感谢您提议国家招收有实践经验的教育硕士。1997年接触的首届教育硕士，被外派澳门大学，四年后回来，和实践领域什么联系都没有，我当时就是靠找首届的教育硕士班里的学员（不少已经是校领导了），有了他们的支持，才可能持续九年在北京组织跨校教师叙事探究活动。

2013年开始，持续多年的活动发展到京沪等地，明年活动会在西安举办，得到了陕西省中小幼教师发展中心的支持。这样，就有机会聆听来自全国不同地方教师的声音。

我越发感到，多年来认定“**心灵突围奠基制度突围**”，在这个根基上论证“减速齿轮”改革的顶层设计也许是有意义的。但是理论论证很困难。

理论论证主要的困难是，学术研究要切割概念，相对于这么困难的领域，很多概念是碎片，没有力量。我去年10月才接触到夏莫的“U型理论”，才算找到了整合这么困难的问题域的理论视框。到现在基本完成了“减速齿轮”的几万字的理论论证，试图在制度改革、心灵觉醒、诚信文化重建之间做乘法。

我倾注了所有心血在这个“减速齿轮”顶层设计的论证上，是因为我相信它能够带来改变。但是，现实太复杂，实际会如何，只能交给自然造化。现在就只能虔诚祈祷它能够安全问世。

感恩一直直接或间接得到您的启迪和鼓励。尤其是读到您80多岁高龄在春节期间为教育写下的心声《中国教育路在何方》，对教育和生命的关心和忧患，让人十分感动和受鼓励。

2015年10月15日

顾老师：

您好！

谢谢您这么快回复。因为文章有好几万字，作为改革的顶层设计“减速齿轮”有几千字，内心特别期望得到您的指导，又不太好意思惊动您。如果您可以帮忙对这个重点部分把关，就太好了。我打印一份全文给您，您可以给我一个快递地址吗？

我今天打印了一份全文请于天池教授把关国学，他曾经是北京师范大学图书馆馆长。文中改革思路理论论证综合用的是企业领导力领域的U型理论、国学、现象学。

您说得对，现在想踏踏实实静下来做一件事情很不容易，我没有什么职务也得靠逃离才能够静下来。但是自己抽身安静也有坐井观天、不谙世事的风险，因此十分期望能够得到内心最关心教育和生命的前辈的指导。

2015年10月16日

顾老师：

您好！

已经取到论文了吧？您慢慢看，不着急。经热心人提醒，我已经将此文向国家版权保护中心提交了一个著作权申请。您可以静心安心地细细修改。

昨天于天池教授就国学部分给予了重要指导意见（我归结为让“有生于无”有机贯穿全文），并叮咛一块好玉要细雕琢，不能急。说理论论证很重要，而对改革设计部分，因生疏不贸然提什么。

考试制度改革设想部分，特别期望得到您的指导。

2015年10月29日00点33分

吴国珍：

你好！

昨天粗粗通阅了大作，我对你文章中提到的许多理论都不熟悉，许多地方看不懂，因此提不出具体的意见，只能谈几点感觉。

（1）你对现实中的应试教育和失信文化作了有力的批判，对当前招生考试制度提了许多有益的建议，并且介绍了一些地区和学校的经验。

（2）你主张要去功利主义，回归理性灵性扶正人心，无疑是正确的。

（3）你引用了夏莫的U境“源头”理论和中西方各种哲学理论来论证你的观点，说明你博览群书，读了许多书，有较厚的理论功底。

另外，有几点看法，不一定正确：

（1）大作想用改造人们的心灵，重塑诚信文化来找到教育的源头，因此文中引用了大量中西方哲学流派的理论，但我看不太懂，恐怕一般读者也不一定看得懂。把儒道佛都捏在一起，似乎离你的主题太远。重塑诚信文化，回归理性心灵应该另外写一篇文章，放在专论考试改革中，觉得头重脚轻，反而把人搞糊涂了。

（2）概念太多，我粗粗数了一数，不下20个。但大多数都没有解析清楚。包括U境“源头”理论也没有说得很清楚。

（3）“减速齿轮”是你设计的方案，但齿轮是什么，减速减的什么速，似乎也没有说得太明白。

总之，大作把一个现实的具体的实际问题说得过于理论化，把问题弄得更复杂了。

以上意见不一定正确，供你参考。

2015年11月17日9点22分

顾老师：

您好！

十分感谢您的指导，指出的问题一针见血。对打开修改思路特别有帮助。

确实，“减速齿轮”要紧扣减速清晰表达。这点特别有启发。

目前的修改思路大致如下：

改革设想部分，因为现实太复杂多变，尽量把想法写清楚，不可能去功利化，而是把竞争重心相对转移的合理性阐述清楚，使之有益于制度环境改善，U型教育场域健康进化。

实际怎么样，随缘。

为了让改革设想不仅仅是技巧，而是有理论论证根底，有其深层意义价值，理论论证值得成为关注重点。我认为，制度系统不合理的深层根源是心灵迷失，一般的研究概念是碎片，无法应对如此复杂的现实问题，U型理论提供了一种相对整体宽厚的理论视域。

但是《U型理论》对于U底“源头”没有展开，只认同东方传统智慧。而相遇的优秀教师把传统的“有生于无”大智慧用得很活，效果绝好。因而认为东方传统智慧有益于从本体论上理解“源头”，因此，怎么把老子的“有生于无”有机贯穿于全文，贯穿于对中国传统文化的阐述，贯穿于“造化三性”，贯穿于“有”与“无”的联结（现象学原理的贡献），贯穿于“减速齿轮”，让全文成有机整体，是修改重点。

我先试着这样修改。也深知自己底子薄，语言表达等各方面都是短板，驾驭这么大盘子很困难，一稿粗糙，但是为了畅通“源头”的正能量用于突围制度困境，就尽量先试试，实在不行退一步，把“重塑诚信文化，回归理性心灵”作为另一篇。经您的点拨，想到这，心里踏实多了。

“减速齿轮”的想法，想多听听不同批评意见。

2015年11月17日23点19分

顾老师：

您好！

昨天把修改后的论文放在英东楼七楼您的信箱。全文太长，我把修改重点汇报一下。

主要是“减速齿轮”改革顶层设计部分增加了不少细节，用了直观图显示，有问题更容易显露出来，特别期望您再关注一下。

最后的总结，做了一个概念图来概括全文的有机整体联系。开篇对为何借鉴U型理论视框有专门交代，和结尾的概念图相呼应。

您提醒的头重脚轻问题，点出诚信文化重点，对修改中的结构调整、打通全文特别有启发。

还有于天池教授的重要提醒，**一块玉要细雕琢，否则别人把它当作石头扔掉只能怪自己，沉入五年、十年，直面现实重要问题有对策并形成理论体系支撑**。在修改过程中，体会颇深。

决定用一篇整合，是感到如果避开诚信文化缺失的瓶颈，仅仅阐述“减速齿轮”改革顶层设计，扛不住竞争重心转移可能引起更多人不适应的恐惧。

改革要直面和穿越这个恐惧，在制度改革和诚信文化再生之间产生良性循环，U境教育场域的进化是隐性平衡支点，深潜“源头”本体吸收传统大智慧，方法上借鉴“现象学”原理，是理解U境教育场域进化纹理的必要理论基础。

这次的修改稿，恳请几位专家指导，有长期关注教育底部攻坚的杨东平教授、教育哲学专家石中英教授、教师教育专家朱旭东教授。

还送请特级教师于树泉先生指导。不仅是因为于老师长期参与高考命题，痛心应试痼疾，更是因为他活用传统大智慧创造教育奇迹给过我太多启发。2014年12月于老师见到《U型理论》的U底“源头”第一反应是“无”，是老子的“有生于无”，对本人启发很大。

我在3月16日把修改稿申请了著作权。始点想法是：“制度限制死记硬背得了高分也无效”，这点谁都可以想到。和农夫不同的是沉入为这个始点想法论证了一年半，记挂这个问题域却始于1996年。还是申请产权保护一下。

2016年03月29日11点43分

吴国珍：

你好！

读了你这次的文章，我觉得简明扼要，比上次的接地气，老师容易看得懂。做到你说的减速，确需老师对教育的认识、提高专业水平，而且要淡泊名利，静下心来做教育。

2016年05月4日14点01分

顾老师：

您好！

4月14日学部民主推荐部长那天，听您说到眼睛不方便，很愧疚给您看那么多文字。

当时本来很想问您有没有时间，简单聊一下思路也好，但是马上要去机场参加中心的重庆项目和15—16日的名师工作坊活动，17—18日顺便参加一个国际会议，回来后，意识到要形成一个简约通俗交流版，字大点。

重庆国际会议上，意外遇到董奇校长应邀作报告，得知他已经收到我送到学校办公室的文章，说只看了一点，太忙，会让庞老师找我，感恩！

会上其他学校的校长侧重阐述如何培养教师，董校的报告前瞻性批评刚性标准排名捆绑高校。董校的报告让我很有共鸣，想象力和创造力是属于年轻人的，最重大的社会问题应该年富力强者能顶上去，但是，高校学术习性是围绕核心概念写文章，而大多数核心概念在复杂的问题域面前只是碎片，只能触及外围边角，而高校的刚性标准却驱赶年轻人按照学术习性你追我赶，成果越来越多，获奖层次也越来越高，排名也很可观，但人类理性的局限导致在起点上就很大概率在南辕北辙。

当年轻的学者无法宁静沉潜于重大问题领域，如何能够有真正的创造性应对重大危机产生社会行动力呢？我们能指望谁？行政长官、一线校长教师、家长吗？

我更强烈意识到要用简约通俗的文字和教师交流。虽然没有理论论证这些制度改革思路就是无根之木，但多数读者会更关注如何实操升学考试制度重建的大事。这些设想有没有用，仍然要聆听教师的回应。

我把制度改革部分请特级教师池昌斌老师看了一下，他说看了4遍懂了，提醒我要做直观图，还说，**因为它太重要，完成了它，其实和你就没有关系了**。池老师真懂我，帮我减负，让我不再担心可能会出大错。

2016年05月03日13点47分

2. 及时掌舵大方向（“减速齿轮”设计做了直观图后重点提醒）。

国珍：

你好！

来件收阅。修改后比以前通俗了许多。“减速齿轮”是否再明确一些，哪几个齿轮，怎么减速。另外，考试制度改革，中央已有文件，现在各地正在酝酿中。因此，你提出考试制度改革，不能说再改革，而是要与中央改革方案相一致。因为不可能刚公布方案，又来另一种改革。请你在文章中注意这一点，并与方案相适应，否则大家思想又乱了。

顺祝端午节快乐！

2016年06月09日14点31分

顾老师：

您好！

谢谢您百忙之中指出了重点。

本来就是因为有了2014年高考新政“分类考试、综合评价、多元录取”大方向的指引，才激发了个人的一些思考，否则，仅仅论证“分类考试”的合理性，都不一定能够成立。也就是说，不依托新的制度框架，“减速齿轮”设计就没有政策根基。我修改中会澄清这层关系。

年级水平考试制度和高考选拔整合一体缓解死记硬背、分分必争的设想，即使作为辅助被关注，也因为问题域极其复杂，也只是表达另一种可能性的个人看法，抛砖引玉。

如果有幸被国家智囊团关注，论证出更完善的，社会达成共识也要几年，软件硬件准备要几年，整体协调运作准备要几年，因此，即使政策允许尝试也至少要等十年，而分期分批储备力量进入新系统更是至少要十年。

期间，有足够的时间从2014年的高考政策实施中吸收经验。

……（提及长春会议论文“减速齿轮”改革分享，投稿刊物，无果。）

西安的吴彦超老师在参与一个团队的命题研究，刚高考完我请他看，他给我回馈了不少看法，重点提醒不要把择校压向每个年级。昨天我又回应了他的问询，是真实的一孔之见。见附件。

2016年6月12日

3. 2016年中秋节深夜汇报，次日大清早收到顾老师的鼓励，神奇的互联网联结！感恩！

—— Original Message ——

From: 顾明远

To: wu

Sent: Thursday, September 15, 2016 8:40 AM

Subject: 回复：祝顾老师中秋节快乐！

国珍：

你好！做了许多工作，功夫不负有心人。再努力吧。祝中秋节快乐！

September 15, 2016 8:40 AM

顾老师：

您好！

中秋节快乐！

早就该把收集到的对“减速齿轮”改革设想的回馈问询意见，以及自己的思考汇报一下，却拖到现在。

7月上旬带学生去台湾交流了两周，又赶往西安参加教师勇气更新公益活动，得到鼓励问询特别有启发，等把暑期课程结束，7月26日后至8月8日，对一些重点问题作了梳理，又去湖北体验了一周禅文化。回京后写了一篇叙事博文，记录自己如何思考“减速齿轮”改革的设想，遇到什么问询，对不同问询批评是怎么看的，因为感到这些问询对话特别有启发，希望再多获得一些不同角度的意见，便传到网上了。

本想等写好升学考试制度改革的咨询报告，一齐向您汇报，但是开学上课等一再中断，感到改革会影响整个系统，如何让整个系统从比较紊乱到比较有序的纹理清晰起来，还要静心思考。因此，等咨询报告完成了再请您指导。

咨询报告和这段的交流思考关系密切，因此，我把叙事博文发送给您。见附件。

另外，7月17日在西安的教师勇气更新公益活动上，我有40分钟讲解这个改革思路，晚上也安排了一场专门听取意见。我把主持人李伟博士的发言和晚上的一些记录，形成另一个文件，向您汇报。见另一附件。

附件《“减速齿轮”改革设想，是一己妄念，还是一条出路？》里提到朱小蔓教授的重要指导。（因内容重要，把附件内容插入此）

朱小蔓教授，百忙中抽空看了“减速齿轮”部分，6月26日电话指导半小时，不顾咳嗽厉害，多方面细细问询和鼓励，温暖感动是永远的鞭策。她重点提醒“高级心理能力”概念的界定和“人文素养”考核的问题，一下点醒我，竞争重心转移后，过程中、高考中的开放灵活综合命题，其理论依据是什么？将如何突破命题难点？如何在高考的分类考试中体现？这些问题都要落脚到对“高级心理能力”的正确理解上，才能纲举目张。赵清风老师忙于应对西安教师勇气更新公益活动一波又一波的挑战，期间也转来一位生物专业人士读了拙文后的意见，同样指出“高级心理能力”的概念界定问题。感恩！

朱老师还提到现在职业学院倒也不用考试了，但普遍心态是都不想上职业学院，感到被淘汰没前途，参与综合实践活动的证明也作假。当时自己觉得可能顾及不到职业教育，而现在才意识到，这是“减速齿轮”改革要自我拷问的最重要问题，改革能够适应大多数学生吗？能够让大多数学生有多元制度通道适性成才吗？换言之，在国家大力推进职业教育，二本大学转型职业教育的背景下，只有当学生主动选择接受职业教育适性成才，才可以说“减速齿轮”改革能适合大多数学生。但是这个转变如何能够发生？

9月8日的首届寻找最美教师志愿者颁奖典礼，让我和青岛支教岛李淑芳老师有机会一聚。她邀请我们勇气更新团队和支教岛联盟。

好消息一点一点传来，最近深圳教育局向教师们推荐《教学勇气》，几万教师线上共读。这些鼓励很重要，让我有勇气写咨询报告。节后争取快点完成。

2016年09月15日00点12分

4. 受郭振有主任的重要启发，完成咨询报告的“一箭三雕”摘要。

吴国珍：

你好！来件已阅。修改后思路比较清楚了。我因出差银川，迟复为歉。顺祝冬祺！

2016年10月24日09点53分

顾老师：

您好！

咨询报告的修改稿和内容摘要请查收附件。

这次主要是语言修改，结构有些调整。原来问题确实很多。

在内容方面，除了上次汇报修改思路提及的两点，还突出了学生多元发展的推动力，点明教师勇气更新叙事探究十年摸索的铺垫。

2016年10月20日23点23分

顾老师：

您好！

9月27日发送您的咨询报告初稿，只是给郭振有主任发送了，打印给了于天池教授，昨天于教授指出语言表达还要更加简明，今天收到郭振有主任的回复。

郭主任提议写一千多字的摘要，我会尽最大努力。修改完成，写好摘要请您指导。

大概在2008年，在裴老师的课题上，我送了一本《教学勇气》给郭主任，郭主任读后来电话沟通。后来他帮我的书《心灵的觉醒：理解教师叙事探究》写序，让我倍受鼓舞。2014年北京的教师勇气更新公益活动，郭主任应邀讲“回归心灵”，谈到极度应试问题的严峻现状。今年8月初，考虑要形成咨询报告，请郭主任指导，他说9月底才回北京，10月4日才回，让我再发送他。

我回复郭主任，汇报了准备再修改的关注点，也转发向您汇报。

2016年10月10日12点43分

郭主任：

您好！

您的指导太重要了。可以形成一千多字的摘要，太重要了！

我昨天已经开始修改，于天池教授批评语言表达问题。语言简洁通俗是修改关注重点，等我修改好，再写摘要。

这一稿的修改关注到：

补充：学生确定专业的时间，可以是参加高考的时候，也可以推迟到大二结束时。

因为以后考入大学的学生中会有两部分，一部分是清楚自己适合学什么专业的，一部分是不清楚的。一直以来的情况是大多数不清楚，被动选择了专业。还留在原有选拔系统的学生，肯定大多数不清楚。

进入新系统的学生，也会有一部分不清楚。似乎高考时选专业清楚了的，也可能有变动。

认识自我，寻找到天生我属是终生难题，制度应该鼓励从小学一年级到大二寻找天生我属，这对引导人性向善向光明，做最佳的自己，立德树人，整个社会良序运作很重要。

现在研究性大学已经在鼓励学生跨专业修课。向发达国家大学学习，大一大二自由选课通识教育，大三才确定专业，也是合理趋势。

等修改好，写好摘要，再请您指导。

吴国珍敬

2016 年 10 月 10 日 11 点 09 分

5. 汇报 2016 年 10—11 月在青岛交流，把“一箭双雕”改成了“一箭三雕”。

—— Original Message——

From: 顾明远

To: wu

Sent: Thursday,

Subject: 回复：吴国珍提交咨询报告定稿

吴国珍：

你好！来件收到，因刚从外地回京，迟复为歉。对论文过去提过意见，现在也提不出什么新意见。你们调查了许多学校，并与教师座谈。只要教师认同你的观点，就是成功。

2016 年 12 月 24 日 08 点 58 分

顾老师：

您好！

《重建升学考试制度“减速齿轮”改革咨询报告》总算可以定稿了。

二稿大概会10月20日发送您，定稿时间是11月20日，又过去了一个月。

这次定稿最主要的修改是，**把“一箭双雕”改成了“一箭三雕”**。特别点出一个重点：年级水平考试有助于及时了解教育质量，卸下行政监管枷锁。学校一直面临任务源过多，被监管统计报表干扰太多的困境。年级水平考试成绩记录在电子平台，基本上如实及时呈现了教育教学的质量。至于其他教研课题项目之类的学习交流活动，可以把需要向上级汇报的，在活动发生的当下传送真实素材到大数据云平台，各行政部门可以自行在云平台收集整理需要的统计数据，不允许各种统计报表直接要求学校填写，以保护学校教育宁静自主的空间。

确定要突出这个重点，和10月21日—23日在青岛组织的活动有关。我应青岛支教岛李淑芳的邀请作为志愿者，22日在她联系的青岛国开实验中学，举办了一天教师勇气更新叙事探究公益活动。……活动结束的晚上，和李淑芳、卢宝山校长等畅聊。提起体制内的学校最头疼的是过多的行政部门不断要求学校汇报填表。我提到可以考虑让行政部门到大数据云平台自己汇总各类统计报表，减轻学校负担的设想，他们都说太好了，是一种大解放。因此感到，原来的母体文章中切下来的“减速齿轮”部分，还有专门一小段讲这一点，后来被专家批评不要什么都说，咨询报告中反而只是附带提起。现在意识到一定要在内容摘要中专门突出“卸下行政监管枷锁”这个重点，因此把**“一箭双雕”改成了“一箭三雕”**。

突出这个重点还有一个原因，就是意识到，行政推进教育均衡，如为了限制择校热，九年一贯对口直升、取消共建生、减少推优和特长生，就近免试入学、给普通初中进名牌高中指标等，确实在推进教育均衡，但也有隐患。行政推行和教育家自主办学的抱负、教育界“得天下英才而教之”的强烈动机之间是有差距的。教育的可持续发展要依靠教育家办适性教育，满足大多数学生的多元成长需要，因此行政推进有必要配合鼓励适性教育的考试制度设计。

行政强力推进教育均衡和有经济实力的家长的择校愿望更加冲突激烈。公立学校不让择校，就出现家长高额择民校，民校就有了资源，挖公办学校的名师、名校长成名校，掀起“要择校到民校”“名校办民校”热，好像民校就意味着脱开了体制内的应试压制，民校就有自由实施先进的教育理念。

教育家型的校长、教师为何心仪私立学校，是希望有自主办学空间，不堪忍受过度的行政监管枷锁和统计报表干扰，校长、教师也以培养可以入读发达国家名牌大学的人才为荣，又躲开了过度应试捆绑。但实质上，当私立学校成了大多数，同样逃不出过度应试的集体捆绑，因为有经济实力有智力上海外名牌大学的毕竟只有少部分人。

显然，从公办学校系统流入私立学校系统，对于整个教育系统而言，只是逃避，不能解决问题。私立学校系统也是被诚信文化不足的瓶颈卡住的，当私立教育系统成为主体，谁能够保证都会是真正的教育家办教育？都有充足的社会资源支持？学校都不会为了盈利，不会被贪嗔痴三毒侵害？国家基础教育的健康发展，大多数学生的正常受教育机会，归根结底，是国家的重大事业，是必须依靠国家才能办好，国家把基础教育作为公共福利事业大力扶持。

因此，对基础教育系统的过度应试捆绑问题，僵化的行政监管枷锁问题，不要冠以“诚信文化缺失”或“体制僵化”而止步不前。而是要看透，最根本的原因是人类把自己关进笼子里却不认账，小我太容易让科技井架异化，作茧自缚。必须打通这两个问题进行制度设计，迎难而上牵住贪嗔痴三毒的牛鼻子，破解科技井架牢笼。

因此**把“一箭双雕”改成“一箭三雕”**，是必须的。

……

11 月 13 日，**“一箭三雕”**中的第三雕基本补充好了，特地搁置到现在，是因为又直面两个在自己心里很久的自我问询。

第一个问题是：校外补习已经是许多家长的焦虑和负担，以前只是特长加分，各种才艺补习就过度火爆，现在设想高考特长科和其他科的分数同样分量，那课外特长补习不会更疯狂了吗？

第二个问题是：竞争重心转向高级心理能力，以前是大家在分分必争无暇顾及高级心理能力，现在各种课程创新大多适合培养高级心理能力，必定高度受重视，那会不会导致课程太多，学科庞杂臃肿，和年级水平考试要求正常修读所有国家课程争夺时间和精力了？

终于，11月20日，可以打通这两个问题，表达自己的对策思路了。这一次修改中所有补充的内容，都用绿色字显示出来了。

从今年8月底以博文《“减速齿轮”改革，是一已妄念，还是一条出路？》梳理了相关思考后，开始写咨询报告。至今，小改无数，大改三次。上面交代的是第三次定稿修改。

第一次的修改，大致在国庆节前完成。回应了三个问题：得益于西安勇气更新活动吴彦超老师的问询：年级水平考试会不会导致择校竞争下压到每个年级？李伟问询：高级心理能力难考怎么办（这也是专家否定投稿的重要理由）？农村边缘的孩子上大学更难了，教育公平问题怎么办？自己转化的问题最有挑战性的是：面对散乱强大的趋利避害能量，启动“减速齿轮”改革是否可能牵住牛鼻子，使其朝着有利于教育系统复归平衡的方向疏导？回应了这个问题，才针对三个问题有应对对策。

第二次的修改（10月20日提交）得益于郭振有主任的鼓励和建议写内容摘要。用了“一箭双雕”简要表述内容摘要。其中的一箭，突出了“高考资格正确率”的制度设计。但是如果没有前期深潜U底源头的理论论证铺垫，是无论如何都没有力量应对上述的一系列问询，阐述相应的理解和对策的。

因此，完成了本咨询报告后，接下来会把理论论证部分修改定稿。所有改革愿景的实现，都依赖教师群体的内在觉醒，U境教育场域进化是比改革顶层设计更加重要的水下冰山，也是制度改革影响诚信文化再生的桥梁。我会继续把自己可以做的完成。

谢谢您一直以来的指导和鼓励。谢谢这一路遇到的所有贵人的指导和鼓励。

2016年11月21日18点37分

6. 提交咨询报告。

——Original Message——

From: 顾明远

To: wu

Sent: Tuesday, January 24, 2017 8:28 AM

Subject: 回复：Re: 回复：祝顾老师新年吉祥安康！

吴国珍：

你好！好的，你就将报告报上去。顺祝新春快乐！

顾老师：

您好！

给您拜个早年！

2017年1月20日收到北京师范大学教育学部科研办转来的重要文件——国家教育体制改革领导小组办公室2017年1月14日颁发的《关于开展重大教育问题研究的通知》(教改办函〔2017〕4号)。我便立即把2016年12月12日给您的，包括2017年1月10日补充的重要附件，都发送到了教育学部科研办。

受“通知”触发，初步思考归纳了本改革设想所涉及的、值得众力攻关破难的研究问题域清单。清单见压缩包中文件包的一个文件，内容已经附在研究报告正文后面。

同时把提交的报告摘要、正文、附件重新整理了一下。把1月10日发送给您的，回复高考改革专家的，把优秀教师的体验和制度规范对话的，变成了附件一、附件二。

吴国珍敬

2017年01月23日15点52分

顾老师：

您好！

新年吉祥健康！

静不下来，慢不下来，把教育害苦了。因而借力优秀教师的体验和制度规范对话。

把李虹霞老师的体验带入，让我感到内心静安。

去年大概中秋节前，偶尔发现教育部网站有建议栏，可贴1000字。便把一些自我反思、对话，传为博文《“减速齿轮”改革，是一己妄念，还是一条出路？》，再把博文链接贴在建议栏中，碰碰运气。

现在把所有的理论论证、对问询的回复、反思也纳入，差不多可以形成一本书。

2017年01月10日23点53分

7. 汇报丛书酝酿，将在曹县举办勇气更新活动。7月2日收到顾老师祝贺！感恩！

吴国珍：

你好！来信收悉。祝贺你近几年的努力终于取得成功。特别要祝贺令郎已事业有成，举行大礼。这是对你最好的回报。再一次祝贺你。并祝暑安！

2017年7月02日8点20分

顾老师：

您好！

感激您一直关心指导我正在关注的研究，抱歉已经隔了5个月没有向您汇报，深表歉意。

春节前寒假一去昆明就把事情中断了几个月。

……

目前令人鼓舞的是，7月14日—16日在山东曹县举办教师勇气更新公益活动的洽谈终于成功了。依托李淑芳支教岛的平台，尤其是李淑芳半年来每周末到曹县支教，全县教师全员两次轮训，让我们第四届教师勇气更新公益活动可以首次进入基层县去接受检验。

到基层县最困难的是怎么让基层老师吸收内化，坚持把所有教师召唤进小组叙事探究中，小组氛围如何打开？还好，虽然颁布活动方案太晚，还是有很多老学员报名。估计会有 1/4 的老学员进入小组带动氛围。感恩！

……

2017 年 06 月 30 日 18 点 26 分

8. 汇报 2017 年曹县活动和北京市第十八中学大会，把咨询报告请管杰校长指导。

国珍：

你好！来件收阅。知道你做了许多工作，非常高兴。能在你研究成果基础上召开国际会议，这是再好不过的事。帕尔默我不认识，他的《教学勇气》我也没有读过。所以发表不出什么意见。第十八中学的管校长我很熟，有他支持就好。预祝会议成功！

2017 年 09 月 17 日 08 点 33 分

顾老师：

您好！

曹县活动受到很多鼓舞，想写一篇纪实反思再向您汇报，聚焦在开放教师勇气更新“场域氛围”，用参与活动者微信中的回应截图支撑纪实，试图留点难以言传的氛围，让这几年思考的 U 境教育场域进化有个活体细胞。

活动中教师们的欢迎是最大的鼓舞。

……

纪实反思关注最后第三部分，重点和大系统对话，但这部分一直没有修改定稿，是在等待一个新的事物发生。

这个新的事物，就是在北京八年跨校叙事探究年度活动中接上善缘的北京市第十八中学，7 月组团到曹县支持活动。有催我邀请帕尔默开国际会议的，管杰校长立即支持，一汇报，部所领导支持，但是年龄大，无法报销头等舱。幸亏北京市第十八中学的管杰校长鼎力协调解决经费，9月6日在北京市第十八中学开筹备会，达成共识，我刚整理好筹备会记录，形成方案初稿，才向您汇报。中心领导已经同意为第一主办方，大会名称为“教师勇气更新国际研讨会”，……无论帕尔默先生是否应邀，会议为本土教师发展服务，照样举行。

……

2017年09月17日01点21分

顾老师：

您好！

上次和您提及在北京市第十八中学管杰校长的支持下筹备邀请帕尔默的国际会议，因帕尔默闭关写作，联系不上，转为纯粹为促进教师成长的公益活动，正好国家教育体制机制改革意见出台，尽量为其添砖加瓦，在11月4日—5日成功举办。

这次邀请的嘉宾给力，大多数都有自己原创且知行合一的研究，这些力量汇聚在一起让人振奋。

……

另外，年初的时候有机缘和大夏书系策划编辑项恩炜联系出版“教师勇气更新丛书”。

写了丛书总序后，还没有来得及和大夏书系沟通确定，就被这两项活动拖住。因此，活动成了最好的沟通媒介，曹县邀请大夏书系媒体援助，这次方庄教育集群的活动，大夏书系是承办方之一。

……

2017年11月15日23点29分

9. 汇报对“一箭三雕”会不会适得其反的重要思考。

（顾老师回复的2018年新年贺卡，移到最前面了。）

顾老师：

您好！

首先祝您和家人新的一年吉祥安康！

2017年教师勇气更新在山东曹县和北京市第十八中学两次举办活动，最大的收获是和中华大地生长的力量相遇，带来鼓舞和启迪，回应一位年轻人的问询：“‘一箭三雕’会不会适得其反？”，昨天完成，补充说明“减速齿轮”改革设想，见附件，它已经在“教师勇气更新之家”公众号推送。

……

2018年01月01日11点58分

国珍：

你好！几年的辛苦，总算有结果了。我一直认为，搞教育理论研究的，应该走向基层，向一线的老师学习，总结他们的经验，丰富教育理论。一线的老师才是创造者，而且改革也需要落实到一线老师身上。你多年深入基层，确实难能可贵。我因视力衰退，不能拜读大作全文，非常抱歉。祝你成功！

2018年02月28日09点10分

顾老师：

您好！

寒假把《心灵—场域—制度——教师勇气更新推动场域进化》这本书的导言和第一、第二、第三章完成了，刚提交好了出版申请材料。另一本《在大地中生长——教师勇气演讲录》在一月底提交了申请材料，在走程序。

……

写作过程中不由自主地感恩两次大型活动相遇的各种进步力量。2016年重点回答各种问询，论证升学考试制度改革设想，2017年5月份好不容易做无米之炊可以稳定在家住一年，想着赶紧写好书稿，没有想到被两个活动拖住了。经过这个寒假静心整理书稿，才明白这两项活动对于书稿整体贯通的意义。就像挖隧道十几年了，这一年是要挖通最后一段，感恩相遇这么多力量同心协力。

……

已经2月底了，前三章还要再完善，后面六章，有一章“一箭三雕会不会适得其反？”是2017年12月完成的，其他都是2014—2016年之间陆续完成的，需要关注把“场域氛围”渗透到各个章节，好在彼此内在高度一致，“有生于无”。

请留意一下附件整理的您指导的来往书信，我会好好留存这份珍贵的纪念。如果您同意作为附件出现在书中，我真是太荣幸了。春节您发来的贺卡，我留意到没有时间，是永远的祝愿。真希望书中出现您书信永远的陪伴。附件中您指导的“书信来往”需要您同意，期盼您回复。书信出现在书中，绝对没有任何功利色彩，只是一份难得的纪念，尤其是您关心陪伴一个被高校职称评判为还停留在1998年20年停滞不前的一个人的个人研究，从87岁高龄陪伴到90岁高龄，这种美妙太小概率。而且我的年龄段又正好是“文革”断层，如果不断层，趁最后一聘的机会潜沉研究这个极其困难的问题域，一定会有不少，可能还轮不上我进入这个领域。真的，不管书稿价值如何，从关心一项缓慢的研究抛砖引玉的角度，太难得了。

如果您同意，里面的截图只是提供出版社核实，并非要出现在书中。还有，您认为不宜出现的，可以删除。

再次感谢！衷心祝愿健康长寿！

学生国珍敬

2018年02月27日21点03分

10. 汇报贯穿全书的灵魂是开放滋养教师成长的氛围。

顾老师：

您好！

3月1日在杨东平教授的学生减负会议上见到您，抱歉都没来得及问候您，很感动，您90岁高龄，咳嗽很久还坚持到场讲话。那次会议给我冲击很大，尤其是社会财团介入，补习和民办联手小学掐尖，畸形竞争压向幼儿，动摇基础教育的普惠性和公益性基础，这真的是要让整个成人世界灵魂不安的集体灾难！

2015年10月最早请指导的是您和杨教授，这次会上感到杨教授领导团队的减负调研，真的给了最有力的指导。让我强烈意识到，一定要从十几年的教师勇气更新公益探索中尽其所能汲取力量，依托2014—2015年虔诚学习的东方大智慧和现象学原理，凝聚能够贯穿全书、有力量穿越当下教育重大关切问题的灵魂。只有贯穿全书的灵魂站住了，才能让所借鉴的U型理论视框以及本体与方法的理论根基探讨更整合，涉及的相关概念就容易让读者接纳为让整体饱满的必要部分，而不是感到概念太多。

这个灵魂就是线上线下开放教师叙事探究与心灵成长形神相生的氛围，这是有强大渗透力推动U境教育场域进化的灵魂，所有涉及的理论和勇气更新公益探索体验都为丰满这个灵魂。在这个灵魂贯通的语境下，第三章就贯通到开放城乡教师群体成长氛围中。

……

我这本书稿，从开始准备写是2014年10月，等出书至少要五年，而前三章的内容涉及翻译《教学勇气》学习同类著作和13年来组织教师勇气更新叙事探究公益活动，从整整15年以来的点滴中吸收，不是最后一聘真的没法躲起来完成此生一欠。人总要生存，可以放下一切，放下谋生岗位却更没法宁静了。但创造性永远是属于年轻人的。如果年轻人不被短、平、快对外追逐的学术评估规则约束，也许疏导教育大系统平衡的问题早就有更好的原创破解对策。

……

2018年05月04日

11. 汇报将迎来无可估量的新生长：教师自主创造线上精神家园自组织。

顾老师：

您好!

完成了我的专著的更新。增加了："第十章　教育场域进化蘑菇型阶段初期方兴未艾"。

现实中新的生长对于理论建构的支持真是可遇不可求。这一章生动传达受教师欢迎的交流学习文化，印证教育场域进化发展方向，支持贯通"心灵—场域—制度"的理论建构，清晰显示"减速齿轮"改革设计或任何制度改革落地都需要的隐性基石。

已经有22位教师自愿报名主持群交流。我期望的线上教师自组织文化出现了。

勇气种子大多数都在身边或线上发展志同道合的共同体，值得鼓励所有人申请主持人。而且相信这种呵护教师心灵的交流氛围是可以影响体制内的。

可以鼓励学校领导建立教师专业成长交流群，也是这样自组织设计，学校在提出长远愿景和阶段目标的同时，也要坚信要达成任何阶段目标或长远愿景，首先要呵护教师们心灵强健。值得鼓励教师们组团平等地相互呵护心灵完整，每个团队线下线上的交流学习重视开放养心氛围，调动每位教师的内力，合作完成学校的阶段目标和愿景。

学校也关注呵护校内的线上教师专业交流自组织，鼓励每位带团队的老师申请做主持人，把各团队线下线上的交流精华放到学校的线上自组织分享，传播养心氛围。而且鼓励申请主持的教师越多越好，尽量把每位教师都推到挑战自我超越小我局限、极大发挥自己潜力的主人地位。这样，学校也就自然地在能量互换中为每一位教师赋能。

这里的关键是要相信呵护教师们心灵强健，教师才有勇气和智慧呵护学生心灵强健，才能完成学校的愿景和阶段目标。给心灵带来伤害的，往往是很难避免失控恐惧的僵化行政管理，因为谁都是小我，管理者也同样有局限，只有文化更新能软化小我僵化，制度规范可制衡小我局限。

当制度规范要求学校要健全呵护教师心灵的自组织，这种自组织无需成本，只需要学校领导和教师都真心爱护，教师们是十分乐意投入的，因为契合深层的人性需求。要求学校健全呵护教师心灵的自组织的制度，也就契合了人性深层需求。

体验书稿中的理论建构和现实实践之间的共振，不仅更加确定了助缘城乡教师群体成长的发展方向，也清晰了线上教师精神家园自组织如何助缘大多数教师成长的行动路径。

会不会现实中像勇气种子这样能够创造养心氛围的教师太少，而没有可行性？对于这个问题，可以倒过来问：现实僵化的学业成绩评估标准捆绑和配套的僵化行政管制，到底让多少教师心灵缺失呢？当大多数教师心灵完整强健，是不是可以相遇未知的更好的自己？

三尺之内，必有芳草。其实每个区域，都可以慢慢生发成熟的勇气种子群，为教师们创造精神家园，连通各校的线上精神家园，能量互换中为教师增能。相信养心氛围的不无渗透，会让越来越多的草根自主成长为专业精英。

更令人激动的是，22位自愿报名主持群交流的勇气种子中，有6位报名挑战智慧直面研究如何完善教育体制机制呵护教师心灵。这几位老师，都是在体验教育教学中的真我生命活力，亲身处于追赶型现代化带给教育系统的断裂阵痛现实中，在为寻求教育生态良序改变而博阅求索中。我邀请他们在2019年江西弋阳举办的教师勇气更新公益活动活动中相聚，安排专场交流研究切入点，彼此选题，整体配合。

草根精英教师当仁不让，有勇气为优化教育生态创新突破，挑战智慧承担社会责任，将为2020年国家健全教育体制机制带来什么？虽然没法预估，但至少可以确信：凡一线优秀教师，深深联结着生命成长，擅长全息思维和整体关照理念落地，更少应然概念建构的学术习性外壳，更多体验心灵智慧，心灵更虔诚、安静、纯净，更容易汲取U底“源头”的滋养。当体验到教育真谛的优秀教师群体崛起突围集体捆绑困境时，也就会有更多概率闪现知行合一的创造灵感。

享受当下的创造就在迎接超越性发生。过度竞争下良善不存，创造性洞见又是慈悲之花。完善教育体制机制需要向草根精英教师借力。还会试着邀请力量进入。反正不需要任何成本，也无任何功利目的，进入只是愿意为教育生态环境的改善义务探索，挑战自我。

由下而上的探索，融入上下各级多方的探索支持网络，一定能联结上我国教育正在生成的最佳未来。

离京之前会去拜访您，拜访前会预先打电话。

2019 年 03 月 02 日 11 点 27 分

国珍：

你好！来件收到。2018 年你做了许多工作。祝你 2019 年有更大的成绩！

2019 年 02 月 21 日 15 点 24 分

顾老师：

您好！

您的教诲永远谨记在心，过有尊严的生活，为社会作点贡献，为教师成长做点事情。其他都不值一提。

很感恩，除夕迎春佳时诞生的一个“教师勇气更新”微信群，勇气种子们的交流，帮我完成了对于两个重要问题的思考。写了两篇回答，算是为完成初衷，为汇聚力量帮助更多教师成长，完善教育体制机制，在启动阶段搭建好了“心桥”。

这两篇回答自己对教师线上精神家园这个“梦想”琢磨最多的两个问题：

（1）会不会有勇气种子老师汇聚线上散发出期望的养心氛围？即能否如期创造线上精神家园。

（2）如果能如其所愿散发“养心氛围”，对大多数教师是否有内在需求？

群里不断留心优秀教师的分享对话，吸收，思考，不断回应教师，一再重构，对这两个问题，慢慢清晰了思路。前后写了两篇《“梦想”和“真实”》的文章，昨天把第二篇推送了。

第二个问题太难，但不能不思考。勇气种子们的交流让我回答这个难题心里有数些。附件是刚形成的两篇文章，会吸收到书稿里，感恩有机会用现实蓬勃的生长力量支持书稿的理论建构。

一直想去给您拜年，结果连趁元宵节写信给您的精力都没有。

沪江互加计划公益援助乡村教育和教师，落实到大批村娃们喜人的成长上，今年援疆力度会更大，启动前和起步阶段带来极大鼓励和启迪。互加计划启动的跨年勇气读书，一大批青椒们安静沉入与好书对话，与自己对话，同时把村娃学生邀请到对话中，上万读书笔记线上共享。互联网思维能量互换中为大批教师赋能，对我启发很大，我在《“梦想”与“真实”(二)》里有所反映。

同时，四川新都一中一位特级老师罗朝英，1月26日开始联系我，说阅读《教学勇气》给自己积累的经验注入了灵魂，整个寒假处于内在觉醒状态，我所期望的能够散发养心氛围的灵魂文章，在她那里产出一篇接一篇，很直观地让其他老师了解“线上精神家园”可以如何散发唤醒力量，可以如何自主创造。

很感恩有缘和这些正在体验教育真谛的优秀灵魂深层交流，在吸收各种启迪中清晰思路。这都得益于历次勇气更新公益活动和优秀教师相遇，尤其2017年11月方庄教育集群的活动中相聚的力量，让现在有了更大范围、更深层、无时空限制、无功利目的的相遇，仅仅因为大家都爱生命、爱教育、爱智慧。

面对现实问题研究本来应该有这样的土壤，却到退休的时候才有真正扎根的感觉。也许一切清零容易进入些，当然也感谢此生和一本入心的书结缘，才和教师们有深层联结。

这和学界在项目、经费、文章层面竞争不一样，没法安静扎根土壤，容易堆积形象工程泡沫。

完成这两篇内容，算启动阶段闯关了。势头还不错。

教师调动体验和《教学勇气》或其他心灵导师对话，确实有吸引力。我今天邀请大家轮流担任群交流的主持人，以便和他们自己带的团队联动，马上有了17位教师报名，多数都带教师团队很有影响力。

2月—4月是和互加青椒计划配合，5月—6月是和支教岛配合，暑期和弋阳举办的教师勇气更新公益活动配合，加上17位主持人带团队线上互动，基本上全年都有鼎力的力量支持了。

一时还没有空，但一定会去拜访您，争取月底或下月初。

2019年02月20日18点07分

国珍：

你好！来信收悉。我认为，教育的本质是提高人的生命质量和生命价值。生命质量是指能够过上有尊严的生活；生命价值是指能够为社会作出点贡献。其他一切都是次要的，可有可无的。你为教育、为教师成长做点事情，就值得赏识。

2019年02月08日10点09分

顾老师：

您好！

给您拜个晚年！祝您和家人新年吉祥安康，福如东海。

为教师线上精神家园的诞生，准备了一份文件，安排2019年几个阶段的重点，依靠几股目前显示教育破冰改革态势的力量，借力发力，安排每个阶段线上线下相互配合的重点。见附件。

我感到，教育体制机制改革自下而上贯通到自上而下，2020年是关键，酝酿的教师线上精神家园正好在2019年春节诞生，自下而上的最后关键一年，顺势水珠汇海，助缘2020年国家健全教育体制机制改革。

第一个阶段：应沪江互加的邀请，3月—4月线上给青椒们直播导读《教学勇气》。在邀约发出后，最受鼓励的是心灵强大的优秀教师，和《教学勇气》对话的灵魂文字，能够照亮真正的教师专业，功底十分深厚。有了这些优秀教师线上相互激活，加上沪江互加勇气读书会跨年启动，青椒们假期都沉浸在阅读好书中，不少人在读《教学勇气》。

……

第二个阶段：和李淑芳支教岛集中一个县域改变各级教育领导的支教重点相配合，把勇气种子们的分享和他们交流。这样比我应邀去支教岛干点什么力量大得多。

第三个阶段：准备把线上的交流和在江西弋阳举办教师勇气更新公益活

动，借助弋阳的县域改革破冰力量推动。

第四个阶段：多种形式组织不同自下而上研究的团队，线上**尝试研讨“呵护教师心灵的教育体制机制”**。

书稿完成和出版的时间正好，现实中各种力量生长起来了，推动了教师线上精神家园的诞生，并且有勇气参与完善国家教育体制机制。这样，书稿有机会更新最后一次，用现实中的不断生长支持书稿贯通“心灵－场域－制度”的理论建构，感恩。

最让我高兴的是儿子在这半年出现创造高峰状态，说被一个领域深深吸引，没法确定进入这个领域进行研究的最后结果，也就没法确定回报。顾不上找工作，但很幸运，被宾大留校做项目。

书稿问世时就是退休时。职称虽然在20年前，但事情本身的意义很值，且书稿会衡量一切，照鉴一切。尤其是，人生能有机缘为如此重要的事情出力，是三生之大幸运。也确实，问题域太复杂太重要，非得天赐各种力量相助，才能完成，自己只是助缘，书稿只为芸芸生命的价值存在，不适合为个人任何功利。……一项零经费、零项目的研究在深入人心，是因为确实感到研究中纯净安静、身心合一比什么都重要。

2019年02月07日00点15分

顾老师：您好！

已经有快半年没有向您汇报，现在汇报三点：

（1）我的专著申请出版批准了；

（2）很想借助各种相遇的力量融成线上线下城乡一体优势互补的普惠平台；

……

（3）介绍一本愿意资助出版的书，书名《系统数组块学》，我二弟吴国张著。原创发现一门新数学分支。有原创的编码方法，得到科学的不可破解的密码新技术。这项战果可以提供“减速齿轮”改革中考试安全所必需的技术支持。

2018年11月10日

12. 同意书稿附上书信。

回复：顾老师您好！请您指导研究的来往信件是否同意附录在书稿出版

顾明远 于 03月30日 09:54 发给 wu

邮件已被回复 查看详情

VIP 【支招】如何高效的沟通，快速拿下订单？ 立即升级>>

国珍：你好！大作要出版了，很好。你我的通讯，你觉得需要附上，就附上。顺祝春祺！

顾老师：

您好！

出版社要求确认一下，我把请您指导的来往信件附录在书稿中，您是否同意？

我回答曾经信中提到过附录您指导书信来往的事情，把书信附件做成文字发送过给您，现在再和您确认一下是否同意。能够回信更好，我截图给出版社。

附件是整理后的“请顾明远老师指导来往信件”，开篇用了您的春节贺卡，有您的照片，您的指导差不多都保留了，您的回信，大多数保留了截图给出版社，以供审核用。

我给您的汇报选择了重要内容，保留时间，为避免重复，删除了邮址、套语、署名等。请您看附件。

愿意整理出一项缓慢研究每个当下的真实足迹附录在书上，最最珍惜的是您的指导，尊重重大关切问题研究需要宁静致远，尊重研究自身的独特节奏，一直耐心陪伴，等待慢慢进入问题域的内在纹理中。这恰恰是短短20年学界在丢失的，人类社会要进步又是千万不能丢失的。

暑期江西弋阳举办教师勇气更新活动在安排中，准备接纳600位教师，因为宾馆容量有限，外地教师接纳200人。不少领衔教师共同体的优秀勇气种子老师将汇聚一堂。

朱旭东部长同意年底学部主办“完善教育体制机制呵护教师心灵”研讨会，7月弋阳活动，我就邀请愿意进行“完善教育体制机制呵护教师心灵”

专题研究的一线优秀教师，进行专题研讨。让大家交流各自研究的切入点，彼此之间整体配合。

线上勇气种子们十分给力，邀请各自发展共同体，每周主持一次，安庆共读伙伴主持四次，很震撼。青椒们的勇气读书会，就从优秀的勇气种子中选导师，特别受欢迎。各地勇气种子自然和全国乡村青年教师分享体验的共生关系自然形成了。

特别感恩您的指导，没法想象这项研究假如没有您的支持和关心，如何能够坚持到最后。

空一点一定去拜访您。

祝健康长寿！

学生国珍敬

2019年03月29日23点22分

注　释

［1］［德］汉斯－格奥尔格·伽达默尔．真理与方法——哲学诠释学的基本特征（上）［M］．洪汉鼎，译．上海：上海译文出版社，2004：序 002-003；286.

［2］吴国珍．心灵的觉醒：理解教师叙事探究［M］．北京：北京师范大学出版社，2010: 序；2；3-4.

［3］郭永进．道德经的智慧与应用（上）［M］．北京：三辰影库音像出版社，2015: 90；57；46-65；59, 57, 304, 246, 46, 77, 221；131；131-134, 228, 190, 5, 107, 43, 224-225, 88；92, 239, 304.

［4］郭永进．道德经的智慧与应用（下）［M］．北京：三辰影库音像出版社，2015:7；215.

［5］［美］帕克·帕尔默．教学勇气——漫步教师心灵（十周年纪念版）［M］．吴国珍等，译．杨秀玲，审校．上海：华东师范大学出版社，2014: 10；193；194；56-68；193-194；5；180-181；5-6；23；52-53；144-149；25；31；30；41-42；33；导言 2, 2-3；58；193, 161, 5-6, 30；53-54；180-183；前言 6；184-186；前言 3；196-197；193-194.

［6］［美］奥托·夏莫．U 型理论——感知正在生成的未来［M］．邱邵良，王庆娟，陈秋佳，译．徐莉俐，审校．杭州：浙江人民出版社，2013: 1（序一）；4；51；10；9；223；4；3；41；34-45, 302-303, 326；3, 16-17, 152；269；126；208-209, 326；330；156；11（序二）；1-2, 10, 13；180；182, 266；85；109；255-256；1-2, 10, 13；106-107；4-10, 51, 223；302-303；156；96-97；50；15-17；100-101；92, 94；64-65；16-17, 11, 13, 42, 44, 52, 53, 64, 223, 232, 235, 255, 287-338, 208-209, 191, 326；326；17, 19；83-86；85；338-342；254-255；324, 153-154；53；152, 324；340；4；4.

［7］［英］安东尼·吉登斯．现代性与自我认同［M］．赵旭东，方文，译．王铭铭，校．北京：生活·读书·新知三联书店，1998: 2；19；22；17, 23, 31；9, 33；226, 204；35；174；169-170.

［8］周序．应试教育的规训及其逻辑［D］．北京：北京师范大学，2012.

［9］周宾凰．薄伽梵歌［M/OL］.http://www.mgt.ncu.edu.tw/~chou/ge/Gitab5c.pdf. 电子版 16-18；143-146.［2015-10-10］.

［10］阎光才．思潮涌动与教育变革［M］．合肥：安徽教育出版社，2009: 41, 44, 199, 203.

［11］［美］英特拉托．我的教学勇气［M］．方彤，等，译．上海：华东师范大学出版社，2008：译者前言．

［12］［美］赖特·米尔斯．社会学的想象力［M］．陈强，张永强，译．北京：生活·读书·新知三联书店，2001:79; 208.

［13］［印］克里希那穆提．最初和最终的自由［M］．宋颜，译．重庆：重庆出版社，2013:14; 123, 43.

［14］［瑞士］荣格．荣格性格哲学［M］．李德荣，编译．北京：九州出版社，2003:5; 27, 59, 62, 197–198; 27, 62, 79, 168–172, 283–291; 5.

［15］［德］艾克哈特·托尔．新世界——灵性的觉醒［M］．张德芬，译．海口：南方出版社 .2008:6–13; 88, 166, 171; 85; 88; 3-5.

［16］汤一介．儒学与“和谐社会”建设——纪念《中国社会科学》创刊三十周年［J］．中国社会科学，2016：27–32。

［17］唯象正数．我学的第五次革命［M/OL］．http://ishare.iask.sina.com.cn/f/35786131.html.2013–3–17［2018–2–8］．

［18］［德］埃克哈特·托利．当下的力量［M］．曹植，译．张德芬，审校．北京：中信出版社，2007: 9–10; 113–114; 138–143; 126, 170–173, 183–184, 211; 4; 52.

［19］［美］威廉·哈特．内观——葛印卡的解脱之道［M］．海口：海南出版社，2009: 32–41，164; 32–41, 75–76, 93–94, 114–115, 175.

［20］［德］伯特·海灵格，根达·韦伯，［美］亨特·博蒙特．谁在我家——海灵格家庭系统排列［M］．张虹桥，译．北京：世界图书出版公司，2003:158–159.

［21］吴国珍．开放教师勇气更新“场域氛围”——第四届“前行者——教师勇气更新公益活动”纪实反思（一）—（五）［Z］.http://mp.weixin.qq.com/s/oaVhH7Bd3cEStBzPSwhT3g.［2018–3–28］．

［22］引自“第一届全人教育奖入围教师考察报告 -21 世纪教育研究院”［2015 年 6 月 15 日］内部资料。

［23］［美］尼尔·唐纳德·沃尔什．与神对话［M］．李继宏，译．上海：上海书店出版社，2009: 67.

［24］［奥地利］里尔克．给青年诗人的信［M］．冯至，译．上海：上海译文出版社，2005: 17.

［25］教育部教师工作司王定华司长在北京师大教师教育研究中心启动的“三区三洲”区县教师教育新体系建设”启动会上的讲话，2018–06–23［2018–06–30］．

［26］摘自 2013 年 10 月 16 日人大附中访谈于树泉老师和 2014 年 12 月 29 日于老师重庆

江北区讲座。
［27］于树泉．人大附中老师这样教学生——我的教学育人探索［M］．北京：中国人民大学出版社，2010:20；扉页．
［28］于树泉．读书比什么都重要［N/OL］．光明日报．http://epaper.gmw.cn/gmrb/html/2014-12/02/nw.D110000gmrb_20141202_1-14.htm 2014-12-02（14）［2015-10-10］．
［29］选自2017年11月5日管杰校长在“教师勇气更新研讨会——方庄教育集群超越之旅”的讲话。
［30］引自邹晓平2017年11月5日在“教师勇气更新研讨会——方庄教育集群超越之旅”上的讲话。
［31］摘自李淑芳出席2017年7月14—16日“第四届前行者——教师勇气更新公益活动”的简介。
［32］薛卉琴．这样走过［Z］.http://mp.weixin.qq.com/s/Nfm0WPxc9FPjaHU0V63LiQ.［2018-03-28］。
［33］［印］普普尔·贾亚卡尔．克里希那穆提传［M］．胡因梦，译．深圳：深圳报业集团出版社，2007:199.
［34］国务院．国务院关于深化考试招生制度改革的实施意见［EB/OL］.http://www.moe.edu.cn/jyb_xxgk/moe_1777/moe_1778/201409/t20140904_174543.html.2014-9-3［2016-9-10］。
［35］刘海峰．高考改革论［M］．杭州：浙江教育出版社，2013:183.
［36］郑若玲等．高考改革困境与突破——苦旅何以得纾解［M］．南京：江苏教育出版社，2011:135-136；169；197-228.
［37］［英］怀特海．教育的目的［M］．庄莲平，王立中，译注．上海：文汇出版社，2012:1.
［38］青岛外国教材研究所．社会中的科学和技术——英国中学理科革新教材［M］．董振邦等，译校．青岛：青岛出版社，1995:37-43.
［39］余慧娟，施久铭．高考改革的历史方位——十年突破综述［J］．人民教育，2012（20）:1-5.
［40］冯生尧．高中课程与高考改革何去何从：文理分合抑或专业分化?［C］．课程改革再出发：下一个十年——第八次全国课程学术研讨会论文集（上卷）// 崔允漷，冯生尧．普通高中课程设置比较研究与对策建议，普通高中课程设置国际 / 地区比较研究咨询报告［Z］．福建：2014:403-418。
［41］裴娣娜．变革性实践与中国基础教育的未来发展［M］．北京：教育科学出版社，2015:099.

［42］齐鲁晚报．新任教育部部长陈宝生为青橙创客教育点赞［N/OL］. 2016-7-15［2016-8-2］. http://news.ifeng.com/a/20160715/49363036_0.shtml.
［43］邬志辉．中国农村教育发展报告 2017［N/OL］. 中国新闻教育网，2017-12-23. http://www.jyb.cn/zcg/xwy/wzxw/201712/t20171223_900288.html.
［44］素材来自 2017 年 12 月 23 日北京永兴花园饭店举办《中国农村教育发展报告 2017》听方华局长报告和弋阳团队座谈。
［45］中央高层拍板，从小学到高中即将面临 8 大变革！ http://www.sohu.com/a/158000485_190880.2017-8-13.
［46］［美］肯·威尔伯．意识光谱（20 周年纪念版）［M］. 杜伟华，苏健，译．沈阳：万卷出版公司，2014: 6-7; 13; 258; 80, 263, 290-291; 291; 33; 29, 44, 306; 33.
［47］陈鼓应．老子今注今译［M］. 北京：商务印书馆，2009.
［48］王国轩，张燕婴，蓝旭，万丽华，译．四书［M］. 北京：中华书局，2007 : 152; 138.
［49］王俊龙．广义太极代数：$^{\Phi}R$ 上的逻辑代数［J］. 湖南师范大学自然科学学报．2014（5）：85-89.
［50］王俊龙．太极数理哲学：身心统一的世界观［J］. 学术月刊，2013（6）：27-35.
［51］于树泉．有关老子的对话［OL］. [2017-06-25] https://mp.weixin.qq.com/s/6I5FFEgfyo9yYE_4ake62w?tdsourcetag=s_pcqq_aiomsg.
［52］赖永海．楞严经［M］. 刘鹿鸣，译注．北京：中华书局，2012:72.
［53］南怀瑾．圆觉经略说［M］. 上海：复旦大学出版社，2001: 88.
［54］净空法师．一切法即空、即假、即中［OL］. http://www.rushiwowen.org/category-18-01-100018.jsp.［2015-10-10］.
［55］吕峥．明朝一哥王阳明［M］. 长沙：湖南人民出版社，2013：封面；255, 260; 216; 263-264; 116-117; 169; 65; 169, 260, 292.
［56］王阳明．王阳明全集（上）［M］. 谢廷杰辑刊．北京：中央编译出版社，2014: 111; 111; 116; 101; 95; 27; 100; 111; 28; 27-28; 45; 28; 43; 6; 28; 6; 10-11; 26-27; 91; 28; 192; 87.
［57］陈来．有无之境［M］. 北京：北京大学出版社，2006:27-28.
［58］卡尔·雅思贝尔斯．历史的起源与目标［M］. 魏楚雄，俞新天，译．北京：华夏出版社，1989: 14.
［59］吴国珍．智库建设不是制造概念符号地图［N/OL］. 文汇报 .2016-04-29.http://whb.news365.com.cn/whxr/201604/t20160429_2484079.html.
［60］［法］让-吕克·马里翁．还原与给予——胡塞尔、海德格尔与现象学研究［M］. 方向红，译．上海：上海译文出版社，2009：180; 3; 49; 339; 126; 348-349; 53; 50;

81–82；9；107；348, 265–268, 90；73；333；110；88–90；273–274；267–268；93–95；90；105；115；276；49–50；338, 274, 119；165；115；125–126；120；79；160；349；160, 177；94–95；317, 338–339；276；274；303.

[61] 张汝伦 .《存在与时间》释义（上）[M]. 上海：上海人民出版社，2014:35.

[62] [德] 海德格尔 . 人，诗意地安居 [M]. 浩元宝，译 . 张汝伦，校 . 上海：上海远东出版社，2004：36.

[63] 杨正联，卢国义 . 制度变迁中的组织——简析诺思的组织理论 [J]. 哲学论丛理论月刊 . 2012（2）：35–37.

[64] 索甲仁波切 . 西藏生死书 [M]. 郑振煌，译 . 杭州：浙江大学出版社，2012：152；416.

[65] 康永久 . 教育创新制度研究 [M]. 北京：北京师范大学出版社，2016:1.

后　记

准备沉潜探索升学考试制度改革顶层设计始于2014年秋，关注这个问题域始于1996年的博士论文。假如没有勇气更新公益探索的相遇和鼓励，想都不敢想在散乱强大的趋利避害盲流中试着摸索牵牛鼻子。从2003年开始翻译《教学勇气》，到尝试言传形神相生的勇气更新“场域氛围”，已经16年了。一切受惠于内心安适自在，相信光与暗的共舞中，个人没有力量与黑暗作战，但是可以凝神静气相遇明净的心灵之光，融入光明，把光透入黑暗。

2014年4月北京飞翔者—教师勇气更新公益活动后，我的手术顺利，眼睛复明。7月14日傍晚在奥森公园的沉水廊道，四周静安，浓绿环抱。问询自己：记挂20年的教育分分必争圈养生命的制度困境，这似乎没有指望的难题，此生要不要真的沉潜探索一下？如果打算进入，就意味着很长一段要空静独处，切断各类貌似重要的杂务，淡化任何误解，即使最后失败，也能够让生命时刻充盈喜悦轻安，自己有这种定力吗？

当这样问询自己时，一只大鸟从东边的天际缓慢飞来，从来没有见过的缓慢，双翅轻缓舒展，安静平稳地上下展翅，慢慢由小变大，缓缓地、高高地飞过头顶，又慢慢由大变小，向西面晚霞处飞去，一直是那么安静、平稳、缓慢，逐渐消失在西边天际的霞光中。明白了，要静对这此生一欠了。

幸运的是，开始摸索阶段，10月在首届教师教育世界峰会上听到“U型理论”这个词，我魂都被勾去了，居然一年前就有中译本了！相见恨晚，此生有幸等到它了！

本书落笔时惊喜地发现各种力量汇聚，线上自主创造教师精神家园的自组织出现了！线上开放养心氛围，助缘城乡教师群体成长，由下而上为完善教育体制机制呵护教师心灵，汇聚草根精英老师众人拾柴，全书的理论论证与现实实践共振呼应，可遇不可求。

曾看到 tango 的一幅漫画，配文是：孤独的力量，只有孤独理性的旁观者、思考者才能绕过这个世界保持平衡。

为何静独的理性旁观者、思考者，能让这个世界保持平衡？抽离嘈杂，心归自在，享受独处，回归本真简单，静候花开。感恩不断相遇更优秀的灵魂，相遇大地上倾情创造教育奇迹的真人，享受向下扎根、向阳蓬勃。任何涌来的支离力量、任何的不可接受，都能平和相处，一化而过，都可转化为独特的启迪。

清净静独，感而遂通，体验天人合一，身心合一，心灵的天空通透广袤，天地和熹惠临自信平和的心灵才足于顺应人心向背制衡。

自然平衡教育大系统，唯靠心能转物。

感谢出版社允许书中留下顾明远老师指导的来往书信，如实呈现漫长探索中匍匐而行的当下心迹。这一路相遇的许多贵人，在此一并深深感谢！深深感谢我的硕士生导师、已故赵祥麟先生和博士生导师吴式颖先生的学术引领，让我有机缘相遇此生一次为之尽全力的探索。特别感谢我的儿子易大中用他独特的创造发挥状态一直给我无可估量的支持和启迪，感谢所有亲友永铭心中的关心和鼓励，以及感谢已故兄长吴国辉，四位弟弟吴国贤、吴国强、吴国胜、吴国杰可遇不可求的帮助。

吴国珍

2019 年 3 月 31 日于京师园

图书在版编目（CIP）数据

中国教育，这样自然平衡："教师勇气更新" U 境进化 / 吴国珍著 . —上海：华东师范大学出版社，2019

ISBN 978 - 7 - 5675 - 9245 - 2

Ⅰ. ①中… Ⅱ. ①吴… Ⅲ. ①教育改革—研究—中国 Ⅳ. ① G521

中国版本图书馆 CIP 数据核字（2019）第 095789 号

大夏书系 · 教师专业发展

中国教育，这样自然平衡

——"教师勇气更新" U 境进化

著　　者　吴国珍
责任编辑　项恩炜
封面设计　奇文云海 · 设计顾问

出版发行　华东师范大学出版社
社　　址　上海市中山北路 3663 号　邮编　200062
网　　址　www.ecnupress.com.cn
电　　话　021 - 60821666　行政传真　021 - 62572105
客服电话　021 - 62865537
邮购电话　021 - 62869887　地址　上海市中山北路 3663 号华东师范大学校内先锋路口
网　　店　http：//hdsdcbs.tmall.com

印 刷 者　北京东君印刷有限公司
开　　本　700 × 1000　16 开
插　　页　1
印　　张　20
字　　数　296 千字
版　　次　2019 年 8 月第一版
印　　次　2019 年 8 月第一次
印　　数　2 100
书　　号　ISBN 978 - 7 - 5675 - 9245 - 2
定　　价　49.80 元

出 版 人　王　焰

（如发现本版图书有印订质量问题，请寄回本社市场部调换或电话 021-62865537 联系）